# Novas batalhas eleitorais

CHICO SANTA RITA

# Novas batalhas eleitorais

O que o público não vê
nas campanhas políticas

Ediouro

Editor associado
A. P. Quartim de Moraes

Pesquisa
Ney Gilberto P. Ribeiro
Syntia Alves

Preparação
Márcia Duarte Companhone

Revisão
Alessandra Miranda de Sá

Editora de arte
Ana Dobón

Projeto gráfico e editoração eletrônica
Dany Editora Ltda.

**Dados Internacionais de Catalogação na Publicação (CIP)**
**(Câmara Brasileira do Livro, SP, Brasil)**

Santa Rita, Chico, 1939- .
Novas batalhas eleitorais: o que o público não vê nas campanhas políticas / Chico Santa Rita. — São Paulo : Ediouro, 2008.

ISBN 978-85-00-02308-8

1. Campanhas eleitorais - Brasil 2. Eleições - Brasil I. Título.

08-00766 CDD-324.70981

**Índices para catálogo sistemático:**

1. Brasil : Campanhas eleitorais : Ciência política 324.70981
2. Brasil : Marketing político : Ciência política 324.70981



Rua Nova Jerusalém, 345 – Bonsucesso
Rio de Janeiro – RJ – CEP 21042-235
Tel.: (21) 3882-8200 Fax: (21) 3882 8212 / 3882-8313
www.ediouro.com.br

À memória de minha mãe, Dona Zoraide, que dizia, com sua sabedoria simples, que a sucessão de mentiras deixa a boca do mentiroso torta. E aí, quando ele vai falar qualquer coisa, a deformidade faz com que novas mentiras apareçam, e ele nunca mais consegue falar verdades. Neste livro me detenho a desmistificar algumas das grandes mentiras que permeiam o marketing político.

# Sumário

# CAPÍTULO I

# 30 anos de eleições

## Uma história sem milagres, muito além dos desastres anunciados

*Não tenho arrependimentos. As campanhas passam; a minha verdade íntima fica, em paz com a minha consciência.*

*Nesses trinta anos de história, ajudei a eleger políticos que, no exercício do poder, se transformaram em bons governantes. Também ajudei a eleger outros que acabaram decepcionando — a mim e aos seus eleitores. Não há diferença, pois essa avaliação é sempre posterior. E em geral é subjetiva. O que importa é que, na campanha, fiz o melhor trabalho, guarnecido pela melhor intenção, pois jamais estive envolvido em qualquer tipo de bandalheira...*

Escrevi essas considerações quando o ano eleitoral de 2006 avançou na investigação sobre os pagamentos aos "mensaleiros" e acabou numa verdadeira caça aos bruxos... do marketing político. Pois não era assim que muitos "marqueteiros" se deixavam chamar, capazes de produzir de bruxarias a milagres para eleger um candidato?

Eu mesmo já fui chamado até de "papa". Mas prefiro mesmo ser chamado de consultor em marketing político. Sem bruxarias nem milagres, apesar de carregar nome de santa.

Infelizmente a atividade acabou ganhando evidência por conta de aspectos negativos tornados públicos pelas CPIs (Comissão Parlamentar de Inquérito), que no ano anterior assumiram o proscênio do debate político, e pelas denúncias da imprensa. As mais devastadoras vieram em janeiro, nas duas reportagens de capa em que a revista *Veja* denunciou a existência de "caixa 2" e desvios de dinheiro nas contas do publicitário que comandou a vitoriosa campanha do presidente Lula e de outros expoentes petistas Brasil afora.

Para a opinião pública, pode ficar parecendo que o problema está nessa atividade diabólica denominada marketing político, que acaba incorporando a visão repulsiva que parte da mídia tenta passar. Mas a minha experiência, acumulada em mais de uma centena de campanhas, aponta em outras direções menos simplistas e mais pragmáticas.

Como premissa básica, não se pode condenar o coletivo pelos crimes (se é que eles existem) dos indivíduos. Ou então vamos também condenar a cirurgia plástica, baseados nas intervenções do sujeito que deformou a face de várias pessoas por imperícia. Ou vamos deixar de ir à igreja porque um padre pedófilo foi descoberto. Cada qual tem que ser responsabilizado pelos seus atos específicos.

No marketing político, a ação central de maior visibilidade está, em geral, na campanha eleitoral. Claro que aqui já podem existir alentados desvios de caráter e estufados "caixas 2". Alguns acusados do PT (Partido dos Trabalhadores), criadores daquilo que se convencionou chamar de "mensalão", definiram esse expediente com o eufemismo de "recursos não contabilizados".

O problema se agrava estupidamente no momento seguinte, quando entra em cena uma outra atividade chamada propaganda de contas públicas. (Será que os cruzados modernos, combatentes dessa heresia denominada "marketing político", também vão condenar os publicitários à fogueira?) Aqui é onde se instalam os maiores dutos de dinheiro público desperdiçado e/ou embolsado pelo vencedor da eleição e seus asseclas.

No caso específico, contraponho à capa da revista *Veja* uma outra capa, a da *IstoÉ Dinheiro*, editada logo após a eleição de Lula. As fotos que ilustram ambas têm grande semelhança: são closes do mesmo rosto. A diferença está na expressão, que era agressiva três anos antes, e agora ficou chorosa.

O título da *IstoÉ Dinheiro* era significativo: "Duda, o ministro da propaganda do governo". Se o cargo nunca havia sido exercido de direito, o foi de fato, como indicava o subtítulo: "Este senhor vai dirigir gastos publicitários de R$ 1,1 bilhão. Todas as campanhas de estatais e ministérios terão seu controle. A missão: unificar a imagem oficial. Conheça seus planos e estratégia."

É no manuseio das verbas publicitárias governamentais que está a jogada milionária. E com uma vantagem adicional: a campanha dura quatro meses; o governo dura quatro anos, com provável direito à reeleição. Todo o aparelho estatal se envolve, pois tudo pode ser divulgado sob o pretexto de que a mídia "não faz a sua parte": da coleta de lixo ao banco de investimentos; da compra de carteiras escolares ao asfaltamento de ruas e estradas; da campanha de saúde pública à imagem geral do governo.

É sob a rubrica "publicidade" na prestação de contas que se têm escondido falcatruas monumentais, pela dificuldade em controlar mecanismos com boa dose de subjetividade. Criação, pesquisa, produção de anúncios não são objetos físicos, facilmente quantificáveis. Quando o governo compra um automóvel, ou um banco escolar, ou asfalta uma via pública, é fácil saber se o preço pago foi normal ou superfaturado. Quando paga pelo serviço de uma agência de propaganda, pode estar pagando junto por outros "serviços". (Só falo do que entendo um pouco, não entro pela seara de obras, empreiteiras e concorrências para compra de materiais.)

Ao lado de uma maioria de empresas e profissionais sérios, sempre aparecem os espertalhões — estamos fartos de saber. Pois que se identifiquem e se punam os que comprovadamente violam os termos da lei. Mas não se condene aleatoriamente o sistema, nem os outros profissionais que dele fazem parte.

Esses momentos em que a sociedade é levada à contestação de valores morais desprezados, cansada dos desmandos de governantes, como o que vivemos naquele início de ano, são muito propícios ao surgimento de bodes expiatórios. O marketing político vem a calhar, pelo desconhecimento generalizado das suas verdadeiras atribuições. Tenho que reconhecer, por outro lado, que há o gravame de alguns maus usos realizados em seu nome.

O importante é não generalizar, trazendo à tona até mesmo a discussão sobre a validade intrínseca da atividade, com questionamentos deste tipo: é correto e ético interferir na opinião das pessoas, fazendo com que elas escolham este ou aquele candidato?

Para responder é preciso regredir no tempo, voltar a um debate que ocorreu há quase cem anos. A propaganda dava os primeiros passos timidamente, com o som rouco dos jurássicos rádios, nascidos na Inglaterra e desenvolvidos nos Estados Unidos. Em 1916, o primeiro registro de radiojornalismo aparece exatamente na eleição para a presidência dos EUA.

A reação dos intelectuais de plantão, somados aos religiosos e puritanos de ocasião, contra os primeiros "reclames" foi de arrebentar. Como era possível que esses ímpios quisessem interferir no sagrado direito de compra de cada um? Para que propaganda, se posso ir ao armazém e comprar o que eu bem entender? Pensam que somos influenciáveis no nosso sagrado direito de pensar livremente?

— *Vade-retro*, Satanás!

No Brasil, o rádio surgiu em 1922, como parte dos festejos do Centenário da Independência. A legislação não permitia a veiculação de anúncios, mas não se conseguia impedir que no corpo dos programas os apresentadores fizessem referência a produtos de consumo — o "merchandising" começou assim. Só dez anos depois um decreto presidencial regulamentou a veiculação de comerciais, com a ressalva de que a radiodifusão se tratava de uma atividade com "finalidades educacionais".

A propaganda política veio como conseqüência natural.

Reviver agora a mesma discussão? Ora, tantos anos depois, será que uma reencarnação daqueles espíritos libertários, agora sob forma de marquetólogos políticos, virou manobra de algum demônio mercantilista que emergiu das profundezas para atentar contra a pureza de ideais éticos?

Essa discussão é perda de tempo, saliva e papel. Pois nenhuma candidatura que se preze ficará sem o apoio de profissionais que possam ajudar a apontar a melhor forma de conduzir o debate político na eleição. Essa melhor maneira, para mim, tem sido trabalhar para aprimorar o conteúdo. Com ética e clareza. E não apenas para embelezar a forma, como muita gente usa fazer.

Jogo fora um comercial bonitinho (desses feitos para ganhar prêmio) e ponho no ar uma fala forte do candidato(a) sobre o assunto. Mas também fico com o comercial bonitinho se ele tiver uma grande adequação e puder traduzir os conceitos estratégicos que norteiam o trabalho.

Aliás, uma campanha com programas de rádio e TV ruins pode até destruir um candidato, graças ao nível de exigência da população. Na eleição presidencial de 1994, ouviu-se num grupo de pesquisa qualitativa a opinião crítica de um participante, repudiando a programação de baixa qualidade feita por um concorrente:

— Esse cara não sabe nem fazer propaganda direito, como é que quer governar o país?

Com o que todo o grupo reunido concordou. E, de lá para cá, o distinto público está ficando ainda mais crítico e exigente.

Mas todo mundo concorda também que os candidatos não precisam exagerar, não se deixando voltar nem para um lado nem para o outro. Arrepio igual surge na situação contrária, perante programas ostentadores e excessivamente embonecados. Nem tanto à forma nem tanto ao conteúdo.

Tenho sido um defensor intransigente do marketing político feito com ética, seriedade e honestidade. Tenho reagido em dezenas de entrevistas e artigos publicados na imprensa a várias tentativas de julgamentos apressados, incriminando o sistema praticado, em vez de se condenarem os praticantes. Denunciei a tentativa de transformar campanhas em caça-níqueis, instituindo espécies de franquias eleitorais, em que a mesma estrutura de divulgação e as mesmas mensagens podiam ser transplantadas para diferentes regiões do país, como se Pernambuco e Rio Grande do Sul fossem iguais. Tenho combatido os arrivistas que sempre aparecem em época de eleição e tentam enganar candidatos incautos, com a lábia dos espertos. Minha posição não é nova, nem inovadora. Está continuamente marcada em todos os momentos da minha carreira.

Está marcada nas grandes vitórias, mas também nos momentos em que acumulei tristezas por não conseguir alcançar o resultado desejado. Pois não sei trabalhar sem me envolver pessoalmente. Alimento minha alma no inconformismo. Bebo a força vital nos redemoinhos da paixão. Choro com o Hino Nacional por manter um grande senso de cidadania e de amor pelo meu país.

Algum crítico mais pragmático pode até me acusar de atuar com certo amadorismo. Pois é correto: na minha forma de envolvimento total aparece muito a mistura do profissional extremado com o amador renitente. O fato é que, nas campanhas em que atuo, ou nas quais me envolvo, deixo sempre a marca do que sou.

## Campanha Alckmin 2006

Foi a campanha que me trouxe grande frustração, pois eu sabia que poderia dar uma contribuição decisiva, mas desde o começo também sabia que não seria convocado a participar dela.

A partir da minha estrutura familiar — mulher, filhos e amigos próximos —, havia uma forte demanda para que me "candidatasse" a marqueteiro do candidato. É que nas conversas com eles, nos almoços de domingo, nas cavalgadas pelas trilhas dos enduros, os erros que se sucediam no marketing eram devidamente apontados com a respectiva apresentação daquilo que deveria estar sendo feito. A previsão que finalizava minhas observações era de uma derrota inevitável, se continuassem por aqueles descaminhos. Todos tinham horror à reeleição de Lula e me viam como o salvador da pátria. Diziam:

— Você tem que falar com o Alckmin!

Ouvi o apelo dezenas de vezes. Sempre acompanhado de alguma justificativa.

— Você tem muitos amigos poderosos e influentes no próprio PSDB [Partido da Social Democracia Brasileira] e no PFL [Partido da Frente Liberal]. Você devia procurá-los, explicar isso que está nos explicando. Não é possível que não entendam e não o chamem para fazer uma consultoria. Não é possível que tenhamos que engolir Lula, o PT e seus escândalos por mais quatro anos.

A todas as exortações que recebia, explicava que não procuraria ninguém, nem o Alckmin, nem meus "amigos poderosos", simplesmente porque esse tipo de atitude não é do meu feitio. Jamais procurei algum candidato, invertendo os papéis e me candidatando ao posto de consultor e/ou coordenador de uma campanha. Chegaram a apelar para o emocional:

— Agora é diferente. É o futuro do Brasil que está em jogo. Você não pode se omitir.

Mas eu também tinha um argumento muito forte: a certeza absoluta que, mesmo que me apresentasse voluntariamente, não seria acolhido. Sabia que o "esquemão" da campanha estava montado, e que não haveria nele nenhum espaço para a entrada de um estranho no ninho.

A maioria do pessoal responsável pelo marketing político de Alckmin começou trabalhando em campanhas dirigidas por mim. Conheço-os de cor e salteado. São jornalistas e publicitários, bons profissionais, bons produtores, sabem fazer televisão e rádio com competência. Mas não são estrategistas. Sabem mexer as peças do tabuleiro do xadrez político. Mas não sabem trabalhar o lance, prevendo o xeque-mate que virá muitas jogadas na frente. Ganhar campanhas trabalhando para grandes favoritos é fácil. Bem mais complicado é levar um azarão à vitória.

Eles também me conhecem. Conhecem meu estilo de comando que assume as responsabilidades. Sabem que sou mandão, mas também estimulo a equipe a contribuir com todo tipo de colaboração. E não resisto a uma boa idéia, venha de onde vier. Mesmo considerando que a estratégia final, bem como as correções de rumo, inevitavelmente acabarão saindo da minha cabeça.

Conclusão: ao invés de comandantes, eles seriam comandados. Quem é capaz de ter o desprendimento indispensável para aceitar tal situação?

À medida que os erros na campanha se sucediam — e as pesquisas de intenção de voto mostravam números desalentadores —, o assédio dos familiares e amigos foi acrescido por consultas de dirigentes de todos os partidos alinhados:

— Você toparia entrar na campanha?

Já estava comprometido com campanhas de deputados e governadores, mas certamente poderia renegociá-las na medida em que um interesse maior se sobrepusesse. A todos coloquei a condição essencial:

— Tudo bem. Mas é preciso que o Alckmin queira.

O destino me aprontou mais uma peça e trouxe uma oportunidade efetiva de o candidato querer.

Numa manhã de quarta-feira, tive que ir a Brasília para reuniões com a equipe do deputado federal Tadeu Filippelli, quase candidato a governador do Distrito Federal, impedido então pelas negociações conduzidas pelo governador Roriz.

No avião, acomodado em assento nas primeiras fileiras, vejo a chegada de Alckmin, com alguns assessores. Sabia, pelos jornais, que ele estava muito empenhado em costurar apoios em áreas políticas, junto a deputados e senadores dos partidos que o apoiavam sem grande entusiasmo — essa a razão da viagem. Ele passa por mim e se senta mais atrás. Na minha cabeça rodam os insistentes pedidos de incontáveis pessoas:

— Você tem que falar com ele! Você tem que falar com ele!

Levanto-me, vejo que ele está lendo o jornal. Quando terminar de ler vou lá e me apresento — pensei. Certamente me conhece de nome, dou um cartão, peço a oportunidade de um encontro, uma reunião, uma conversa. É hoje que vou contrariar a norma de nunca abordar um candidato ou alguém da equipe dele. Mas remexo minha maleta no porta-bagagem, volto a sentar. Melhor não incomodá-lo agora. Como estou na frente, vou sair antes, espero por ele no saguão da estação de passageiros, passo meu recado.

O avião estaciona, saio na pressa da chegada. Quer saber de uma coisa? Não será hoje, não será nunca. Acelero o passo, vou-me embora, que tenho muito a fazer. E, depois, sei que não vai adiantar nada.

Próximo da escada rolante, no salão de entrega de bagagem, encontro o deputado Luiz Antonio Fleury, velho conhecido de dois trabalhos importantes: a vitoriosa campanha dele próprio ao governo de São Paulo e a campanha do "Não" no Referendo 2005, em que ele tinha sido um dos coordenadores políticos. O que ele fazia ali parado?

— Estou esperando o Alckmin, que está chegando de São Paulo. Ele estava no seu vôo?

— Estava, vem vindo aí atrás — respirei fundo —, e gostaria que você me apresentasse a ele.

Fleury concordou imediatamente:

— Aliás, é de você que ele precisa.

Postei-me ao lado dele, o candidato chegou rápido e Fleury, depois dos cumprimentos de praxe, não perdeu tempo:

— Governador, quero lhe apresentar o Chico Santa Rita.

Senti que Alckmin se assustou, ficou um instante imóvel, sem reação. Afinal, quantas vezes não devia ter ouvido meu nome nos últimos tempos? E agora estava eu ali, ao vivo e em cores. Por fim me cumprimentou:

— Parabéns pela vitória no referendo.

Claro que ele tinha todas as referências a meu respeito. Pois com a campanha do "Não" tínhamos derrotado — entre outras coisas — a própria equipe de marketing que o atendia e que já estava escalada para fazer a campanha presidencial. Fomos andando os três na direção da saída. O diálogo foi rápido e direto:

— Governador, gostaria muito de poder ajudar na sua campanha. Digo-lhe isso como profissional, mas principalmente como cidadão preocupado com o futuro do nosso país.

— Como faço para marcarmos uma conversa?

— É só marcar, quando quiser. Todo o pessoal da sua equipe sabe onde me encontrar.

— Está certo, eu o procuro. Até breve.

O jornalista Maranhão Viegas, que na época trabalhava na minha equipe, em Brasília, estava no aeroporto me esperando. Assistiu àquela chegada de olhos arregalados. Como um dos freqüentes interlocutores que me instavam a falar com o presidenciável, se aproximou na maior euforia:

— Então, pelo jeito vamos ter uma campanha presidencial?!

Balancei a cabeça, sem nenhuma animação:

— Não acredito. Esse pessoal é muito auto-suficiente. Duvido muito que nos procurem...

No fundo, estava feliz: meu gesto acalentou uma gostosa sensação de tranqüilidade e dever cumprido. Sabia que nada iria acontecer, mas tinha feito a minha parte. Tinha tentado.

As expressões usadas na rápida conversa não deixavam dúvidas sobre as minhas intenções: "ajudar", "cidadão", "futuro do país". Aliás, sempre deixei claro com todos os interlocutores que meu interesse não era pecuniário, muito menos a busca de glória pessoal ou profissional, até porque sempre há que se considerar o risco do insucesso.

O que poderia me mover era a possibilidade de participar, novamente, de um momento importante na história do Brasil, como o que vivi dirigindo as campanhas do Presidencialismo no Plebiscito de 1991 e do "Não" no Referendo de 2005. (Diga-se de passagem que, ironia do destino, esses trabalhos, que mais me comoveram, foram exatamente os que foram mais mal remunerados.)

Naquele instante havia um outro trabalho de interesse nacional a ser feito: o resgate da nossa dignidade tão vilipendiada.

Explico: em 2002, quando Lula foi eleito, mesmo sem ter votado nele, fui acometido de um halo de esperança com a possibilidade de um governo popular, que contribuísse para o crescimento do país trazendo melhorias para a vida da população e inovasse no respeito aos bens públicos, lastreado na ética que o PT apregoava.

Essa sensação foi-se dissipando e virou pó com o Waldomiro Diniz, o escândalo do mensalão, os dólares na cueca, o caseiro que pegou o ministro na mentira... por aí afora. Como milhares de brasileiros, eu defendia que os responsáveis fossem punidos e queria evitar que essa bandalheira voltasse a acontecer. Só que eu, além da vontade, poderia influir na ação, decisivamente. E, mais uma vez, estaria prestando um serviço ao meu país, Hino Nacional como música de fundo.

Atuar naquela campanha já era um sonho muito distante; nada mais alterava meu ceticismo. Nem um telefonema de Johnny Saad, presidente do Grupo Bandeirantes de Comunicação, alguns dias depois, conseguiu me animar:

— Estive ontem à noite num encontro com alguns tucanos de alta plumagem. É consenso entre eles que o Alckmin devia te chamar.

— Mas ele não vai me chamar!

Respondi, olhando para a parede de cortiça à esquerda da minha mesa de trabalho, onde costumo fixar lembretes, *slogans* e logomarcas das consultorias em andamento, pois assim estou sempre atento a elas. Ali também estava fixada a página do jornal *Folha de S.Paulo*, de 4/8/2006, levantando uma suspeita que só consolidava a certeza de que eu jamais seria chamado. A manchete revelava: "Governo Alckmin dobrou gastos com publicidade".

No corpo da matéria, a explicação que os gastos com publicidade do Governo do Estado de São Paulo tinham dobrado no primeiro semestre daquele ano, com relação ao mesmo período do ano anterior. Na verdade, mais que dobraram, pois foi um salto de 115%, o que fez o valor de R$ 15,6 milhões em 2005 subir para R$ 32,9 milhões em 2006. E o texto no rodapé da página completava o meu desânimo: "Agência de marqueteiro levou 36% da verba".

E não se pode dizer que a agência beneficiada — chama-se Lua Branca, alguém conhece? —, que tem o marqueteiro do presidenciável apontado na reportagem como um dos sócios, tenha um desempenho reconhecido no mercado de publicidade. Enfim...

Nesse dia peguei um vidro da pimenta Cholula que repousava na prateleira do escritório e coloquei-o na pasta, para trazê-lo de volta à despensa da minha casa. Trata-se de um saboroso molho mexicano de pimenta vermelha, um pouco mais leve que o popular Tabasco, que descobri anos atrás nos Estados Unidos e mantenho a postos para incrementar o sabor do feijão ou dos molhos de tomate. Estava ali, como um fio de esperança, aguardando o momento em que eu fosse chamado para ser levado ao candidato. Apesar de nem saber se ele gosta desse tipo de tempero, queria representar, com aquela imagem, meu pensamento sobre a campanha, que precisaria ser muito apimentada para que, no final, pudéssemos exclamar em uníssono:

— Xô, Lula!

Já tinha ficado tarde demais. Ao ser anunciada a linha que seria seguida pelo marketing da reeleição de Lula, corri para a internet, ouvi a música-tema recém-lançada, fiquei arrepiado. No *slogan* excepcionalmente bem colocado — "É Lula de novo, com a força do povo" — aparecia a primeira evidência que Alckmin estava irremediavelmente perdido: o pessoal dele não entende de povo. (Usei *slogan* semelhante alguns anos antes, numa campanha vitoriosa em Manaus: "Amazonino, a força que vem do povo".)

Para culminar, as disputas internas no marketing da campanha acabaram indo para os jornais.

*Folha de S.Paulo*, 3/5/2006:

**Confronto de marqueteiros revela divisão entre tucanos**

Contrariado com a contratação do sociólogo Antônio Lavareda para análise de pesquisas de opinião sobre o desempenho do candidato, Luiz Gonzalez — cotado para assumir a comunicação da campanha — reclama da tentativa da cúpula do PSDB de interferir em seu trabalho.

Três semanas depois, e a crise ainda não tinha sido debelada. Mais notícias:

"Gonzalez prefere 'enfatizar uma candidatura propositiva'
"Lavareda não abre mão da 'grande agenda negativa' contra Lula"

Nem tanto ao azul do céu, nem tanto ao negro incendiário do inferno: para mim, os dois estavam errados. Pura disputa pelo poder. Campanha sem unidade vira jogo de vaidade.

Gonzalez ganhou a queda-de-braço, a campanha veio para a televisão e o desastre ficou evidente. O ex-governador mostrava uma simples reconstituição da sua apresentação eleitoral anterior, quando candidato ao Governo de São Paulo. Alardeava capacidade obreira, construção de pontes, viadutos e prédios, quando o momento eleitoral exigia uma postura diferente. Formalmente bem-feita, bonita, era frágil na estratégia, equivocada no conteúdo e inútil na capacidade de convencimento.

O marketing político é uma atividade em movimento, as situações não se repetem. A campanha bem-sucedida de ontem pode ser o fiasco de amanhã. Faltava um conjunto de componentes essenciais, apropriados ao momento eleitoral vigente.

Erros primários foram cometidos por não entenderem princípios básicos de comunicação no marketing político, utilizando-se recursos que dão certo na propaganda de produtos, mas são inadequados na promoção de candidatos.

Fiquei estarrecido quando li na coluna Painel, da *Folha de S.Paulo* (31/8/2006), que a campanha de Alckmin utilizava pesquisas feitas no sistema *view fact*, que, quando surgiu no Brasil, nos anos 1990, foi chamado de *viewfinder*.

Com eventuais variações, funciona assim: colocam-se grupos de pessoas assistindo à propaganda política, cada uma delas com uma caixinha de metal, que cabe na palma da mão, e onde há um teclado de cinco botões, cada um deles correspondente a uma sensação que qualifica aquilo que a pessoa está assistindo. As classificações são: Ótimo/Bom/Regular/Ruim/Péssimo.

Parece bom, não é? Você tem uma resposta imediata da avaliação das pessoas. No caso, os responsáveis pela campanha de Alckmin comemoravam que o programa de TV dele estava sendo considerado melhor. E mais comemoração: nessa pesquisa imediatista apareciam eleitores dos outros candidatos que se bandeavam com armas e bagagens para o lado do ex-governador de São Paulo.

Parece bom. Mas não é! Os "experts marqueteiros" só não perceberam que, quando se avaliam candidatos, o que importa não é a instantaneidade. Ninguém define seu voto por impulso, como se faz na compra de um produto no supermercado. O eleitor passa por um processo de conscientização até se definir. E as sensações espontâneas captadas pelo aparelhinho podem sofrer profundas alterações no desenvolvimento da campanha.

Tomei contato com esse processo pela primeira vez em 1990. Comprei os direitos e usei na campanha de governador, em São Paulo. Com o uso fui percebendo que os resultados apresentavam disparidades com os encontrados nas pesquisas quantitativas e principalmente com as qualitativas — estas, sim, essenciais para se entender como a população está vendo o comportamento dos candidatos.

Naquela ocasião, nossos adversários cometeram um erro grave, baseado nas informações que colheram no *view fact*, que eles também tinham comprado. Contei esse episódio no livro *Batalhas eleitorais* (Geração Editorial, 2001, pp. 112-3):

> O candidato — Maluf —, com toda a pompa e circunstância, foi a Brasília mostrar seu programa de governo a Collor.
>
> [...]
>
> A cena, muito bem ensaiada e marcada, foi apresentada na TV como o grande momento de união entre o governo federal e o estadual. Luzes, espocar de flashes, Maluf se curva reverencioso, solene (jeitão de político japonês) e entrega o documento ao presidente.
>
> As curvas do *viewfinder* atingiram o ponto mais alto em toda a campanha. À primeira vista parecia uma unanimidade, um gol de placa, daqueles que decidem o campeonato.
>
> [...]
>
> Concluí que a forte impressão deixada pelo resultado do *viewfinder* era falsa e preparei um grande pronunciamento para Fleury, defendendo a tese da independência de São Paulo, um Estado que, pela sua importância, não podia se curvar (a expressão foi usada insistentemente).
>
> [...]
>
> Os estrategistas de Maluf cometeram o erro seqüencial de repetir a cena de Brasília no dia seguinte, provavelmente influenciados pelo "bom resultado" do *viewfinder*. [...] E o tiro deles saiu pela culatra [...] e trouxe mais alguns votos para Fleury.

O processo do *view fact* é ótimo para testar comercial de produtos de consumo, ou para os assistentes de um programa de TV darem notas para os participantes de uma gincana, ou de um concurso de dança no *Domingão do Faustão*. Nas minhas campanhas eleitorais, nesses últimos 17 anos, não utilizo nem que me ofereçam de graça, pois me trará informações que só servirão para atrapalhar.

É impossível transcrever aqui a quantidade de anotações que fiz sobre erros pontuais da campanha de rádio e televisão. Seria enfadonho, já que a relação é imensa e aponta problemas técnicos de mau uso da comunicação no marketing político.

Para marcar minha posição antes (pois comentar o desastre depois que ele ocorre é muito fácil), escrevi um artigo, cerca de um mês antes da eleição, publicado na *Folha de S.Paulo*, de 11/9/2006, narrando o que eu já vinha dizendo havia muito tempo.

**Crônica de um naufrágio anunciado**

Para quem conhece e convive com os meandros do marketing político, a estagnação da candidatura Alckmin não trouxe grandes surpresas. Pelo contrário, era até previsível que o barco começasse a fazer água na reta final.

Dois ou três meses atrás, pude antecipar essa ocorrência e a apontei claramente a vários interlocutores com quem mantinha relações de trabalho ou contatos pessoais. Posso citar, entre eles, dirigentes do PMDB [Partido do Movimento Democrático Brasileiro] de Brasília e de Mato Grosso do Sul; políticos do PFL de São Paulo e do Rio Grande do Sul; líderes do próprio PSDB, como José Aníbal e os deputados federais Aloysio Nunes Ferreira (SP) e Yeda Crusius (RS).

Não só previ como expliquei o porquê. Na minha visão, a ausência de uma estratégia inicial clara, capaz de empolgar o eleitor e evoluir com o andamento da campanha, com certeza levaria a uma perda definitiva dos rumos mal traçados.

Os fatos que se seguiram só vieram confirmar esse diagnóstico. Surpreendido pelos ataques do PCC [Primeiro Comando da Capital], faltou ao ex-governador de São Paulo atitude e discurso firmes, denunciando o grande responsável pela (in)segurança nacional: o governo federal, que jamais teve uma política séria e competente nessa área estratégica para o país como um todo.

Essa explosão tem causas e efeitos espalhados pelo Brasil inteiro, pelo tráfico de armas e de drogas. Há um ano, na campanha do "Não" no referendo, mostramos o caos que se prenunciava pelo drástico corte de verbas federais destinadas aos Estados.

Em seguida, quando o "companheiro" Evo Morales invadiu propriedades brasileiras na Bolívia, também não houve um repúdio firme com a atitude em si nem, especificamente, com a complacência vergonhosa do governo brasileiro.

Em ambos os casos, faltou a visão estratégica que desse ao candidato a verdadeira dimensão dos acontecimentos, de forma a encaixá-los como elementos de campanha. Já dava para vislumbrar o que viria a seguir. A nau tucana começava a navegar sem mão firme no leme e sem um especialista no cesto da gávea, vislumbrando as oportunidades de terra à vista.

Faltava, principalmente, um mapa de navegação. Um projeto global, algo como um grande "Pacto de Reconstrução Nacional", que começasse na pregação de moralizar o comportamento político, atacasse o uso exacerbado da Lei de Gérson, apontasse soluções profiláticas de curto prazo, mas previsse também políticas estruturais de médio e longo alcance e, finalmente, aportasse numa plataforma de obras e realizações. Algo como um grande debate nacional que nos fizesse resgatar a auto-estima, com a recuperação dos preceitos de moral e bons costumes tão desprezados nestes tempos obscuros em que a mais-valia da ignorância tenta prevalecer.

Nesse contexto, seria possível discutir, com propriedade, como o PT e seus líderes maiores conspurcaram a austeridade no comando da nação.

Atacar o adversário agora, subir o tom, como querem alguns, apimentar o discurso, como pregam outros, vai parecer, perante os olhos simplistas da população, uma agressão oportunista no desespero da derrota.

O que se vê hoje, na televisão, é muito semelhante à programação que foi ao ar na campanha de reeleição do governador, quatro anos atrás — um obrismo provinciano, que nos remete aos famigerados tempos do "Maluf fez, Maluf faz, Maluf vai fazer muito mais", só trocando o nome do candidato por Alckmin (ou Geraldo, como querem os marqueteiros que só enxergam desimportâncias periféricas).

São Paulo é grande. Mas o Brasil é maior. Obra por obra, Lula sempre poderá mostrar mais. A discussão perdeu o momento de ser encaminhada para outros mares mais encapelados, menos favoráveis à tranqüila navegação da nau petista, que pôde esconder no porão os Waldomiros, os mensaleiros, os Valérios e caterva e todo o comando de um partido que prevaricou nas bar-

> **bas do comandante enquanto ele fumava, impávido, seu charuto cubano, sentado num tonel de carvalho, olhando distraído para o horizonte.**
>
> **Na falta de estrategistas, os alquimistas do marketing político tucano basearam tudo na campanha eletrônica, que — diziam insistentemente — tudo mudaria. Mais uma vez se comprova que não basta ter um programa de TV de qualidade técnica exemplar quando falta a ele o fio condutor de uma estratégia básica que comande e oriente as ações.**
>
> **Como profissional da área, me surpreendo que esses desvãos do marketing político ainda possam acontecer numa campanha presidencial de tamanha envergadura. Como cidadão, lamento com tristeza.**

Também é importante lembrar que, no final de 2005, a avaliação de Lula e do seu governo vinha em queda franca, nos números de todas as pesquisas respeitáveis. O jornal *O Estado de S. Paulo*, apresentando levantamento da CNT/Sensus [área de pesquisa da Confederação Nacional do Transporte], sintetizou aquele momento, em título de página: "Queda de popularidade inviabilizaria reeleição de Lula, revela pesquisa".

E a administração federal apresentava muitas debilidades. Era um governo político... no mau sentido. Ineficiente, não apresentava um apreciável cartel de ações voltadas para o desenvolvimento. Apontei essas fragilidades na parte final de artigo publicado no jornal *O Globo*, de 29/12/2005, no qual analisava os cenários da eleição do ano seguinte:

> **Vai ser bem difícil, Lula**
>
> [...]
>
> **O que resta de prestígio a Lula está concentrado nas periferias das grandes cidades, entre a população mais pobre, e nas regiões Norte e Nordeste, segundo as recentes pesquisas Ibope, DataFolha e Sensus. Isso se explica pelo fato de que, infelizmente, vivemos num país de iletrados, onde as informações demoram mais para atingir**

> as pessoas nessas áreas, e assim formar o consciente coletivo que leva às grandes decisões.
>
> [...]
>
> Essa agenda negativa talvez pudesse ser minimizada por obras e realizações, renascendo o já usado "rouba, mas faz", agora em versão petista. (Afinal, há muitos aliados do governo que são especialistas no bordão.) Mas o tempo para isso passou e a atual correria em alguns ministérios, tentando gastar verbas orçamentárias que ficaram por meses paralisadas, irá parecer eleitoreira. Não se constrói infra-estrutura de um momento para outro. Não dá para recuperar, como num passe de mágica, investimentos que não foram feitos. Não se faz obra com discurso.
>
> Os méritos de uma economia com aparência saudável podem se dissipar quando questionado o que isso trouxe de benefícios reais para a população. Resta ver se alguns avanços sociais, hoje superdimensionados em comerciais televisivos, serão suficientes para sustentar a campanha de reeleição.
>
> Mais provável é que a mistura explosiva de ineficiência + ganância + prepotência, que está marcando o governo, tenha, na campanha eleitoral, a sua hora da verdade. O jogo será muito pesado. Para a população restará fazer valer o seu voto. E continuar na maior torcida, mesmo após a Copa do Mundo estar terminada. Desta vez para que o Brasil, o país, se saia bem dessa.

Toda essa situação, que o próprio Lula chamou de "preocupante", toda essa predisposição eleitoral favorável, tudo isso foi completamente ignorado pela campanha Alckmin, que conseguiu um único e verdadeiro milagre, um verdadeiro fenômeno: em toda a história das eleições, foi o único candidato a presidente que teve menos votos no 2º turno do que os que tinha alcançado na primeira votação.

A previsão do naufrágio se confirmou, infelizmente. Não me orgulho, nem tenho satisfação por isso. Para mim, ficará para sempre marcada a força emocional da última frase do artigo da *Folha*: "Como cidadão, lamento com tristeza."

## Campanhas Quércia e Covas — 1986

Pela primeira vez se viu em São Paulo uma campanha política na televisão com um padrão de qualidade semelhante àquele que a Rede Globo apresentava na sua programação. O formato virou referência nacional, um verdadeiro ícone, com seguidores e imitadores até hoje espalhados pelo país.

Não por acaso, os dois coordenadores da campanha, Luiz Fernando Mercadante e eu, tínhamos saído daquela emissora pouco antes, depois de lá trabalharmos por alguns anos. As próprias campanhas adversárias (Antônio Ermírio de Moraes, Paulo Maluf e Eduardo Suplicy) foram vítimas do primarismo até então reinante naquele tipo de operação que mais tarde seria reconhecida como marketing político. Não posso testemunhar sobre o que acontecia nos outros estados, a não ser por informações esparsas que davam conta da existência de programações corriqueiras.

O fato é que a televisão foi a responsável direta pela virada dos dois candidatos.

Orestes Quércia saiu de terceiro lugar, com anêmicos 12% das intenções de voto, para se tornar governador com 36,1%, batendo Antônio Ermírio de Moraes (23,7%) e Paulo Maluf (17,2%) — na época não havia eleição em 2º turno.

Mário Covas partiu de um patamar de 49% das intenções de voto, tendo à sua frente Fernando Henrique Cardoso com 58% das preferências — seriam eleitos dois senadores. Com a campanha simples, mas extremamente eficiente que produzimos, as posições se inverteram e Covas ganhou com quase 1,5 milhões de votos de vantagem.

O articulista Fernando Rodrigues, da *Folha de S.Paulo*, em texto publicado em 30/1/2006, comenta sobre marqueteiros e faz esta afirmação: "[...] nos anos 80, a maioria desses profissionais vinha do jornalismo, fazia propagandas pobres esteticamente na comparação com a já boa qualidade técnica da TV nacional. A inflexão foi em 1989, com Fernando Collor, emblematicamente tendo Duda Mendonça entre seus colaboradores".

As campanhas de Quércia e Covas, narradas com mais detalhes no meu livro *Batalhas eleitorais*, foram realizadas três anos antes.

## Campanhas Ulysses e Collor — 1989

Freqüentemente o pauperismo mental de alguns luminares da imprensa faz com que me chamem, ainda hoje, de "marqueteiro do Collor", sempre que querem produzir um efeito depreciativo fácil. É igual rima pobre: qualquer um faz verso.

Mas não percebem que, quando assumi, a duas semanas da eleição, o Collor conhecido era muito diferente daquele que foi escorraçado tempos depois. E antes mesmo de ser chamado, por exclusão, já tinha definido meu voto particular no 2º turno nesse candidato.

No 1º turno votei, por amor, em Ulysses Guimarães. Tinha estruturado a campanha dele, trabalhado nela com afinco, mesmo sabendo, desde o início, que a impossibilidade de sucesso era absoluta.

Com Fernando Collor fiz um trabalho do qual me orgulho, ajudando a segurar uma campanha que ameaçava naufragar, perto da praia. Coloquei a ex-namorada de Lula no ar e o faria de novo, se preciso fosse. A vida e as ações de uma pessoa pública são igualmente públicas e têm que ser conhecidas e discutidas por todos. Tudo o que Mirian Cordeiro disse era absolutamente verdadeiro — jamais alguém ousou dizer o contrário.

O que o PT sempre quis discutir é a ética que passava por essa atitude. Mas quem é o PT dos Waldomiros e Delúbios para discutir a ética de qualquer coisa?

E hoje ainda tenho um consolo, uma espécie de indulgência plenária: fico imaginando a tragédia que seria um governo de Lula naquele momento e me compraz saber que ajudei a retardar por 13 anos a chegada deles ao poder.

## Presidencialismo — 1993

As elites todas unidas... foram vencidas!

Foi a derrota do oportunismo que tentou emplacar o parlamentarismo, mesmo sabendo que o país tem instituições capengas. Já pensaram em deixar para o nosso Congresso a tarefa de escolher um primeiro-ministro? Já pensaram em fortalecer ainda mais o nosso Judiciário? Já pensaram na nossa máquina estatal desprofissionalizada no caso de um vazio de comando de meses, até haver o acerto para uma nova escolha?

Pois eu já pensei. E quanto mais penso mais feliz fico em ter ajudado a desmontar essa bomba.

Sempre é bom lembrar que a fracassada campanha do parlamentarismo acolhia a nata da *intelligentsia* política, empresarial e cultural brasileira. Em termos financeiros, gastou cerca de sete vezes mais que o valor gasto no presidencialismo. Isso é que é relação custo-benefício porreta!

## Campanha do Referendo 2005

No capítulo seguinte estão todas as explicações sobre a surpreendente vitória do NÃO, mais um momento em que me senti colocando um dedinho na história recente do Brasil.

* * *

Com uma história dessa nas costas, com mais de uma centena de trabalhos em todos os níveis de campanhas políticas, não posso aceitar o embuste que pretende culpar o marketing político, transformando-o no vilão da história. Certamente há outros vilões mais bem definidos.

A começar pelo próprio político brasileiro, um ser em geral despreparado, que faz daquilo que deveria ser missão uma profissão, na falta de outro direcionamento melhor para a vida. São eles que algumas vezes acabam acolhendo outros despreparados que se autointitulam marqueteiros. O sujeito foi ajudante de redator na eleição passada, em algum rincão longínquo do país, e agora se arroga estrategista, coordenador de campanha. Os dois, de braços dados, caminham para o fracasso político e profissional, enxovalhando de passagem o bom nome de quem é sério e pratica a atividade dessa forma, com seriedade.

Esse circo vicioso é acompanhado e relatado por uma imprensa na qual os bons profissionais vão se tornando *avis raras*, perdendo espaço para despreparados e/ou arrogantes e donos da verdade. E o espetáculo da vida política brasileira segue em frente.

Obviamente não se podem penalizar os bons políticos, os bons jornalistas, nem os bons profissionais de marketing político por conta dos maus.

Por algum capricho da sorte, do acaso, ou mesmo de caráter, tenho conseguido resistir às tentações de misturar o trabalho profissional, como os ganhos fáceis dos lobbies, da venda de influência, ou da captação de recursos em causa própria.

Nos oito anos em que, diziam, eu "estava" no governo de São Paulo, primeiro com Quércia, depois com Fleury, limitei-me a fazer serviços de produção de vídeo, a preços de mercado. Não fui sócio de nenhuma agência de propaganda — apesar das inúmeras propostas —, não ganhei um único tostão que não estivesse plenamente justificado por um trabalho feito.

E não faltaram "pedidos" para ajudar a liberar a verba X, acertar a concorrência para a construção de Y, ou intermediar na compra pelo Estado de um lote de Z. Desafio qualquer dos secretários de Estado, seus assessores, presidentes e diretores das empresas estatais com quem convivi a informarem publicamente o dia e o tipo de solicitação feita por mim, ou a mando meu.

De certo ponto de vista, considero até que exagerei demais nesses pruridos de integridade. No governo Quércia, minha equipe fazia toda a criação da publicidade do governo e nunca recebemos nada por isso, de nenhuma das várias agências que deveriam estar fazendo esse serviço. Nossa remuneração vinha só da produção que, como se sabe, é onde o trabalho é maior e a rentabilidade é menor.

Também jamais aceitei qualquer tipo de cargo público. Quando Collor montava sua equipe, antes da posse, fui convidado por Leopoldo Collor, irmão do presidente, a assumir uma espécie de Secretaria de Comunicação. Recusei incontinente. Também recusei ofertas (várias) de me associar a agências de propaganda para atender contas do governo federal.

E quando o governo se empossou, me afastei por completo ao perceber que, para trabalhar com ele, teria que me envolver num esquema de corrupção, incompatível com a minha história de vida. A produtora de vídeo, da qual era o sócio majoritário, jamais fez um só vídeo, um só comercial de TV, um só trabalho de qualquer espécie, seja para o núcleo do governo, seja para qualquer ministério ou empresa a ele ligada.

Assim sempre foi em todas as eleições que ganhamos. E não foram poucas.

## CAPÍTULO II

# Referendo 2005

### Desmontando a grande mentira para a maioria gritar um sonoro NÃO!

Pode parecer pretensioso, ou até cabotino, mas eu sempre soube que dava para vencer a campanha do referendo. Bastaria que deixassem a gente fazer bem-feito, sem interferências, sem palpites, sem "achômetros", que a vitória estaria inevitavelmente ao nosso alcance. Durante esta narrativa vão aparecer vários fatos que comprovam essa certeza.

Entrei firme nessa história desde o final de março/2005, quando li uma notícia na internet sobre o ministro da Justiça Márcio Thomaz Bastos se reunindo com os presidentes da Câmara e do Senado para pedir que a lei de realização do referendo fosse votada em regime de urgência urgentíssima. Em Vancouver, Canadá, onde estava aperfeiçoando estudos de língua inglesa e me preparando para participar de palestras e seminários ali mesmo e nos Estados Unidos, senti a vibração da oportunidade. Tudo vinha a calhar, pois aquele era um ano sem eleições e, portanto, um ano com volume de trabalho menor, em que até me permitia passar três meses fora do Brasil.

Imediatamente disparei textos e telefonemas para minha equipe em São Paulo se movimentar. Recomendei que minha assistente Ana Maria Tebar procurasse o deputado Fleury, seu amigo pessoal, para saber detalhes de como e quando seria a campanha. Certamente, pela atuação dele no Congresso, seria um dos comandantes da campanha contra a proibição da venda de armas.

Pois esse era o único lado em que eu me proporia trabalhar, dentro do conceito pessoal básico que norteia a minha aceitação (ou recusa) para atuar numa campanha: só trabalho para candidato em quem eu votaria. No caso, não havia candidato, mas, por isso mesmo, a premissa se aplicava com mais intensidade. Trabalhar com uma idéia é ainda mais envolvente, exige mais do coração e da alma. Para mim é uma missão. Impossível executar tamanha tarefa sem estar apaixonado.

Escrevi num e-mail: "será que não vão precisar dos serviços destes dois que fizeram tão direitinho a campanha do plebiscito anterior? Pense nisso, arme contatos, estou louco por uma confusãozinha..."

Num telefonema posterior, Ana ponderou com a verdade inevitável:

— Vai ser uma grande pedreira; o governo está envolvido até o pescoço na campanha pelo Estatuto do Desarmamento e suas conseqüências.

Ao que respondi:

— Mas nós vamos ganhar deles!

Em qualquer análise sensata, o quadro que se desenhava nada tinha de animador. A Lei n. 10.826, aprovada e sancionada em dezembro de 2003 e regulamentada no meio do ano seguinte, criava na prática o Estatuto do Desarmamento. Tinha apoio suprapartidário: até o PSDB e o PT, que normalmente se antagonizavam, dessa vez estavam de braços dados.

A proposta inicial, de autoria do senador Gerson Camata (PMDB-ES), era, na verdade, a condensação de mais de 70 projetos que circulavam há uma dezena de anos pelo Congresso. E o resultado foi uma das leis mais draconianas que qualquer país até então fizera para conter a venda, o uso e o porte de armas de fogo. Sobrara apenas a brecha do Artigo 35, que determinava:

> É proibida a comercialização de arma de fogo e munição em todo o território nacional, salvo para as entidades previstas no art. 6º desta Lei.
>
> § 1º Este dispositivo, para entrar em vigor, dependerá de aprovação mediante referendo popular, a ser realizado em outubro de 2005.
>
> § 2º Em caso de aprovação do referendo popular, o disposto deste artigo entrará em vigor na data de publicação de seu resultado pelo Tribunal Superior Eleitoral.

E no caso de não-aprovação? Nem a própria lei previa essa possibilidade.

Na seqüência desse receituário predeterminado, os brasileiros começaram a receber doses maciças de campanhas publicitárias, verdadeira lavagem cerebral promovendo o que se chamou genericamente de DESARMAMENTO.

Uma das maiores e mais vistosas promoções foi a campanha de recolhimento de armas, que começou em julho de 2004, com a duração inicial de três meses. Vendia-se a idéia de que estava sendo um grande sucesso, porém, foi prorrogada por duas vezes, até via medida provisória, assinada pelo presidente Lula. No final, seu término acabou coincidindo com o dia de votação do referendo.

Vinha adornada por um atrativo generoso: quem entregasse sua arma recebia entre R$ 100 e R$ 300, pagos pelo governo. O material recolhido seria posteriormente acumulado para ser esmagado por pesados tratores, em cerimônias que geravam belíssimas fotos coloridas nas primeiras páginas dos jornais do dia seguinte e, principalmente, imagens emocionantes nos telejornais da noite, com a presença obrigatória das autoridades disponíveis, de ministros a prefeitos e governadores. Assim estávamos, todos unidos, salvando o país da violência.

Toda a mídia em atitude complacente, acobertada sob o manto autoprotetor da "utilidade pública", contribuía com fartos espaços em todos os veículos de comunicação. Poucos questionaram alguns fatos essenciais:

- o número de armas recolhidas era insignificante perto da quantidade de armas em poder da população. (Ao final de 14 meses de campanha, foram recolhidas exatas 449.128 armas, segundo informa o *site* das Nações Unidas. Estimativas contam que há mais de 20 milhões soltas por aí, apesar de ninguém ter tido coragem de ir contar as que estão nas mãos da bandidagem.);
- grande parte dessas peças era material velho, em desuso, sem nenhuma possibilidade de reutilização; o próprio jornal *O Globo*, militante ativo da campanha, reconheceu (edição de 19/10/2004) que "a maioria era antiga" e que 42% do material recolhido foi entregue por pessoas com mais de 60 anos, citando pesquisa da ONG Viva Rio, principal articuladora e fomentadora do movimento;
- os jornais registraram que, segundo cadastro até então efetuado pelo Sinarm (Sistema Nacional de Armas, da Polícia Federal), a maior parte das armas recolhidas era de calibre 22, um tipo ultrapassado de arma caseira, superando em quantidade até as de calibre 38, o famoso "tresoitão" preferido da criminalidade;
- algumas peças em boas condições simplesmente sumiram; talvez assustadas diante da chegada do rolo compressor que iria passar por cima delas, suplicaram a alguma boa alma que as levasse para casa;
- nos morros do Rio, criou-se até um comércio paralelo: se a arma fosse boa, receberia dos bandidos um valor mais alto;
- e ninguém assistiu a um bandido se regenerar e num gesto caridoso do mais puro arrependimento levar seu arsenal para ser dilacerado em praça pública.

A Rede Globo foi o principal arauto da massificação publicitária. Chegou ao extremo de fazer vinhetas que abriam e fechavam todos os intervalos dos seus programas, 24 horas por dia, divulgando as excelências daquele desarmamento que iria nos livrar de toda a violência, para todo o sempre, amém. Não era à toa que João Roberto Marinho, vice-presidente das Organizações Globo, aparecia no Conselho Diretor da ONG Viva Rio.

Só essa organização, no Relatório da Gestão 2004, afirmou ter operado com uma receita de R$ 19.632.172 (49% desses recursos originários de organismos internacionais). Só o DFID — Department for International Development, um organismo de ajuda internacional da Inglaterra, "doou" cerca de 20% dos recursos da ONG. Mas tem mais Ford Foundation e outros menos votados. Por pura coincidência, claro, o volume desse dinheiro aumentou significativamente após o início da Campanha do Desarmamento.

Ainda nesse relatório, informa-se a remuneração de 1.399 pessoas, descritas como "pessoal técnico engajado em seus trabalhos sob diversas formas". Se adicionarmos os valores que seriam cobrados pelos espaços ocupados na imprensa, na televisão e no rádio, chamados "mídia gratuita", o valor total movimentado por eles se tornaria ainda mais assustador. Algo muitas vezes maior do que a verba publicitária dos maiores anunciantes brasileiros.

Esse "desarmamentismo" profissional ainda contava com a participação ativa das organizações Sou da Paz, do Rio; Convive, de Brasília; Confederação Nacional dos Bispos do Brasil (CNBB) e Conselho Nacional das Igrejas Cristãs, todos irmanados num grande ecumenismo. A própria Campanha da Fraternidade, que todo ano escolhe um tema para exortar os fiéis a praticar o bem, teve o desarmamento nos seus anúncios cedidos pelas emissoras. A Varig, que faria melhor se preocupando com sua situação difícil, anunciou que distribuiria folhetos aos passageiros e recomendaria que as comissárias lessem mensagens favoráveis à causa. A Unesco, organismo da ONU para o desenvolvimento da educação, ciência e cultura, dava apoio total, inclusive ajudando a elaborar um documento que divulgava êxitos pretensamente já alcançados pela campanha. Os *lobbies* nacionais e internacionais eram tão influentes que, no final, até um grupo de dez ganhadores do Prêmio Nobel da Paz manifestou o seu apoio.

A participação geral e irrestrita de vários ministérios, empresas estatais e do governo Lula como um todo era notória. O PT, inclusive, foi o único partido brasileiro a assumir publicamente um posicionamento a favor do desarmamento, em decisão de 24/7/2004 do seu Diretório Nacional.

A razão de tamanho interesse podia ser encontrada na montagem de uma justificativa para o fracasso da política nacional de segurança pública, que não conseguia conter a grande escalada de violência que assustava o Brasil. O referendo seria uma espécie de "cortina de fumaça", que esconderia a realidade. Entraríamos no ano eleitoral com a desculpa armada por eles: "agora que aprovamos o desarmamento, a violência vai diminuir; é só ter um pouquinho de paciência". E estaria resolvido um dos principais questionamentos a serem levantados contra a campanha de reeleição de Lula.

Pois não foi com uma cortina de fumaça que se resolveu o caso Waldomiro Diniz, pego recebendo dinheiro de um bicheiro? Os bingos foram culpados e fechados. Mas só até passar o clamor da opinião pública, pois um ano depois estavam todos abertos outra vez.

O próprio ministro da Justiça, que tanto pressionou o Congresso para o referendo sair, certamente teria bons motivos para assumir a vitória como uma espécie de coroamento da sua gestão.

Essa problemática ficou clara no meio do ano, quando o deputado João Paulo Cunha, um dos expoentes do PT, até ser denunciado como beneficiário de verbas do "mensalão", apresentou na Câmara dos Deputados o parecer que definitivamente marcava o referendo para outubro. Em seguida publicou artigo na *Folha de S.Paulo* justificando a medida: "Confirmando a proibição da venda de armas, os brasileiros ajudam a pôr um freio na escalada de violência que assola o país".

A resposta mostrando a verdadeira razão dessa escalada veio do coronel da reserva José Vicente da Silva Filho, ex-secretário nacional de Segurança Pública, grande conhecedor do tema. Em carta irrespondível no Painel do Leitor da *Folha de S.Paulo*, demonstrou que a ação do governo, nesses três anos, não caminhou com eficácia no sentido de reduzir a criminalidade, pois:

- R$ 427 milhões do Fundo Nacional de Segurança Pública deixaram de ser investidos para equipar e treinar polícias estaduais;
- foram cortados US$ 149 milhões emprestados por instituições européias para equipar a Polícia Federal;
- deixaram de ser aplicados R$ 313 milhões na educação e prevenção de acidentes de trânsito;
- cortaram-se 48% da verba destinada à construção e reforma de presídios, 14% do orçamento já magro da Polícia Federal e 24,5% da Polícia Rodoviária Federal.

Uma colocação absolutamente insuspeita, pelo conhecimento de causa do ex-coronel e por sua posição pessoal, francamente favorável ao "desarmamento", com várias aparições públicas defendendo a causa.

O secretário da Justiça e Segurança do Rio Grande do Sul, José Otávio Germano, usou outro argumento que denunciava a distorção em artigo no jornal *Zero Hora*: o governo estava gastando mais com a simples montagem do referendo do que previa gastar durante todo aquele ano com Segurança Pública.

O engajamento de organismos que teriam por princípio moral e ético ser isentos era tão escandaloso, que o próprio Senado Federal se propôs a dispor de sua estrutura institucional de comunicação para defender a realização do referendo. Não bastasse isso, o *site* da instituição na internet tomou partido e defendia abertamente o desarmamento.

Explica-se, mas não se justifica: o senador Renan Calheiros (PMDB-AL), que naqueles tempos ainda presidia aquela casa do parlamento, era grande entusiasta da idéia (não se sabe se por influência de Mônica Veloso ou não). Tanto que acabou sendo o presidente da Frente Parlamentar Brasil Sem Armas, criada com muita festa para defender a causa oficialmente na campanha que se aproximava. (Como muitos partidos políticos estavam divididos entre partidários de ambos os lados — nunca em partes iguais, é claro —, criaram-se duas Frentes Parlamentares para direcionar e se responsabilizar pela propaganda e pela votação do referendo.)

À luz desse quadro, é difícil entender a posição do PSDB, que embarcou na canoa junto com o PT, dando um apoio maciço, mesmo que não oficial, ao "desarmamento". José Serra, prefeito de São Paulo e pré-candidato à sucessão de Lula, publicou artigo na *Folha de S.Paulo* — "Eu digo sim ao sim" — no qual exortava a população a apoiar a iniciativa.

Já que a maioria brasileira acabou dizendo sim ao "não", os tucanos perderam uma excelente oportunidade de ficar de bico calado!

Do outro lado, os "armamentistas" estavam intimidados e até acovardados, salvo por uma e outra reação do Movimento Viva Brasil, do incansável batalhador professor Benê Barbosa e de uns poucos simpatizantes. As duas grandes indústrias brasileiras de armas mostravam-se mais preocupadas com suas rentáveis exportações do que com o mercado interno, pouco promissor. O *lobby* que patrocinavam era insipiente e dispersivo.

Em Brasília, havia a atuação circunstancial de um grupo de cerca de 50 parlamentares reunidos sob o codinome de "bancada da bala". A expressão pejorativa tinha sido plantada pelos adversários e aceita pela imprensa sem considerar a falta de respeito com o elementar direito individual de alguém ter e manifestar opinião diferente da maioria. Parecia tratar-se de um bando, capaz de afugentar qualquer adversário a tiros.

Sem uma coordenação precisa, tentavam soluções paliativas, algumas até desastrosas, como propor que a votação do referendo, "para fazer economia", fosse feita concomitantemente com a eleição de 2006. Ora, essa já é uma eleição onde se vota para deputado federal e estadual, senador, governador e presidente. Em lugares mais civilizados, a eleição do presidente é isolada, sem interferências, como tem que ser. Imaginem juntar nessa salada mais o tempero desconhecido do referendo.

Não estavam seguros do papel que fariam na eleição. O próprio deputado Fleury apresentou, no início de 2005, uma proposição adiando a votação para... 2010! Para a maioria deles era melhor embaralhar o processo, deixar como está, do que enfrentar as urnas numa disputa que aparentemente estava destinada a ser um inevitável massacre eleitoral.

Ao saber dessas escaramuças e que muitos dos "nossos" deputados acreditavam piamente que o referendo seria adiado, mandei um e-mail para minha equipe em São Paulo afirmando exatamente o contrário:

> "Estou convencido de que isto vai sair, pois eles (os desarmamentistas) estão certos que ganham. Aliás, nesse ponto, o despistamento que a 'turma da bala' está fazendo sem querer acabará sendo muito bom."

Explico: era bom porque ajudava a fortalecer a idéia do "já ganhou!". E eleição ganha antecipadamente é meio caminho para a derrota.

A população assistia a tudo sem nenhum interesse, com uma opinião já formada. Definitivamente, ser a favor do apregoado desarmamento era politicamente correto. De tanto usada, batida, massacrada, a palavra acabou assumindo um sentido muito além da sua etimologia natural. Quem poderia ser contra?

E a próxima votação do referendo, por sua vez, apresentaria tão-somente as favas contadas da inevitável confirmação, uma espécie de jogo de final de campeonato, com o campeão já definido, apenas para cumprir a tabela. Era nesse campo que a gente estava tentando alinhar o time para poder jogar. Contra tudo e contra todos, enfrentando uma espécie de movimento das Diretas-Já renascido.

No início de junho, marcamos uma reunião com o deputado Fleury, que se encaminhava para ser o presidente da outra frente parlamentar a ser formada. Mas ele não pôde nos atender porque passou mal e foi levado ao hospital para uma cirurgia de emergência. Acabou ficando vários dias inativo, em convalescença. O suficiente para o deputado Alberto Fraga (PFL-DF) assumir a presidência da Frente Parlamentar pelo Direito da Legítima Defesa.

Nome dado, registrado, nada mais a fazer. O nome que nós tínhamos criado era outro — Frente Parlamentar pelos Direitos do Cidadão, com o nome simplificado de Frente Cidadã —, que resumia melhor a estratégia e a linha de comunicação que já tínhamos escolhido. A legítima defesa é necessária, claro. Mas para que alguém se defenda é preciso haver um ataque, e eu queria tirar toda e qualquer conotação belicosa, conforme os lances da história que será contada mais adiante.

A Frente também se propunha ter um *slogan*: "Desarme-se e seja um alvo fácil!" Outra afirmação perigosa, por seu caráter beligerante, pensei. Como pedir para a população se desarmar, se 95% dela sequer tem uma arma? Se a maioria nem pretende ter uma arma? Na minha visão, o caminho era outro.

Parecem simples sutilezas... Mas não são!

Tenho convicção de que, para ser bem-feita, uma campanha precisa ter toda a macroestrutura montada com correção, mas também precisa dar conta daquilo que numa palestra chamei de as "1.000 Bobagens" que fazem o sucesso de uma candidatura. É essa junção de inúmeros pequenos detalhes que no final fará a diferença. Detalhes como estes:

- não usar palavras e expressões rebuscadas;
- a apresentadora não deve usar brincos que balancem, para não distrair o telespectador, que poderá ter sua atenção desviada aos brincos;
- regravar o texto que o assessor do candidato definiu como "Este está ótimo!" se você achou que não está tão bom assim;
- e outras 997, muitas delas expostas nas páginas deste livro.

"Bobagem!" — já ouvi muita gente dizer. Mas continuo achando que tudo é importante, tudo tem que ser visto com minúcia; a atenção é permanente 24 horas por dia. Não dá para deixar nem uma pontinha de cenário aparecendo desnecessariamente, nem uma gotinha de suor brilhando na testa do candidato... e outras 995.

A meta é fazer todas as mil, mas quando se consegue 895 ou 916, já é uma grande conquista, desde que não se perca a força de vontade e a capacidade para fazer mais alguma no dia seguinte.

Mas também não adianta brigar contra o que já aconteceu. Se uma das "bobagens" escapou, vamos atrás de muitas outras que possam ser alcançadas.

A propaganda de partidos e candidatos seria muito mais apreciada pela população se a política das "1.000 Bobagens" tivesse mais seguidores. Recentemente estava assistindo a um telejornal da noite, quando um sujeito com cara amarrada apareceu na tela e, com voz grosseira, decretou: "O governo torna você [dedo em riste] o responsável por esse déficit primário perverso que aí está!"

Quase caí da cadeira imaginando o que o seu José e a dona Maria, lá na Vila Deus-Dará, estariam imaginando:

— Eu o quê? Responsável por quê?

— Será uma doença nova?

— Uma forma diferente de os bandidos atacarem?

Uma bobagem (e/ou sutileza) que tenho conservado é a de não revelar totalmente a estratégia que vou seguir. Nas campanhas, em geral, fala-se muito, há muitas pessoas envolvidas, muitas vaidades expostas. A imprensa está atenta e, por princípio, não é adepta da discrição.

Já ocorreu de eu ter uma conversa reservada com um candidato e seu principal assessor, apresentado como "homem de total confiança". Só eles e eu na sala. No dia seguinte, minha opinião estava numa notinha no jornal, e eles me olharam com aquela cara, misto de espanto e surpresa. Fui definitivo:

— Decidam qual de vocês falou. Porque uma coisa é certa: não fui eu!

Desde então procuro sempre trabalhar com muita reserva. Às vezes, nem profissionais da minha própria equipe ficam sabendo da estratégia completa, nos seus mínimos detalhes, em todas as suas nuances. Pois se há algo que não devo correr o risco de deixar se espalhar (e até de chegar ao conhecimento do adversário) é o Plano Estratégico que vou usar. Por isso tenho que ser rigoroso: segredo é uma coisa que eu sei... e não conto pra ninguém!

Assim como, se a estratégia do adversário cair nas minhas mãos, garanto que faço um belo estrago na campanha dele, tento não deixar que a minha caia nas mãos do inimigo.

Como todos, pelo menos em tese, procuram guardar seus segredos a sete chaves, um dos exercícios mais salutares que pratico, quando em campanha, é tentar me colocar do lado de lá, pensando com a cabeça deles, tentando imaginar os caminhos que seguirão para descobrir antecipadamente a atitude que será tomada. Não se trata de simples adivinhação. É um trabalho de coleta e processamento de dados que muitas vezes chega a conclusões bem próximas daquelas a que o outro lado está chegando.

No caso do referendo, a situação ainda continha um agravante: o caminho que estávamos percorrendo no estudo do quadro político-eleitoral levava a uma situação surpreendente, com provável desaguar numa estratégia inesperada. Contá-la seria avisar os adversários para se prevenirem e prepararem o contra-ataque — pelo menos é isso o que eu faria se, hipoteticamente, estivesse do lado de lá.

Restabelecido, Fleury assumiu a vice-presidência da Frente Parlamentar, com funções executivas. Imediatamente pediu um estudo de orçamento para efetuarmos a montagem e produção de toda a campanha — desde folhetos e *outdoors*, passando por pesquisas, até rádio, internet e TV.

Pude levar o orçamento já no dia seguinte. Por conta da minha suprema vontade de assumir o trabalho, estava tudo planejado e estruturado: pacote completo no valor de R$ 10 milhões, nada exagerado para uma campanha de alcance nacional, muito semelhante a uma campanha mediana para presidente da República. E ali estava incluída toda a criação, a produção, equipes de rádio e TV espalhadas por todo o Brasil, compra de direitos musicais, contratação eventual de atores e cantores, pesquisas... tudo!

Brinquei com o deputado dizendo que agora ele teria a chance de ganhar uma consulta popular, já que na anterior perdera, quando comandei a campanha do Presidencialismo contra o Parlamentarismo (abril de 1993), que ele apoiou e incentivou como governador de São Paulo. Rindo muito, garantiu que tinha razões para acreditar, pois conhecia muito bem nosso trabalho, também pela própria campanha que o fizera governador.

— Saímos de 3% e fomos ganhar pra cima do Maluf e do Covas. A situação das pesquisas é bem semelhante.

Mas em seguida ficou sério, achou o valor muito alto para as condições existentes: a Frente estava em formação, teria que haver um levantamento de fundos, tudo muito incerto. Realmente, uma campanha sem candidato apresenta muitos problemas na área financeira. Um concorrente a cargo majoritário tem a oferecer contrapartidas em inúmeras áreas, pois, uma vez no governo, terá que comprar incontáveis produtos e serviços que vão desde o custeio da máquina, com a manutenção do que já existe, até os novos investimentos em obras, saúde, educação etc. Compra-se de lápis a trator; contrata-se da coleta de lixo a serviços bancários. São tantas e tão grandes as alternativas de trabalho, que a corrupção só se instala nos governos por absoluta falta de vergonha, ou excesso de ganância.

No presente caso haveria muito pouco a oferecer, para muito poucos interessados. E o vitorioso também teria muito pouco a oferecer no futuro.

Por fim, Fleury pediu que o orçamento fosse muito enxugado para que pudesse ser mostrado ao deputado Fraga, aos outros parlamentares da Frente e a prováveis patrocinadores que poderiam viabilizá-lo. Alertei que esse enxugamento só poderia ser feito com a retirada de parte de alguns itens: menos câmeras, menos ilhas de edição, menos profissionais de criação, menos viagens pelo Brasil.

Não houve jeito. Era preciso e assim foi feita uma redução de cerca de 40%, baixando o valor total para R$ 6 milhões. Quando apresentei o projeto refeito, acompanhei o orçamento com um ultimato: não era possível tirar mais nada, pois se isso acontecesse iríamos trabalhar com sérios riscos de prejudicar o produto final e, conseqüentemente, não conseguir a esperada virada. Além do que, o nome dos profissionais envolvidos, o meu encabeçando a lista, estaria na berlinda.

No final de agosto, marcou-se uma reunião em Brasília para que o projeto de campanha fosse apresentado aos componentes da Frente. O deputado Fraga comandando os trabalhos, vinte e poucos deputados e senadores reunidos no Plenário 8 das Comissões, acompanhados de assessores, mais alguns jornalistas dispersos, mais uns tantos que ninguém sabia exatamente quem era quem.

Não dava para contar toda a verdade. Mas também não dava para mentir. Tive que dissimular, contar o que podia e interessava ser contado:

- a campanha era muito curta e o espaço a recuperar, muito grande;
- teria que ser muito forte, sem firulas, não haveria espaço para meias palavras nem meias atitudes;
- era matar ou morrer (expressão bem ajustada ao momento, na presença dos líderes da "bancada da bala").

Talvez cansados de tanto apanhar, o fato é que a platéia gostou da minha "agressividade". A voz, para mim desconhecida, deu o tom:

— É isso mesmo. Temos que ir pro pau!

Sorri benevolente, como se aceitasse. Mas jamais passaria pela minha cabeça abrir uma guerra contra o apregoado "desarmamento". Muito provavelmente essa atitude seria recusada pela população. Tiroteio à parte, continuei apresentando algumas peças pontuais que tinha levado, no melhor estilo publicitário que chega com várias pranchas pintadas, bem-acabadas, capazes de encher os olhos dos assistentes.

Idéias óbvias, tipo "Vote 1, Vote Não!", ou "Desarmar o cidadão não é a solução".

Idéias preliminares como "Proibir a venda legal de armas não vai desarmar os bandidos".

Uma idéia chamariz, apresentada como síntese de toda a campanha:

**DESARMAMENTO**
**Seria bom se fosse verdade**

A realidade é que eu pretendia usar essa expressão apenas na fase de pré-campanha: folhetos, *outdoors*, internet. Uma espécie de despertar para a população começar a pensar no assunto, criando uma curiosidade sobre o que seria, afinal, a verdade. Na hora do rádio e da TV, a campanha propriamente dita, é que viria a surpresa.

Para completar a apresentação, uma bela idéia, essa sim definitiva: a logomarca da campanha, com a bandeira brasileira estilizada, contendo na faixa branca do meio a expressão "Eu voto NÃO!". Só apresentei a marca nessa ocasião porque queria me apropriar de público da bandeira e das suas fantásticas cores. Era a foto que eu queria — e que saiu — nos jornais do dia seguinte.

O deputado Fraga gostou muito, e isso era excelente para garantir que trabalharíamos tranqüilos. Senti que ele, apesar de ter me conhecido pessoalmente uns poucos dias antes, ainda cheio de incertezas, como é natural, finalmente sentia firmeza. Resumo: foi tudo aprovado com louvor, e no dia seguinte a imprensa comentou a reunião, conforme o esperado, na "operação despiste". Ótimo para que os adversários pensassem que o nosso rumo era partir para a guerra. Se é que eles tinham algum tipo de preocupação com o que iríamos fazer na campanha, tão seguros que estavam da vitória inevitável.

Só faltava acertar um pequeno detalhe: quem paga a conta?

A revista *Veja*, no fim de agosto, publicou que eu tinha sido contratado e que os fabricantes de armas iriam pagar R$ 2,5 milhões. Até o momento era mera especulação.

O deputado Fraga chegou a propor que a arrecadação fosse feita por alguém que indicaríamos para essa função, e o nosso trabalho seria pago com uma parte do que fosse arrecadado. A proposta foi recusada de pronto, sem pestanejar, pois jamais me permiti misturar o trabalho profissional com a questão financeira, como alguns "profissionais" do ramo costumam fazer.

Na época, o jornal *Correio Braziliense* chegou a noticiar a proposta do nominado "comitê pró-bala" — chamando-me em seguida de "tesoureiro-publicitário". Nos dias seguintes, o jornalista que assinava a matéria se esquivou de várias formas de desmenti-la até se esconder numa viagem oportuna.

Inconformado, procurei pessoalmente a direção de redação do jornal que acabou fazendo o desmentido, acrescido do meu desabafo:

— Não sou Marcos Valério! Não sou Duda Mendonça!

Próxima etapa: mostrar o projeto para os dois patrocinadores óbvios, para ver se eles se dispunham a pagar a conta. Dois dias depois fui a Porto Alegre para uma reunião decisiva com as diretorias da Taurus (fabricante de revólveres) e da CBC (fabricante de munição), devidamente assessoradas por suas agências de propaganda e de imprensa.

Meu cartão de visita, na apresentação que fiz, foi o trabalho desenvolvido para o Presidencialismo/1993, pela similaridade que apresentava com o Referendo/2005:

- campanhas de discussão de idéias, sem candidato;
- largada em situação desfavorável nas pesquisas (é bem verdade que a situação atual se apresentava muito mais dramática);

- faltavam explicações sobre os temas em discussão; quando elas viessem, viria também o interesse popular pelo tema.

Também apresentei o projeto estratégico, dessa vez acrescentando algumas informações suplementares:

- devíamos trabalhar na montagem de uma campanha educativa;
- enfrentaríamos a hipocrisia e a má-fé que tinham transformado a expressão "Desarmamento" numa aparente vontade nacional;
- os adversários iriam pelo lado da emoção; nós teríamos que operar com a razão;
- teríamos a maior parte da mídia contra nós, cheia de má vontade, no mínimo;
- seria uma campanha nacional muito intensa, na qual não teríamos tempo para experimentar soluções, muito menos para errar.

Mas ainda sem escancarar as minhas verdadeiras intenções. Já pensaram no que aconteceria com um segredo exposto numa platéia de 25 pessoas?

A pergunta objetiva, inevitável, veio como um tiro:

— Dá pra ganhar?

A resposta também já estava engatilhada:

— Dá!

Até me assustei com minha determinação. Mas ali estavam homens de negócio, a quem nem sempre conta a palavra de otimistas e sonhadores. Por isso completei:

— Só que eu seria muito cínico se prometesse isso pra vocês. Não sou mágico, não tenho bola de cristal. O que posso prometer é que a problemática da venda de armas no Brasil vai sair em situação muito melhor do que entrou nessa peleja. E ainda posso prometer mais: tirando fora a boa chance de ganhar, se perdermos, vai ser de pouco, jamais será essa goleada que as pesquisas atuais apontam.

Todos se entreolharam, as cabeças balançaram, senti que estava sendo aprovado. E é importante ressaltar que os profissionais de comunicação presentes foram os primeiros a elogiar minha postura, atitude não muito comum nesse meio.

Na verdade, começava ali a batalha do acerto financeiro, que ainda durou vários dias em São Paulo. Em primeiro lugar, as empresas não estavam dispostas a pagar, simplesmente. Elas se propunham a garantir o pagamento caso a arrecadação não atingisse os valores cobrados. E o pior, o valor estimado (6 milhões) era o dobro do que pretendiam gastar. Fincaram o pé nessa quantia, nenhum centavo a mais. No fundo, pensavam que a vitória era uma possibilidade tão longínqua que não valia a pena investir no incerto. Típica atitude empresarial.

Com meu pessoal técnico, refiz todas as contas. Num esforço supremo, cortamos um pouco além do que era suportável. Com o pessoal de redação, reduzimos a equipe de texto e criação ao mínimo indispensável. Mesmo assim não era possível chegar ao valor estipulado pelos patrocinadores. Com mais algum corte, comprometeríamos irremediavelmente a qualidade do material que iria ao ar. E isso nem pensar. Não poderíamos de forma nenhuma manchar nossa reputação profissional.

Depois de várias tentativas frustradas para que eles ampliassem a verba, já estava pronto para desistir, abrindo mão da campanha. Essa foi uma decisão difícil, tomada junto com a minha equipe de trabalho básica. Por mais que estivéssemos supermotivados para entrar na guerra, também em respeito ao meu nome e à minha trajetória, não poderia fazer um trabalho dessa magnitude quase de graça, ou até arriscando perder dinheiro depois de saldar todos os compromissos! Justifiquei aos "patrocinadores":

— Não me peçam para dar a única coisa que tenho para vender.

Foi quando sobreveio a idéia salvadora, apresentada a eles numa reunião derradeira:

> — Precisamos de mais um milhão de reais, pelo menos, para viabilizar nosso trabalho. Pois bem: faremos a campanha pelo valor definido por vocês. Mas, em caso de ganharmos, vocês pagam esse milhão, como "Prêmio de Vitória". Ou seja: vamos dividir os riscos.

Para nós, um risco calculado. Eu e toda a equipe associada estávamos lastreando nosso ganho no resultado do trabalho. Só que em todo o período de negociação fui aprofundando o conhecimento da problemática, consolidando aquela certeza inicial meramente intuitiva: dava para ganhar.

Tornou-se impossível recusar. Vibramos... e mãos à obra!

A questão das pesquisas formava outro capítulo sofrido. Tinham sido deixadas à parte do projeto original que as incluía. Na primeira redução, foram proporcionalmente reduzidas. No final, viraram uma discussão à parte.

Quantitativas, nem pensar. Usaríamos as que fossem feitas pelos órgãos de imprensa: Datafolha, Ibope para a Rede Globo, Toledo e outras — já que a Lei Eleitoral obrigava que os questionários, resultados e todos os cruzamentos fossem registrados no Tribunal Superior Eleitoral para estarem à disposição dos interessados. Nós, no caso, que não podíamos ter nossas próprias pesquisas, conforme desejável, seríamos usuários delas pelas facilidades da lei.

O que já se tinha pesquisado era desanimador, por todos os aspectos.

Datafolha realizada entre 6 e 7 de abril de 2005:

- 83% contra a venda de armas;
- 14% a favor da venda de armas.

Na verdade, não me incomodo muito com resultados de quantitativas realizadas muito antes do momento eleitoral, quando as pessoas ainda não estão envolvidas na questão. Os números só vão se tornando mais importantes à medida que se aproxima o dia da votação, quando podem, inclusive, ser usados para medir as intenções encontradas nas qualitativas. Estas sim são vitais.

Nas campanhas normais, costumo dizer que a quantitativa é a pesquisa do candidato, sempre preocupado com os números, esteja ele bem ou mal. A qualitativa é a pesquisa do marqueteiro. Melhor dizendo, da direção estratégica da campanha.

Por isso o choque que tomei quando a quantidade de pesquisas qualitativas que precisávamos também foi cortada. E drasticamente. Os 100 GDs (Grupos de Discussão) ideais para o acompanhamento diário, testes de materiais e análises da conjuntura foram de bate-pronto transformados em 60. No andamento da negociação viraram... 20! E a maior parte deles feita em São Paulo, pois o plano de termos uma visão nacional, durante todo o desenvolvimento da programação, também tinha sido abortado. Não havia recursos, a não ser que houvesse arrecadação de fundos (improváveis) no andamento do processo.

Temerariamente topei, com o seguinte raciocínio: encomendo uma quáli conjuntural inicial com a opinião dos participantes de 12 GDs para termos uma visão aprofundada (o quanto possível) do quadro. Dos outros 8 GDs usarei 2 para testar nossos materiais na véspera da estréia; os outros 6, em grupos de 2 nos três primeiros dias da propaganda gratuita, para medir (o quanto possível) o impacto do que as pessoas estão vendo — o nosso material confrontado com o material produzido pelos adversários. E depois, nos dias seguintes, fosse o que Deus quisesse!

Cada Grupo de Discussão é formado por 8 a 10 pessoas, escolhidas dentro de um perfil predeterminado. Se queremos saber a opinião dos indecisos, por exemplo, os escolhidos têm que ser pessoas perfeitamente identificadas dentro dessa característica. Por isso, cerca de 50 a 70 pessoas são entrevistadas para formar cada grupo.

A reunião é coordenada por um moderador(a), geralmente psicólogo(a) ou sociólogo(a). E um(a) especialista faz a análise geral, com a opinião de todos os grupos.

Como é envolvida por altas doses de subjetividade, a qualitativa é uma pesquisa que precisa ser muito bem-feita. Diferente da quantitativa que, por ser objetiva, tem centenas de profissionais preparados para executar bem. Não há muita gente capaz de apresentar um trabalho de quáli correto, convincente. E, para ter uma pesquisa ruim, é melhor nem ter nada, tocar o barco pelo faro tentando vislumbrar sombras no nevoeiro.

Procurei as duas empresas com as quais costumo trabalhar. Por razões diversas, as duas estavam impedidas de me atender com a pressa que eu precisava. Uma terceira, que também reconheço como competente, já estava contratada pelo outro lado, segundo anunciavam os jornais. Mais complicação à vista, o tempo passando depressa, faltando 30 dias para a estréia da programação.

Na falta de alternativa, telefonei para Márcia Cavallari, diretora operacional do Ibope (com quem sempre trabalhei nas quântis) para pedir uma luz: quem poderia atender, num prazo exíguo, a nossa necessidade? A surpresa veio na resposta:

— Nós mesmos, o Ibope. Estamos entrando firmes no mercado de qualitativas, e para coordenar o setor contratamos a Sílvia Cervellini. Conhece?

Conhecia de nome, como profissional séria e competente. Confirmei essa impressão numa longa conversa com ela e resolvi tentar. Se é verdade que tem sorte quem merece, o fato é que começava ali um relacionamento profissional que foi de importância fundamental no desenvolvimento do trabalho.

A quáli conjuntural que precisávamos para balizar a formatação do programa de TV e dos comerciais ficou pronta no final de agosto, com uma visão "quase" nacional: 3 GDs em São Paulo, 2 no Rio, 2 no Recife, 2 em Belo Horizonte e 3 no Rio Grande do Sul. O que importava eram os principais resultados:

- Havia uma disseminada sensação de insegurança, não apenas relacionada à violência, mas com novos contornos, envolvendo questões de futuro, trabalho, chegando até a crise moral com as denúncias envolvendo o governo;
- no caso específico da violência, as razões apontadas para a existência dela eram o desemprego, a desigualdade social, a falta de investimentos em educação, a polícia mal preparada e o crime organizado, drogas e tráfico;
- o conhecimento sobre o referendo era genérico e superficial, sendo que só uma minoria, principalmente das classes A e B, conhecia a decisão exata que seria tomada — proibir ou não a venda de armas;
- o referendo teria sido provocado pelo governo Lula, era inoportuno, mas mesmo assim a discussão do tema despertava muito interesse, e o pessoal se dispunha a ouvir os dois lados para entender do que se tratava;
- a expectativa das pessoas era que o SIM viesse com um tom emocional através da presença de artistas, muita curiosidade com relação ao NÃO e um desejo generalizado de que ambos mantivessem a discussão em alto nível.

Minha conclusão: a estrada estava aberta para a passagem da nossa caravana, pavimentada com as seguintes premissas:

- entre as razões da violência, não aparecia a presença de armas de fogo nas mãos dos cidadãos;
- havia muito interesse em conhecer detalhes sobre o referendo;
- já conheciam os argumentos do SIM, tinham curiosidade e gostariam de conhecer também os argumentos do NÃO.

Meu temor: os adversários também tinham pesquisas, poderiam ter informações semelhantes, e, portanto, estariam aptos a fechar as porteiras pelo caminho, dificultando nossa passagem.

Minha esperança: não basta ter pesquisas. Tem que saber ler e interpretar o que elas dizem. E tem que saber também o que fazer depois, na prática, para responder às demandas que elas levantam.

A revista *Meio & Mensagem* daquela semana trouxe matéria de capa apresentando as duas campanhas. Na minha entrevista, mantive a linha de não abrir o jogo completamente: vamos "desmistificar essas mentiras, porque o pleito não vai desarmar ninguém". Só não contei como fazer essa desmistificação.

Na entrevista do coordenador da outra campanha, até o *slogan* — "Diga SIM para a vida" — e o símbolo — um "V" formado pelos dedos indicador e médio representando o número 2 e a vitória — eram revelados. Mas o que me deixou mais entusiasmado foi saber que "o SIM gera uma grande mobilização de voluntários". E que já "há mais de dez agências [de propaganda] voluntariamente envolvidas".

Quem tem dez agências, em geral não tem nenhuma. E excesso de voluntariado só ajuda a trazer excesso de problemas, cada um querendo mostrar seu brilho. Cada vaidade querendo aparecer mais do que a outra.

Escrevi num *flipchart* que mantinha ao lado da minha mesa:

FESTIVIDADE × SERIEDADE

Quando me perguntavam o que era aquela dualidade, respondia que era o resumo do meu horóscopo para setembro, disfarçando a síntese que tinha estabelecido intimamente para qualificar a essência das duas campanhas.

Paralelamente corria o processo de contratação de profissionais para compor o que chamávamos internamente de "Equipe Brancaleone", pela semelhança com a história do "exército" de uns poucos gatos pingados que o diretor italiano Mario Monicelli imortalizou em filme satírico clássico — *O incrível exército de Brancaleone*.

O primeiro chamado foi Fernando Waisberg, diretor de TV, que eu conhecia e admirava desde os tempos em que estivemos juntos na TV Globo, nos anos 70/80. Depois, já como profissional independente, tinha exercido com maestria essa mesma função na campanha do Plebiscito, 12 anos atrás. Na primeira conversa, informado de que iríamos fazer a campanha do referendo, fez a pergunta inevitável:

— De qual lado?

Ao tentar explicar, fui interrompido:

— Mas, Chico, eu sou a favor do "desarmamento".

— Eu também sou, respondi. Mas não se trata disso. Ninguém vai desarmar ninguém, principalmente os bandidos, que continuarão com suas armas. O referendo vai apenas proibir, ou não, a venda regular de armas. O que está em jogo é o direito de cada cidadão decidir... e fazer sua vontade valer.

Pronto. Com as explicações que se seguiam, em um minuto mudava o rumo da conversa. Cenas semelhantes se repetiram na negociação com muitos outros profissionais de nível: todos chegavam "desarmamentistas" e saíam sabendo que a massificação da mídia, nos meses anteriores, tinha colocado uma idéia falsa na cabeça deles e de todo mundo. Isso me mostrou que nosso trabalho básico na comunicação seria EXPLICAR algo que as pessoas não sabiam exatamente como seria. Se isso acontecia entre pessoas esclarecidas, imagine quão confusa não estaria a cabeça das pessoas do povo?

Fui exercitando essas explicações. Estava sendo montada a base do discurso que faríamos na comunicação. A cada nova conversa, crescia a minha certeza de que o sucesso da operação estava em nossas mãos. Os líderes da campanha deles tinham deixado que a grande mentira crescesse, escorada num só conceito: o "desarmamento". A explicação desmistificadora era simples e direta: Não vai haver desarmamento nenhum.

A verdade, uma vez apresentada, causava um efeito devastador. Afinal, ninguém gosta de ser enganado.

Ana Maria, Waisberg e eu começamos a formar a base de trabalho. Para completar o vitorioso quarteto do comando da campanha do Plebiscito de 1993, só faltava o diretor de criação Raul Cruz Lima, que naquela época trabalhava na Denison Propaganda. Também ele chegou para conversar adepto do "desarmamento" e rapidamente foi convencido a bandear-se de lado. Lamentável foi que, por conta de sérios compromissos já assumidos, não pôde vir completamente. Mas acabou indicando pessoas e contribuindo com belíssimas idéias, sempre muito oportunas.

Tudo teve que ser redimensionado dentro dos recursos exíguos que tínhamos à disposição. Como o tempo de duração da propaganda era muito pequeno, queríamos um apresentador(a) já conhecido(a) dos telesespectadores de todo o país, capaz de ser o veículo transmissor das idéias, levando-as com credibilidade até a população. Trabalho esse que, 12 anos antes, fora executado com maestria pelo ator Milton Gonçalves.

Sem verba para contratar alguém de qualidade já reconhecida e sem o extenso voluntariado que nossos adversários se vangloriavam de ter, lembrei-me da jornalista Carmen Cestari, que tinha ancorado o programa de Nelsinho Trad, candidato a prefeito de Campo Grande (MS), no ano anterior, em campanha também narrada mais adiante. Desconhecida do grande público, mas portadora de grande potencial de comunicação, aliado a muita força de trabalho. Por telefone, ela se declarou impedida. Por quê?

— Sou cristã, não posso trabalhar contra o "desarmamento".

Por telefone mesmo foi convencida — meu discurso estava ficando imbatível. E acabou sendo de grande valia, encarnando a idéia com seriedade e firmeza, mas com doçura; dando vida e alma ao que era apenas uma questão subjetiva.

A escolha de uma mulher também atendia a uma constatação da pesquisa quáli que indicava as mulheres como sendo muito mais refratárias ao uso, ou mesmo à simples presença, de uma arma em casa. Uma ojeriza que muitas vezes beirava o irracional, do tipo "não quero ver, não quero nem saber".

Na redação tínhamos mais 8 ou 10 pessoas E na parte técnica contávamos com duas câmeras de externa e uma de estúdio, duas ilhas de edição, um computador gráfico. Recursos menores do que se usa numa campanha de prefeito de cidade pequena, onde a programação política é exibida por alguma geradora de TV.

Tivemos mais recursos, por exemplo, na capital do Mato Grosso do Sul (427 mil eleitores), em 2004, para um candidato conhecido da maioria e apoiado pelo prefeito André Puccinelli, este portador de índices de aprovação beirando a unanimidade.

Agora faríamos uma campanha em rede nacional (mais de 120 milhões de eleitores) apresentando um conceito desconhecido da população, que tinha sido convencida durante meses e meses a pensar exatamente no oposto.

A mídia contra, batendo sem parar, os recursos escassos atrapalhando e até impedindo contratações, o momento da estréia se aproximando... parecia um beco sem saída. Nas reuniões com a equipe, não podíamos deixar que o abatimento se alastrasse.

Num desses momentos, puxei da história grega o caso de Leônidas, rei de Esparta, que com suas tropas bloqueava a passagem dos soldados persas por um desfiladeiro. Só que os invasores eram mais numerosos, na proporção vinte por um. Sabendo disso, o rei Xerxes mandou um emissário levar um ultimato de rendição, acompanhado de uma ameaça:

— Nossas flechas são tão numerosas que vão obscurecer a luz do sol.

O guerreiro espartano não se intimidou:

— Melhor! Combateremos à sombra!

A nossa situação era semelhante, com flechas e armadilhas por todos os lados. A última, feita mais uma vez para nos prejudicar, foi a definição da duração da propaganda eleitoral gratuita e do tempo destinado a cada programa. Uma conseqüência direta dos desacertos da lei eleitoral brasileira.

No início do ano, quando o governo Lula ainda não tinha se enredado na teia de denúncias que marcaram 2005, alertei em artigo na *Folha de S.Paulo* sobre a necessidade de se fazer uma reforma política consistente. Falava-se de muitas reformas: a tributária, a sindical e trabalhista, a previdenciária. Mas a principal delas, a reforma-mãe da qual todas as outras dependeriam, ficava relegada a discussões secundárias.

Os desacertos começam a partir do fato de que o país não conta com uma lei eleitoral íntegra, conforme explico no artigo reproduzido no último capítulo deste livro. O que temos é "uma colcha de retalhos composta por dezenas de resoluções, instruções, normas e até leis que se juntaram aleatoriamente nos últimos 20 anos".

No início de 2003, houve até uma tentativa do então presidente do TSE, ministro Nelson Jobim, de levar a questão ao presidente Lula com sugestões que poderiam abrir a discussão. Mas naqueles tempos o governo do PT e a alta direção partidária estavam preocupados com outros assuntos mais palpitantes... e muito mais rentáveis. E tudo ficou restrito a conversas de gabinete e a notícias nos jornais.

Nesse contexto, o referendo acabou virando um exemplo gritante das aberrações que denunciei nesse artigo, com casuísmos aparentemente inexplicáveis e interpretações esdrúxulas, para dizer o mínimo, dos termos da lei. Duas delas prejudicavam nitidamente a nossa campanha:

1. Quando o referendo teve sua aprovação final na Câmara dos Deputados (6/6/2005), a votação ficou definida para o dia 2 de outubro. O TSE retardou para o dia 23 do mesmo mês, alegando precisar de mais prazo para organizar a votação, com distribuição de urnas, preparação de pessoal etc. Até aí, tudo bem, dava para entender. Mas também foi mudado o período da propaganda gratuita, antes previsto para acontecer durante todo o mês de setembro e que, de uma penada só, foi transferido para os 20 primeiros dias de outubro. Perdemos 10 dias de exposição na mídia, um terço do tempo.

2. Esperava-se que cada programa do horário gratuito tivesse a duração de 10 minutos. É assim no 2º turno das eleições, foi assim na campanha do Plebiscito. Mas esse tempo foi inicialmente cortado pela metade, e dias depois, numa reunião com a presença dos representantes das emissoras de TV (que a rigor deveriam ser apenas cumpridoras das determinações do TSE, sem direito a *lobby* nem a voto), o tempo foi reduzido ainda mais, estipulando-se 4 minutos e 30 segundos para cada Frente apresentar suas considerações. É o que se pode chamar de um "arredondamento", não é mesmo?

Arredondando os interesses das redes de TV e também do grupo do "desarmamento", mas deixando para nós mais um chão de pedra bruta a ser aplainado.

Há uma ocorrência que se repete sempre no marketing político, cotejando o posicionamento do candidato nas pesquisas com o tempo que falta até a eleição: quanto maior for a vantagem e menor o tempo restante, mais difícil será para o adversário reverter a situação.

Ou seja: para nós, que perdíamos de goleada nas pesquisas, essa redução — menos dias de propaganda e menor minutagem de exposição na TV — poderia até ser fatal. Poderíamos não ter tempo suficiente para explicar nossos argumentos, que eram desconhecidos do grande público, como as pesquisas já tinham nos mostrado. Enquanto para os adversários, quanto menores fossem esses fatores, maior a possibilidade de se manterem na dianteira, sem serem ameaçados. Afinal, sobre o tal "desarmamento" estava tudo muito bem explicadinho, tudo presente na cabeça das pessoas.

As condições aparentemente iguais para os dois lados, na prática eram francamente desfavoráveis para nós. Enquanto chorávamos o tempo perdido, soubemos de festa regada a champanhe nas hostes inimigas quando essas resoluções foram estabelecidas. Não era para menos. Ninguém poderia, em sã consciência, imaginar que esse duro golpe acabasse virando contra eles, conforme aconteceu e será narrado mais adiante.

Naquele momento, tudo que se fazia era contra nós. E não dá para acreditar que fossem simples e descomprometidos acasos.

Até a pergunta que seria colocada para a população — "O comércio de armas de fogo e munição deve ser proibido no Brasil?" — veio aprovada do Senado. Eram tempos em que Renan Calheiros aprovava o que quisesse. E a pergunta acabou sendo mantida com a aprovação final na Câmara dos Deputados, apesar dos protestos dos parlamentares do NÃO.

A questão era confusa e nitidamente mal-intencionada, pois induzia uma resposta positiva. A palavra "comércio", em alguns casos, carrega uma visão de aspecto negativo. Além disso, não se especificava que se tratava do "comércio legal", já que a venda ilegal sempre foi proibida, jamais observada na prática e estava fadada a continuar ainda com mais intensidade em caso de vitória do SIM.

Conclusão: para ser a favor do comércio de armas (o positivo), a pessoa iria votar NÃO. E para ser contra (o negativo), teria que votar SIM. Tudo muito fácil, mas só para quem fosse votar a favor do "desarmamento". Até aquele momento, a maioria dos brasileiros.

Se quisessem um questionamento isento, teriam que fazer uma múltipla escolha, algo assim:

O comércio legal de armas e munições deve ser:

( ) proibido
( ) liberado
( ) mantido, com as restrições já aprovadas

Nossa pesquisa qualitativa apontara essa confusão inicial, que ficou por muito tempo implantada na cabeça das pessoas. Votando SIM o eleitor achava que tinha votado pelo "desarmamento", quando na verdade estava votando pela proibição da venda legal de armas. E vice-versa. Seria vital, para nós, no decorrer da campanha, esclarecer bem o que cada voto significava. Com a contagem regressiva do tempo agindo contra nós.

Faltando dez dias para a votação, o jornal *O Estado de S. Paulo* constatou que a confusão ainda era grande. Em plena Praça da Sé, centro da capital paulista, um repórter fez a pergunta que seria feita no referendo para 100 pessoas, sendo que 29 delas erraram o voto ao fazer a justificativa da posição assumida. Um número muito grande, quase um terço da população. Menos mal foi que nesse momento os erros já se dividiam e, assim sendo, na prática se anulavam.

As primeiras boas notícias começaram a chegar com a abertura da temporada de debates entre os participantes das duas frentes nas rádios, TVs e associações de classe. Agora, com a possibilidade de apresentação dos argumentos dos dois lados (que antes não existia), começou a ficar claro o pauperismo dos argumentos da turma do SIM.

Os deputados Fraga e Fleury e o professor Benê Barbosa — nossos principais debatedores — voltavam exultantes de cada apresentação, contando os feitos:

- na Federação do Comércio de São Paulo, uma votação feita ao final das apresentações e discussões deu esmagadora vitória para o NÃO;

- no jornal *Diário do Grande ABC*, o mediador concluiu sua fala afirmando que os adeptos do SIM que tinham assistido àquele debate iriam para casa com a intenção de voto virada para o NÃO;

- na Rádio CBN, o presidente da frente adversária, Renan Calheiros, pressionado pelos efeitos desastrosos que adviriam na hipótese de vitória do SIM, chegou ao cúmulo de justificar-se dizendo que mais tarde seria feita uma outra lei, para corrigir as distorções;

- na Força Sindical, o presidente da organização, Paulo Pereira da Silva, mudou seu voto na frente de toda a platéia, dizendo que agora, com a apresentação dos argumentos, percebera que o NÃO era a opção correta.

Outro sintoma importante que vinha desses encontros é que os líderes do SIM, antes tão assenhorados da situação quando freqüentavam a mídia sozinhos e sem contestação, estavam ficando nervosos com facilidade, demonstrando irritação e preocupação.

A luz começava a dar piscadelas, lá no fim da escuridão do túnel.

Setembro chegou com a produtora montada e funcionando numa casa no bairro de Santa Cecília, em São Paulo. Mais uma vez o destino ajudou, pois encontramos esse local onde outrora funcionara uma outra produtora. (Jamais poderíamos imaginar que os ex-ocupantes viriam a ser os responsáveis pelos programas de rádio e TV dos adversários na fase final da campanha, como fantasmas ressuscitados que vinham nos assombrar quando o filme já estava nas cenas finais.)

Tinha as divisórias certas, um estúdio de bom tamanho e até os aparelhos de ar-condicionado permaneciam nos lugares adequados. Estava vazia, com uma imensa placa de "Aluga-se" na porta. Não foi difícil convencer o proprietário a alugar por dois meses, enquanto procurava um inquilino definitivo. Negócio de ocasião, bom para os dois lados.

A última campanha feita ali tinha sido a desastrada tentativa de Paulo Maluf capturar o governo do estado. Por conta de todas essas assombrações, entrei em cada cômodo batendo três vezes nos velhos e fortes batentes da mansão antiga, do tempo em que o bairro abrigava a alta burguesia paulistana. Sem esquecer, é claro, de uma oração esperta para Santa Rita, a protetora das causas impossíveis, função que divide com São Judas Tadeu. Havia gente que queria mandar benzer, mas confiei nos meus contatos celestiais.

Os ambientes eram tão grandes para a pequenez numérica da nossa Equipe Brancaleone, que puderam abrigar também a estrutura de mobilização chefiada pelo competente Mike (Marco Antônio Moura de Castro), que também cumpria o papel de elo entre a Frente, os patrocinadores e nós.

Isso facilitou muito, pois as aprovações eram diretas e rápidas, estabelecida que foi uma forte ligação de confiança. Foi um aspecto importante podermos trabalhar com tranqüilidade, contando sempre com os anteparos do Mike para segurar as aflições e os anseios dos envolvidos. Como sempre, cada um tinha o seu próprio encaminhamento da campanha. É como escalação da Seleção Brasileira de Futebol: não existe unanimidade, nem entre os membros da comissão técnica.

Com o lançamento da primeira palavra de ordem abrindo a página do *site* na internet — "Desarmamento. Seria bom se fosse verdade" — vieram os primeiros elogios, mas também as primeiras críticas:

- a palavra "desarmamento" tinha que ser banida do nosso dicionário, pois usando-a estávamos divulgando a idéia que deveríamos combater;
- e ainda mais colocando-a em posição de destaque como estava nos *outdoors* e nos cartazes, em letras grandes;
- não se devia dizer, nem por brincadeira, que o "desarmamento seria bom".

Mike tentou acalmar os descontentes o quanto pôde. Até que pediu socorro:

— Seria importante você dar uma explicação pessoal. Enquanto o outro lado conta com a ajuda do governo, dos ministérios, de centenas de políticos e ONGs de todo o Brasil, esse pessoal é importante para nós porque tem a única estrutura nacional que poderemos usar para mobilização. Eles também não são muitos, mas são eficientes e trabalhadores.

— Que venham, Mike. Dar essas explicações faz parte do nosso show. Mas que venham desarmados! — brinquei.

A comissão tinha, na linha de frente, o diretor da ANPCA — Associação Nacional dos Proprietários e Comerciantes de Armas, Leonardo Arruda, com o coldre cheio de preocupações.

Mostrei que a palavra "desarmamento" já estava tão disseminada que era impossível aumentar seu impacto positivo. (Pensei que esse tipo de atitude era típico de políticos à antiga, que tinham como dogma jamais pronunciar o nome do adversário, chamado nos comícios e onde mais fosse preciso de "aquele sujeitinho" ou de "indivíduo desclassificado", por aí.)

O que tentávamos agora, expliquei, era uma primeira estratégia de enfrentamento, acrescentando uma conotação negativa à expressão. No fundo estávamos dizendo que era uma mentira, apesar de que não poderíamos explicitar esse conceito com toda a clareza: seria uma atitude muito agressiva, com risco de causar um choque muito violento nas pessoas. Por isso, com certa sutileza estávamos colocando uma primeira dúvida na cabeça de todos: seria bom (mas não é) se fosse verdade (então é mentira).

Para usar uma expressão muito em moda na eleição presidencial de 2002, estaríamos simplesmente fazendo a *desconstrução* do castelo que eles levaram vários anos construindo.

Mas tínhamos razões ainda mais poderosas: o *slogan* já estava respaldado pela opinião da Sílvia Cervellini, coordenadora da pesquisa quáli do Ibope, que tinha se surpreendido quando o mostrei para ela:

> — É forte. A sensação que tive quando vi é que é exatamente a informação que as pessoas precisam receber agora. Deverá ser um susto bom.

A insegurança é uma presença muito constante nas campanhas eleitorais. Se estamos por baixo, precisamos subir; se estamos por cima, precisamos segurar para não cair. E as fórmulas e receitas para fazer isso são múltiplas.

No fundo, aqueles visitantes queriam mesmo era me conhecer, saber na mão de quem tinha sido entregue aquela missão tão preciosa, que tanto sono tinha tirado, tanta luta tinha provocado, tantos momentos de angústia e aflição tinham passado na paixão deles pela causa. Sempre tinham perdido espaços em praticamente todos os embates anteriores. E agora, quando se aproximava o momento de algo como uma batalha final, quem seriam esses entendidos que guiariam os próximos passos na direção dessa tênue esperança que podia ser vislumbrada no futuro?

Para aplacar os ânimos, é preciso fundamentalmente que haja confiança na estratégia escolhida e nos profissionais que serão os executores. Só com a segurança estabelecida é possível tocar o barco para a frente. Por isso não me permito permanecer em campanhas quando a minha competência, ou autoridade, ou capacidade de execução são postas em dúvida — conforme também se verá no decorrer desta narrativa.

Nessas horas, funciona muito bem uma providencial mudança de assunto, fazendo do interlocutor um cúmplice inesperado. A prancha com o desenho estava ali, bem à mão.

— Vejam aqui, em primeira mão, a marca que vamos usar.

A belíssima logomarca que criamos tinha sido magistralmente desenhada pelos diretores de arte e estava sendo lançada naquele dia através do *site* da internet, buscando minha intenção de nos apossarmos da bandeira brasileira.

Também aqui houve questionamentos do comando da campanha: será que não vai pegar mal usarmos o mais importante símbolo nacional? Essa possibilidade tinha sido avaliada e concluí que não poderia ser motivo de crítica, já que sua utilização era numa ação de utilidade pública. Não estávamos deturpando nem denegrindo a imagem. Ou será que só o outro lado teria a prerrogativa de usar o que quisesse, da forma que melhor lhes aprouvesse?

Com a internet, e mais algumas notícias de jornal, virou definitivo: a bandeira, com suas cores fortes, foi assumida pela nossa campanha. E esse era o primeiro passo firme na direção de uma estratégia que já estava consolidada nos meus pensamentos.

Os letreiros que substituíam a frase "Ordem e Progresso" original foram definidos desde o início e seriam substituídos dentro do tempo apropriado, à medida que a campanha fosse crescendo e se desenvolvendo:

- É preciso dizer NÃO! — lançamento.

- Diga NÃO à proibição! — continuidade, com o foco estabelecido.
- Eu voto NÃO! — apresentação do ato que seria feito pela população.
- Vote 1! Vote NÃO! — a especificação de como votar.

Os números tinham sido definidos num sorteio público no TSE em Brasília. Dessa vez não deu para o pessoal do SIM levar vantagem. Tiveram que ficar mesmo com o 2 e parece que até gostaram, pois fizeram com ele o "V" da vitória anunciada.

Para as gravações de estúdio, nosso cenário já encomendado também deveria ter a simplicidade que os custos baixos exigiam: tapadeiras sobrepostas formando um semicírculo, para dar profundidade, pintadas nas cores verde, amarela e azul de uma forma suave, estilizada. Do jeito que gosto: bonito, mas discreto. Se alguém quiser reparar que repare, mas o cenário não sobressai. É decoração e apoio, não é peça principal. Ajuda a criar o clima, mas não pode interferir nas mensagens fortes que seriam transmitidas pela apresentadora. (Jamais permito imagens em movimento, ou aqueles *travellings* com câmera, que acabam dando um efeito como se o cenário se movesse. O telespectador acaba se distraindo, prestando atenção no acessório, naquilo que acontece lá atrás, enquanto o principal vai literalmente para o espaço.)

— E a música? Precisamos ter um *jingle*...

O pessoal que produziria o programa de rádio estava impaciente, pois no trabalho deles os acordes musicais são ainda mais fundamentais. Proporcionalmente até mais importantes do que para a televisão.

Tinha aparecido a oferta de utilização da música do compositor gaúcho Luiz Carlos Borges. Era um rasqueado gauchesco, mas com letra e melodia que tinham tudo para ser aceitas nacionalmente. Simplesmente maravilhoso, perfeitamente adequado ao nosso mote.

O título era "O revórve do tropeiro", e tinha um refrão para ser cantado por todo mundo:

*Ô mundo véio, que tá virado,*
*Seu delegado, preste atenção:*
*Vê se devorve o revórve do tropeiro,*
*Vai desarmar desordeiro*
*E deixe em paz o cidadão.*

Já tinha sido gravada em CD e DVD e era apresentada em festas pelo sul do país. Tinha tudo para ser o grande sucesso do rádio e dos programas de fim de semana, quando a gente alivia um pouco a discussão programática. Mas a negociação emperrou no valor pedido pelo autor: R$ 30 mil. Dez vezes o que pretendíamos (e podíamos) pagar por um bom *jingle*. Pedir uma redução de 10% ou 20% não adiantaria nada. O "revórve" acabou devidamente guardado no coldre do tropeiro-compositor.

Também chegaram as músicas que tínhamos encomendado para quatro compositores-produtores. Eram boas, aproveitáveis, bastava fazer uma correçãozinha aqui, outra ali. Questão de escolher a mais apropriada. Mas a verdade é que elas não me satisfaziam. Não pela qualidade melódica ou poética, mas pela adequação ao caminho que estava se desenhando. De repente, veio o estalo. Chamei o coordenador do programa de rádio e pedi:

— Procure para mim uma gravação do Hino da Independência.

O pedido extemporâneo só fez aumentar a curiosidade da equipe, que ainda não conhecia o conjunto completo do plano estratégico.

— Vamos fazer uma campanha nacionalista?

Não exatamente. Até porque não me agrada essa coisa xenófoba, tipo "Brasil, ame-o ou deixe-o" dos tempos da ditadura. Cruz-credo! O hino, de autoria de D. Pedro I (vejam só!), é lindo. A letra, de Evaristo da Veiga, meio gongórica, com seus "grilhões que nos forjavam". Mas o estribilho... simplesmente perfeito para a situação editorial que eu estava imaginando. No melhor estilo "medida provisória", tão em moda naqueles tempos, decretei:

— Não teremos um *jingle*. Teremos um hino. Com a urgência possível, vamos fazer arranjos modernos, cantados, orquestrados, ritmados, lentos e graves, leves e brejeiros, pois ele vai ser a música de fundo, mas também de frente da campanha.

E para espanto geral saí cantarolando pelos corredores:

*Já raiou a liberdade*
*Já raiou a liberdade*
*No horizonte do Brasil.*

Só então contei toda a extensão da estratégia para a "brava gente brasileira" da Equipe Brancaleone, que até então tinha conhecido um pedaço aqui, outro ali, trabalhando com afinco, trazendo contribuições preciosas ao texto e às imagens. Deu até para fazer graça:

— Adotando o hino, teremos uma vantagem extra: não gastaremos com direito autoral.

Havia realmente essa vantagem suplementar, mas neste caso ela não influiu em nada, até porque só me dei conta do aspecto financeiro posteriormente. Por ser de domínio público, não teríamos que pagar direitos de utilização para os autores.

A fase do "enfrentamento", que iria com o ataque direto ao desarmamento mentiroso até o início da propaganda no rádio e na TV, praticamente ficou restrita à internet. Não houve recursos para os *outdoors*, cartazes e folhetos que criamos. Mandamos as artes-finais para umas poucas iniciativas, produzidas localmente pelos representantes da Frente nos estados.

Em seguida, a propaganda ficaria leve, cheia de sutilezas, servindo de apoio a uma nova etapa que poderia ser chamada de "levantamento da auto-estima". Lembram da insegurança com novos contornos que aparecia na quáli? Pois nós iríamos nos colocar ao lado da população, lutando por ela e, principalmente, com ela.

— Você pode! Diga NÃO à proibição!

Mas não bastava apenas destruir o "desarmamento". Era preciso substituí-lo por outro conceito forte. Muito forte.

Assim foi nascendo e tomou corpo a idéia de ignorar por completo a questão armamentista e virar o foco completamente para outra idéia-força: a defesa dos DIREITOS DO CIDADÃO!

Essa proposta, quando a TV e o rádio viessem com sua extrema capacidade de amplificar o discurso, certamente iria surpreender os adversários, que estariam esperando uma postura mais belicosa. Era o caminho para enredá-los com argumentos inatacáveis, apresentados de maneira civilizada e séria, além de muito convincentes e de fácil entendimento pela população.

Faltava uma semana para a estréia.

Os jornais noticiavam diariamente as notícias da campanha da Frente do SIM, que seria dirigida por dois publicitários cariocas. (Vibrei. Os trabalhos de marketing político feitos com visão estritamente publicitária em geral não são bem-sucedidos.) Informavam tudo sobre as gravações de figurões da cultura e das artes: Fernanda Montenegro, Chico Buarque, Xuxa, Maitê Proença, Maria Paula, Regina Casé... um *cast* imbatível. Até os textos já editados eram reproduzidos na íntegra pela imprensa:

- Chico criticava a indústria de armas;
- Regina disse que somos recordistas em mortes por armas de fogo;
- Fernanda pedia pelos nossos jovens "que estão morrendo vítimas de uma bala".

O pessoal do lado de cá se assustava e prometia procurar nomes que se imaginava afinados com a causa. Talvez a Hebe? Quem sabe o Sérgio Reis? O Nelson Piquet tem dito que vota NÃO. Mas desencorajei todas as iniciativas no sentido de trazer artistas e personalidades — e não foi porque as hipóteses eram poucas.

— Em primeiro lugar, vai ser impossível competir com a Globo. E, depois, a nossa estratégia não comporta esse tipo de apoio.

A atriz Lúcia Veríssimo, que naquele momento desempenhava um papel importante na novela *América*, em pleno horário nobre da TV Globo, corajosamente se dispôs a participar do nosso programa, mas foi desestimulada num telefonema gentil em que agradeci muito a disposição dela.

Algumas mentes mais beligerantes recomendavam que colocássemos equipes para filmar e mostrar que muitos artistas, que gravavam aquelas mensagens "pacifistas", moravam em condomínios fechados, cercados de seguranças *armados* por todos os lados. E que a população, não tendo condições de comprar proteção, não poderia abrir mão de possuir armas, para sua legítima defesa.

Minha expectativa era diferente e estava lastreada na experiência de ter acompanhado de perto o desenvolvimento do processo político e das campanhas eleitorais dos últimos 30 anos. Era preciso aguardar para ver como e em qual contexto esses depoimentos seriam usados.

Nestes anos todos, a população aprendeu a ver televisão política, não acredita em tudo que vê, assumiu uma postura crítica, já não se deixa enganar com facilidade, pois adquiriu critérios próprios de identificação do que gosta e do que não gosta. Por isso muitas vezes tem tomado posições surpreendentes.

Pouco antes do dia de estréia, outra complicação para nossos recursos reduzidos. O TSE determinou que a geração dos programas de rádio e TV fosse feita a partir da TV Cultura de Brasília. Mais flechas... a sombra inventada pelo guerreiro grego já estava ficando grande demais.

É que a nossa produção estava toda concentrada em São Paulo, ao contrário da equipe do SIM, que tinha estruturas contratadas no Rio e em Brasília, onde eram feitas as finalizações dos programas e comerciais.

Em resumo: o programa diário deles poderia sair da produtora meia hora antes do horário de entrega — 4 da tarde. O nosso dependia de avião, aeroporto, portador com passagem de ida e volta. Para economizar, iríamos entregar as fitas no balcão da TAM, nas primeiras horas da manhã, com o compromisso de embarcarem no primeiro vôo. Na capital federal, uma portadora apanharia o material e iria entregar na geradora.

Fazer um conserto de última hora, ou acrescentar uma novidade que surgisse no próprio dia, nem pensar. Fora o risco diário de a fita sumir no caminho. Dois dias antes da estréia dos programas, fizemos uma miniquáli, com os dois últimos Grupos de Discussão disponíveis, um pré-teste do material que pretendíamos colocar no ar. Montamos uma fita de vídeo com o nosso material real e simulamos propagandas que o SIM poderia apresentar. Eram tantas as informações que tínhamos colhido sobre os programas e comerciais que iriam apresentar, que o material "deles" ficou muito perto daquilo que realmente foi ao ar posteriormente.

São as vaidades incontidas, quando uma câmera de TV ou a caneta de um repórter são apontadas na direção da pessoa. O boquirrotismo é uma praga que sempre atormenta as campanhas, soltando informações que deveriam estar guardadas a sete chaves.

Como sou vacinado contra esse mal, continuava numa operação despiste, ora dizendo que havia a intenção de "partir pro pau" (e havia!), ora mostrando o cartaz "Diga NÃO à proibição" (era real!), ora inseguro, aguardando o resultado das pesquisas (era verdade!).

O pessoal do Ibope montou os grupos, apresentou e discutiu as peças, sem que os participantes soubessem quem estava fazendo a pesquisa, já que havia materiais dos dois lados. O resultado da campanha do NÃO foi extraordinário:

- nossa apresentadora = "transmite credibilidade e segurança";
- a logomarca utilizando a bandeira = "positiva, marcante, inteligente";
- a trilha = "suave, agradou como convite à reflexão";

- aspecto negativo (um comercial em que respondíamos aos adversários, contestando o número total de mortos por arma de fogo, que vinha sendo muito difundido por eles) = "gerou muitas dúvidas";
- a estratégia (direitos do cidadão) = "claramente compreendida, mobilizou".

Gritei de alegria. O segredo tão cultuado nas minhas noites insones, tão bem guardado, estava ali, posto e aprovado. Não iríamos falar em armas de fogo. Toda a campanha se desenvolveria em torno da manutenção de um conceito importantíssimo para todos. Nossa arma era muito maior, mais poderosa e mais letal do que um "tresoitão":

OS DIREITOS DO CIDADÃO

Mas a quáli também mostrou que a campanha simulada para o SIM foi aprovada no geral, o que até criou a piada interna de que deveríamos "vender" os comerciais para eles e assim conseguirmos um pouco mais de recursos para a nossa própria campanha.

O ruído maior estava exatamente onde eles iriam jogar toda a força: o depoimento dos artistas. A presença deles era respeitada e acrescentava certa credibilidade, mas era criticado o fato de não serem as pessoas mais indicadas para falar sobre a questão da posse e do uso de armas, pois "não precisam, já que têm a seu alcance outros recursos de segurança" para se proteger.

A análise do Ibope trouxe a tranqüilidade necessária para a Frente Parlamentar, para os patrocinadores e principalmente para nós. Apesar de ser véspera de estréia, deu para relaxar um pouco: o rumo estava certo!

O mês de outubro entrou com a programação toda no ar: comerciais de rádio e TV e programas diários do horário gratuito. Já nos primeiros dias ficaram claras as diferenças de estilo e de visão da campanha. O nosso material era sério, informativo, responsável.

O SIM era festivo, bonito, alegre. Começaram como se a campanha estivesse no fim, a votação fosse amanhã, com a vitória assegurada, emoção à flor da pele... vamos comemorar! O maior conceito transmitido nas falas de todos, cheios de cortes e efeitos técnicos, estaria muito apropriado nos últimos dias de campanha: "Vote SIM, vote 2!"

Mas faltava um conceito que sustentasse a ordem. O "diga SIM à vida" que foi suplementarmente passado era muito frágil, generalista, sem justificativa plausível.

Os publicitários, em geral, têm a cultura dos 30 segundos — que é o tempo que dura um comercial de TV em que o produto tem que ser "vendido". Não é uma crítica, é uma constatação. Há alguns que conseguem resultados maravilhosos nesse tempo escasso e acabam reconhecidos mundialmente.

Na propaganda, diferente do marketing político, os produtos dificilmente se confrontam. Cada um coloca sua mensagem, ressaltando suas qualidades intrínsecas... e pronto! Como se fosse uma corrida de 100 metros.

Campanha política é maratona. Tem que saber dosar os esforços. É cheia de barreiras e dificuldades, com constante atenção nos adversários — aquela olhadela para trás —, com uma visão de conjunto imprescindível. No caso do referendo, meia maratona de 20 km, já que essa era a quantidade de dias disponíveis. Correr um pouco a cada dia e ainda guardar fôlego para o *sprint* final.

Por isso à primeira vista parecia que a programação deles era melhor, mais vistosa, variada, dinâmica, aquela quantidade de artistas, um show. Nosso programa foi internamente chamado por alguns políticos e representantes dos "patrocinadores" de feio, duro, difícil de ser mastigado.

Mas as pesquisas qualitativas nos informavam que a população estava preocupada com o pouco tempo até o dia da votação (três semanas) e queria receber informação para estar mais bem esclarecida sobre o tema. Onde conseguir esse esclarecimento? No rádio e na televisão, é claro. Já se prenunciava que os programas eleitorais seriam muito assistidos e poderiam adquirir importância jamais vista.

Era a tradução literal do meu "horóscopo": as pessoas não queriam *festividade*. Procuravam, isto sim, *seriedade*.

Nosso argumento principal era claro: "Não abra mão dos seus direitos". E isso passou a ser uma espécie de samba de uma nota só, repetido por nós até a exaustão, junto com a palavra de ordem inicial: "Diga NÃO à proibição!"

Mantendo uma seqüência lógica, só usamos o imperativo "Vote!" mais tarde. E o numeral "1" mais tarde ainda, na última semana.

Para não cansar, os conceitos eram cercados por algumas idéias auxiliares, simples acordes de fundo na orquestração geral:

- o apregoado desarmamento não vai desarmar bandidos;
- você pode não querer ter uma arma — é seu direito;
- mas não pode tirar o direito de quem precisa ter uma arma para se defender;
- hoje mexem nesse direito, em qual vão mexer amanhã?;
- o governo, que nada faz pela segurança, ainda quer desarmar o cidadão de bem.

Atenção muito especial foi dada às pessoas que não têm armas, não pensam em ter, não querem nem falar no assunto. A apresentadora com toda calma dizia respeitar o direito delas, mas pedia que o direito de quem precisasse ter uma também fosse respeitado.

Tudo apresentado de forma didática, com reportagens exemplificadoras, com opiniões de especialistas, com extremo cuidado no manuseio de números e estatísticas. E cuidando para não escorregar para a questão do uso de armas. Dezenas de depoimentos do tipo "eu me salvei porque tinha uma arma" foram simplesmente engavetados. A palavrinha só entrava em conceituações genéricas, mostrando que o problema estava no ser humano, e não naquilo que ele tivesse à mão: "O Rio Grande do Sul tem o maior número de armas por habitante e é um dos estados com menor índice de mortes."

As pessoas sentiam falta de informação? Fizemos uma seçãozinha diária no programa de TV chamada "Você sabia?". É uma forma velha, ultrapassada, feia? Pois que se lixem os criativos moderninhos!

A pergunta que seria colocada em votação — "O comércio de armas de fogo e munição deve ser proibido no Brasil?" — também era insistentemente repetida, mostrando continuadamente que ninguém votaria em "desarmamento nenhum". Só que à palavra "comércio" acrescentávamos o qualificativo "legal". Era o que seria proibido de fato, apesar de a palvra ter sido suprimida nos trâmites da legislação, no Congresso.

A incerteza é outro componente permanente das campanhas; é a hora em que se misturam uma porção de leigos, com o "palpitômetro" afiado. Aqui veio na forma de um relatório do comando político que, em reunião com a equipe de mobilização, produziu um documento que ostentava o título significativo de "Sugestões para melhorar o programa de TV". Ao lado de cada item, fiz minhas observações:

| | |
|---|---|
| 1. Nosso programa deve rebater ponto por ponto as estatísticas distorcidas, apresentadas pelos adversários. | Vamos responder de uma vez só. |
| 2. Nosso programa precisa ser dinamizado. Gente, muita gente no programa. | NÃO |
| 3. Montagem de clipe com várias pessoas fazendo o "1" com o indicador (comercial da Brahma) e em seguida o dedo mexe, fazendo "não". | NÃO |
| 4. Colocar no ar, o quanto antes, o argumento: "nesta casa não tem arma". | Será colocado nos três últimos dias. |
| 5. Desmentir a afirmação de que só uma em 180 pessoas se sai bem com arma de fogo. | NÃO |
| 6. Entrevistar pessoas que conseguiram se defender com sucesso em reação armada. | NÃO |

Cito isso apenas com o intuito de mostrar como a boa intenção das pessoas pode escapar muito daquilo que é mais adequado fazer. No caso, era uma interferência benigna, aplacada com um simpático "vou pensar nas sugestões de vocês". (Mas o que fazer quando a mulher do candidato, ou ele próprio, chega com uma lista dessa, organizada com os palpites de toda a família? É de chorar.)

Para a nossa tranqüilidade, o importante foi saber, já a partir dos primeiros programas, que nossas intenções estavam ficando claras para o telespectador, conforme a quáli do Ibope diagnosticou, sintetizando a opinião das pessoas:

> Os programas diferem quanto ao seu conteúdo. Enquanto o NÃO esclarece seu significado e ganha visibilidade por focar a realidade, o SIM usa argumentos vagos e artificiais que frustram seu eleitor. O NÃO surpreende, envolve e sai fortalecido; enquanto o SIM parece querer apenas "induzir" o cidadão com seus formadores de opinião.

Na minha avaliação, o erro ainda mais grave que percebemos na campanha adversária foi a falta de cuidado com as informações. Talvez a certeza de vitória fosse tão absoluta que não se teve o cuidado de unificar e consolidar uma mesma linguagem, principalmente ao tratar de números e estatísticas. Fomos colecionando discrepâncias dia após dia. Nada de respondê-las individualmente. Até que chegou o dia e a hora certos de partir para o ataque, já que tínhamos respaldo, pois nosso perfil de dar informações corretas era percebido pelas pessoas e estava bem forte.

O jornalista Wellington de Oliveira, com sua aparência séria e com sua voz grave e serena, ocupou espaço no programa número 5 para, pedindo desculpas pela interrupção da nossa campanha explicativa e das nossas informações, ter que desmentir afirmações falsas veiculadas pelos adversários. Eles não se entendiam a respeito do número de armas de fogo existentes no Brasil. A cada dia alguém dava um número diferente, e nos limitamos a reproduzir som e imagem do programa deles, com os artistas falando:

- Regina Casé = 15 milhões;
- Maria Paula = 17 milhões;

- Raul Jungman = 19 milhões;
- Renan Calheiros = 20 milhões.

As distorções eram tantas, que tivemos que nos ater apenas às principais, para não usar todo nosso diminuto tempo respondendo coisas como esta: "Em São Paulo, de cada cem mortes por arma de fogo, 95 são provocadas por rixa entre vizinhos, acidentes domésticos, crimes passionais, ou brigas de ruas. Cinco por cento são casos de assalto seguido de morte."

Era a tentativa de provar que só se mata por motivos fúteis. Mas os números deturpados não resistiam à constatação irônica do nosso programa: "Segundo o SIM, em São Paulo não há chacinas, guerras entre quadrilhas e traficantes, policiais atirando em bandidos etc." Ou seja, é o cidadão de bem quem está matando por motivos fúteis, virando bandido.

Sempre com serenidade, um especialista explicou que aquelas estatísticas estavam sendo manipuladas pela produção dos adversários. A manipulação consistia em alterar os tipos de crime: dois marginais se enfrentavam numa esquina e isso virava briga de rua; o traficante ateou fogo na irmã que o denunciou (fato ocorrido na capital, em setembro) e o fato virou briga de família. Por aí afora.

Esses "descuidos" fizeram com que eles apresentassem com grande destaque um balanço dos resultados da Campanha do Desarmamento, mostrando que teria diminuído o número de mortes por arma de fogo em 8,2% em 2004, com relação ao ano anterior. Tudo muito bem orquestrado pelo governo federal, com o ministro da Saúde fazendo o anúncio oficial e o da Justiça pegando a beirinha para afirmar que os dados da pesquisa deveriam influenciar o Referendo do Desarmamento.

Isso gerou um relatório denominado "Vidas Poupadas" (teriam sido exatas 3.234), com o aval da Unesco e a assinatura dos dois ministérios. Só que os comunicadores que levaram a afirmação bombástica para a TV não perceberam que, algumas páginas mais à frente, o mesmo relatório mostrava, no mesmo período, uma diminuição também da quantidade de mortes... por instrumento perfurante, a popular faca.

Tivemos que anunciar que as mortes violentas estavam diminuindo no geral, e não por causa de alguma campanha específica.

A repetição desses fatos trouxe um grande descrédito a qualquer informação ou estatística veiculada pelo SIM dali para a frente. Percebi que tínhamos atingido, com um petardo poderoso, o conjunto da campanha adversária, pois a população não suporta tentativas de enganá-la. E saímos ilesos, sem qualquer vestígio de campanha agressiva, ou suja, pois também se entende que *correção não é agressão*.

Esses fatos ainda nos ajudaram a convencer uma ala do comando da campanha que ficava muito irritada com as inverdades e as imprecisões que o SIM sistematicamente apresentava. Queriam que nós fizéssemos uma montagem com o rosto do artista, que receberia um carimbo com a expressão MENTIRA! Ou então que lembrássemos que defensores do SIM também tinham defendido o uso de drogas.

Meus argumentos para impedir essas loucuras já estavam se esgotando quando felizmente o Ibope confirmou tudo que eu dizia: a população não aceitaria essa forma de ataque, pois tem respeito pelos seus ídolos. Apenas adquiriu, também, o direito de discordar da opinião deles, quando assim se fizesse necessário.

Tenho ainda uma visão particular que, de certa forma, absolve esses artistas. Eles estavam bem-intencionados. Garanto que nenhum deles chegou para gravar com números, dados e estatísticas na ponta da língua. Receberam essas informações de alguém e, de boa-fé, deixaram que sua imagem fosse usada. A lição valeu!

Em matéria de orquestração, as Organizações Globo continuavam competindo com o governo federal para ver quem ajudaria mais o "desarmamento". Na TV, o *Jornal Nacional* era diariamente interrompido pelos nove minutos da propaganda gratuita. Várias vezes, exatamente colado nela, eram apresentadas reportagens muito elucidativas e importantes, como o aluno de 15 anos que matou o colega na escola com tiro pelas costas. Só essa deplorável ocorrência rendeu algumas reportagens seguidas. Parecia que o telejornal tinha criado uma seção especial: "O tiroteio do dia". Demonstrava-se na prática, ao vivo e em cores, os dramas provocados pelo mau uso das armas. Se isso ajudaria a Frente do SIM era pura coincidência, é claro.

O jornal *O Globo* e a revista *Época* não deixavam por menos. Também é pura coincidência que as notas e os quadros estatísticos que esses veículos traziam acabavam sempre mostradas no programa de TV dos produtores do SIM, e foram, durante todo o tempo, a fonte mais constante de onde eles beberam as informações que veiculavam.

Nos nossos programas, usávamos materiais da imprensa de todo o Brasil, sempre que os jornais e revistas traziam informações importantes e que nos interessavam. Utilizamos até materiais veiculados pelas Organizações Globo. Nosso cuidado era tanto que procuramos não exagerar na utilização da revista *Veja*, que tinha se manifestado claramente pelo voto contrário à proibição da venda de armas e munição.

Foi um susto muitíssimo positivo ver uma publicação de tal envergadura assumir um posicionamento editorial claro colocando numa reportagem de capa o título: "7 razões para votar NÃO". No texto, um dos mais abrangentes apanhados de elementos que justificavam a posição recomendada.

A razão maior do meu susto vem de que eu esperava essa *Veja* com alguma apreensão. Intuí que algo diferente estava acontecendo e até comentei com minha equipe na sexta-feira que achava estranho não ter sido entrevistado pela revista no momento em que a campanha começava. Praticamente todos os grandes jornais e revistas do país tinham falado comigo, à cata de informações sobre o que colocaríamos no ar. Será que a revista não tocaria no assunto? Será que receberíamos mais uma paulada no couro já curtido por tantas outras? Só não imaginei que viria aquela manifestação inusitada, rara na imprensa de hoje. Se a Globo inteira podia estar de um lado, por que a revista não poderia estar do lado oposto?

A importância e o impacto dessa edição podem ser medidos pela repercussão que teve entre os leitores da revista, que escreveram

2.306 cartas comentando o assunto. Essa quantidade de correspondência é recorde absoluto na história da revista (pelo menos até o final de 2007), batendo a segunda colocada (979 cartas) na proporção de 2,5 por 1.

Hosana nas alturas! Nós não estávamos sozinhos. Que se danasse a revista *Trip*, que lançara uma edição com um projétil atravessando suas páginas, com o título de capa convidativo: "Por que você deve optar pelo Desarmamento".

Correndo em paralelo, nosso programa de rádio apresentava todos os dias uma programação com a mesma pauta da TV. Eram os mesmo assuntos abordados com a linguagem específica de cada veículo. (Nunca concordei com a atitude de certas campanhas que relegam o rádio a segundo plano, chegando ao absurdo de repetir nele o mesmo áudio usado na televisão, sem as imagens, é óbvio.)

A Equipe Brancaleone de produção radiofônica (dizia-se que cabia no banco da frente de um fusca) tinha recebido mais liberdade de ação, funcionando como um aríete provocador. O rádio é mais irreverente, suporta brincadeiras, pode falar com linguagem mais solta, dizer coisas que seriam totalmente impróprias na TV. Nele, as mentiras do programa inimigo eram chamadas pelo nome apropriado, curto e grosso. Criou-se até uma vinheta musical usada sempre que se apontavam essas incorreções. Um voz estridente gritava "Sim, é mentira!" num jogo de palavras do advérbio de afirmação com o nome (consagrado pelo uso) da Frente fazendo a interjeição pejorativa.

Outro sucesso radiofônico foi o coral que respondia com um sonoro "Não!" a cada pergunta dos apresentadores (a mesma Carmen Cestari e o mesmo repórter Luiz Carlos Ribeiro que apareciam na televisão):

— Você tem segurança na sua casa, no seu bairro, na sua cidade?

— Você acha que o desarmamento vai desarmar os bandidos?

— Você quer perder um direito que é seu?

— Então no que você vai votar no dia 23?

O início forte da campanha levantou as esperanças de todo mundo. Conseguimos até uma verba extra (milagre!) para continuar fazendo as essenciais pesquisas qualitativas diárias com o Ibope. Lá pelo meio da campanha, a coordenadora trouxe-me o resultado (sempre às 11 da noite já sabíamos o que tinha acontecido com a programação daquele mesmo dia). Com ele uma confidência:

— Chico, o pessoal do recrutamento me diz que já está ficando mais fácil encontrar gente com intenção de voto no NÃO do que partidários do SIM.

Explico: a cada dia variávamos a composição dos dois GDs, pois queríamos saber a opinião de todo mundo. Às vezes, eu pedia um grupo só de partidários do SIM, para saber por que continuavam pensando dessa forma. Às vezes, só do NÃO, para entender por que tinham mudado. Outras vezes, um grupo de indecisos, para investigar o porquê da indecisão. E por aí afora. No início, conforme as quânti indicavam, era muito mais fácil recrutar adeptos do SIM. Essa confidência da Sílvia Cervellini, a partir da sensação de quem está na rua conversando com as pessoas, era o primeiro sintoma concreto de que o panorama estava mudando. Meu Deus, nem dava para acreditar!

Outro bom sintoma veio da coluna Painel do jornal *Folha de S.Paulo*, com o título "Fogo cruzado":

> A partir de pesquisa qualitativa, a Frente Nacional pelo Desarmamento concluiu que a campanha do "não" está mais objetiva e direta. O levantamento deve orientar mudanças na estratégia da turma do "sim". O ponto mais bem-sucedido da campanha pró-armas seria a idéia de que a proibição afeta um direito do cidadão. A "vacina" dos favoráveis ao desarmamento virá com perguntas como: "um marido bêbado tem o direito de atirar na mulher?"

A turma do rádio deu a resposta, todos numa só voz:

— NÃÃÃÃÃOOO!!!

Era um recorde: em seis dias o panorama eleitoral mudara significativamente. Mas as boas notícias também puxavam uma preocupação. Não tínhamos pesquisa de intenção de voto para quantificar alguns elementos que a nossa quáli vinha trazendo. Era preciso ter números para poder trabalhar com indecisos; era preciso saber em que medida as alterações de intenção de voto estavam mais ou menos cristalizadas; tínhamos que saber quais dúvidas eram preponderantes, enfim, um mundo de alternativas. Tinha chegado a hora de fazer uma quânti... que custaria dinheiro, claro. Mais um problema financeiro para a Frente Parlamentar resolver. Mas a confidência e a notinha da *Folha* me ajudaram, repetidas que foram numa reunião do comando, provocada em caráter de urgência.

Optamos pela solução mais barata, trazida pelo próprio Ibope: uma amostragem telefônica. Há poucos anos, era temerário pesquisar dessa forma, pois com o número pequeno de aparelhos concentrados nas mãos dos mais ricos esse tipo de pesquisa sempre apresentava deformidades. Atualmente, não é a forma ideal, mas já é aceitável. E no nosso caso aplicava-se, mais uma vez, a máxima que explicitei: "O que não tem jeito está resolvido".

A vantagem: em dois dias teríamos uma visão muito mais clara de como estava acontecendo essa mutação de intenções de voto.

Seriam 1.400 entrevistas em todo o Brasil. A gente acompanhava *on-line*, com o coração na mão. Quando se atingiu cerca de metade, os números se estabilizaram e praticamente não mais mudaram até o final. Em dez dias tínhamos chegado ao empate. Resultados:

| | **Com a pergunta correta** | **Na confirmação do voto** |
|---|---|---|
| NÃO | 38% | 42% |
| SIM | 33% | 46% |
| Indecisos | 29% | 12% |

Ganhávamos quando a pergunta era a mesma que seria feita no dia da votação. Perdíamos na confirmação de voto, quando, depois de várias outras perguntas sobre outros aspectos do referendo, o entrevistador esclarecia: "Então você quer que as pessoas possam continuar comprando armas de fogo e munição?" Vejam como é preciso saber ler e ter cuidado com resultados de pesquisa que podem apresentar alterações devidas a inúmeros fatores.

É por isso que só acredito em pesquisas de boa fonte, quando vejo o questionário, a ordem das perguntas, a forma como o questionário foi aplicado. Para uma pesquisa ser adulterada, ela não precisa ter seus números mexidos. Basta que ela seja conduzida fazendo-se perguntas que "ajudem" os pesquisados a escolher determinada opção.

Neste caso, a aparente incongruência era fruto apenas da confusão ainda existente na cabeça das pessoas, conforme o jornal *O Estado de S. Paulo* tinha diagnosticado poucos dias antes da votação.

Outros dados muito relevantes, encontrados na nossa pesquisa, nos apontavam problemas a serem atacados:

- ganhávamos no voto dos homens; perdíamos feio no das mulheres;
- ganhávamos no Sul, perdíamos feio no Nordeste;
- ganhávamos entre os mais instruídos, perdíamos entre os de menor grau de instrução;
- havia um número muito grande de indecisos e a intenção de voto era frágil, sem nenhuma consolidação.

Esse último dado mostrava um perigo: a eleição estava longe de ser decidida. Mas a grande notícia, para mim, estava escondida numa página a que poucos, geralmente, dão atenção: 93% das pessoas estavam acompanhando a campanha com muito interesse. Isso significava campo aberto para receberem mensagens. As nossas e as deles, é verdade. Pelo menos nas nossas eu podia apostar.

Mais uma vantagem para nós, que precisávamos de espaço para aparecer: sabíamos que a audiência dos programas eleitorais era muito grande. Depois da campanha, o Ibope, que tem grande tradição nesse tipo de amostragem, confirmou a audiência média durante os 20 dias em que os programas estiveram no ar:

| | |
|---|---|
| Programa Eleitoral do Referendo/Noturno | 52,9% |
| Programa Eleitoral do Referendo/Vespertino | 31,1% |

A mais alta audiência de todos os tempos para programas desse tipo, batendo próximo dos números de novelas de sucesso.

Mas o lado de lá também se movimentou com o alarme acionado pelas pesquisas. O pessoal de Brasília resolveu agir, conforme informou Mônica Bergamo, na sua coluna na *Folha de S.Paulo*: "o governo articula com a cúpula de emissoras de TV que apóiam o 'sim' para que a campanha pelo desarmamento seja intensificada".

Nesse momento crucial, a Equipe Brancaleone começava a dar sinais de cansaço, visíveis nas olheiras adquiridas nas noites maldormidas. A cada dia era uma nova superação. Se o programa tinha que sair da produtora, rumo ao aeroporto, até as 7 horas da manhã, é evidente que os editores passavam a noite toda trabalhando, para recomeçar no dia seguinte na hora do almoço. Isso quando os atropelos da madrugada não faziam perder o primeiro avião, o que significava uma manhã de torcida para que os aeroportos não fechassem e os vôos seguintes não atrasassem.

Numa dessas manhãs grudadas no trabalho da noite anterior, senti um estranho rumor na produtora. Pessoas afobadas, um ar de que algo estava errado. Ana Maria, minha assistente, afirmou taxativamente que tudo estava bem. Mas era só para me poupar da má notícia.

Acabei me envolvendo nos afazeres do dia e só soube do ocorrido perto das 4 da tarde, quando ela veio para a minha sala, respirou fundo na porta e desabafou:

— Conseguimos chegar com as fitas em Brasília a tempo.

Como assim? Eu quis saber. Ela relatou a odisséia do envelope contendo o programa da noite que a companhia aérea perdera. Depois de muito procurar, descobriu-se que tinha seguido num vôo para... Fortaleza, de onde só chegaria à noite, ultrapassando o horário legal de entrega na TV Educativa. O risco era ter que repetir um programa já exibido nos dias anteriores.

Graças às amizades (e às orações que fizera), tinha conseguido gerar o material via Embratel para uma produtora amiga, a qualidade estaria um pouco prejudicada pelas sucessivas reproduções, mas em cima da hora o programa e os comerciais tinham sido entregues e estariam — lindos! — no ar naquela noite.

— Deus ajuda quem merece, Ana.

Desse dia em diante, a economia da remessa teve de acabar e um portador seguia diariamente para Brasília, levando a preciosa carga em mãos.

Agora, já agradecíamos aos deuses até a redução do tempo de campanha para 20 dias e a diminuição do tamanho do programa para os indigentes 4 minutos e meio que tanto lamentáramos inicialmente. Era o que o pessoal agüentaria. E, provavelmente, no ritmo em que a intenção de voto no NÃO crescia, no final quem lamentaria a perda de dias e minutos preciosos seriam eles, quando ousassem vislumbrar a possibilidade de alguma capacidade de reação.

Tentei com o comando da campanha um pequeno reforço financeiro para a contratação de mais uma equipe de externa e mais uma ilha de edição, acompanhadas pelos respectivos editores, mas a pretensão foi negada com a justificativa de que vários itens já tinham sido majorados, inclusive as pesquisas, o que, aliás, era uma dolorosa verdade.

Com apenas duas equipes de externa, todas as histórias que mostrávamos eram gravadas a no máximo 100 km de distância: o agricultor Pedro, de São José dos Campos; o pescador Luiz Cláudio, de Santos; o delegado José de Araújo, de Paraibuna; a violência chegando ao interior... do Estado de São Paulo, representando o Brasil. Viagem mesmo só deu para fazer duas: ao Rio de Janeiro (para mostrar o paraíso da contravenção) e a Foz do Iguaçu, fronteira com o Paraguai (para mostrar o paraíso do contrabando).

Para terem uma idéia da penúria em que vivíamos, quando precisei dar uma abrangência nacional no programa, pedi que as equipes fossem para a rua gravar depoimentos de populares, o tão usado "povo-fala", escolhendo personagens bem característicos das regiões brasileiras. Eles eram entrevistados sem identificar o lugar onde estavam.

No fundo, havia sempre um muro ou uma parede, e os entrevistados recebiam a identificação pelo estado em que tinham nascido — João da Silva, cearense; ou Maria Auxiliadora, mineira. Tudo verdade: o nome e o estado de origem. O que ninguém precisava saber é que as entrevistas tinham sido feitas no bairro do Brás ou de Perdizes.

Como tudo acontece de uma vez, veio o sobressalto final: soubemos em primeira mão que a equipe carioca que vinha produzindo o programa do SIM estava sendo trocada por outros profissionais. Estávamos com dois terços da programação cumprida quando os jornais informaram que pesquisas do SIM indicavam empate técnico.

Certamente identificaram o desastre iminente da mesma forma como nós tínhamos identificado nossos acertos. Faziam, dessa forma, uma tentativa desesperada de estancar a sangria de votos que migravam para o NÃO, talvez imaginando ainda terem tempo para recuperar muitos deles. Perigo à vista.

Com o conhecimento profundo do quadro difícil que tínhamos pela frente, achei que só falar com o pessoal da Frente não adiantava mais. Resolvi escrever e assim produzi um documento que chamei "Rumos da Campanha", entregue a todo o comando no dia 12 de outubro, quando só teríamos mais uma semana de propaganda. Este é o texto, na íntegra:

Para: Comando da Campanha da Frente p/ Legítima Defesa
De: Chico Santa Rita

Assunto: Rumos da Campanha

1. Chegamos até aqui com um resultado bastante razoável segundo as pesquisas do Ibope.

Nas Qualitativas nosso programa tem se mostrado bastante eficiente. Na Quantitativa por telefone fechada ontem os números nos dão vantagem de 38% contra 33%.

2. Mas as mesmas pesquisas também mostram que a vitória pode pender para qualquer um dos lados, seja pelo grande número de indecisos (29%), seja porque a definição de voto não está cristalizada.

3. Há um fato novo muito preocupante: a equipe adversária, dirigida por dois profissionais oriundos da propaganda, foi dispensada pelos desacertos que fez e por não conseguir acompanhar o ritmo imposto pela nossa campanha. No lugar deles assumem dois profissionais altamente gabaritados e experientes, oriundos do jornalismo (mesma base do nosso trabalho). Também entra na campanha adversária a Produtora GW, seguramente uma das maiores e mais aparelhadas do Brasil.

4. Para se ter uma idéia, estima-se que eles terão à disposição algo como dez vezes os nossos recursos profissionais e técnicos. É muita coisa.

5. É meu dever alertá-los de que já estamos trabalhando em condições extremamente precárias, tanto na quantidade de equipamentos quanto na de pessoal. Os cortes feitos nesses dois itens quando do fechamento do contrato, por razões orçamentárias, poderão agora ficar muito agravados, nos impedindo de acompanhar o novo ritmo que a campanha adversária provavelmente imprimirá. Por exemplo, a pesquisa diagnostica que estamos mal no Nordeste. Teríamos que ir pra lá, mas não temos condições para isso.

6. Dois dias atrás pedi através do sr. Mike um reforço mínimo de equipamentos e profissionais a um preço de custo. Mas até agora essa questão não foi resolvida.

7. Reafirmo que a equipe toda está motivada em torno da causa comum, fazendo um esforço extraordinário. E assim será até o fim da campanha. Mas os senhores precisam entender que nossas limitações são muito grandes, o que coloca tudo o que foi conseguido em risco. Chegamos até aqui muito bem, agora podemos morrer na praia.

A preocupação e a responsabilidade estavam agora divididas. Seja o que Deus quiser!

E parecia que até Deus, apesar de todo o esforço de várias igrejas em favor do desarmamento, não andava lá muito satisfeito com a campanha do SIM. Nem mesmo quando os coordenadores da campanha revelaram à imprensa (e a nós também, claro) a estratégia bombástica que seria deflagrada pelos novos marqueteiros. Uns diziam que iriam "satanizar" as armas. Outros preferiam o sinônimo "demonizar". Com o que eles todos concordavam é que a campanha ficaria muito mais agressiva. Waisberg, que transita bem em muitas áreas, trouxe informação de fonte limpa:

— Vem pau firme por aí!

— Pois que venha, respondi. Conheço esse pessoal da GW de outros carnavais. São bons profissionais, excelentes produtores, estão equipados e sabem fazer televisão. Mas, estrategicamente, tenho lá minhas dúvidas.

Dúvidas que comprovei na eleição de 1996, uma história que contei em parte no livro *Batalhas eleitorais*, sem revelar o nome dos autores da façanha.

Naquele ano, os GW fizeram a campanha da deputada Célia Leão para a prefeitura de Campinas, do Estado de São Paulo. A candidata largou como franca favorita, com expectativa inicial de vitória no 1º turno. Até porque os outros candidatos eram bem fracotes. No horário gratuito de TV, o programa de Célia era, disparado, o mais bonito, cheio de filtros de luz, equipamentos de última geração, numa produtora especialmente montada para o evento.

Mas a candidata foi caindo nas pesquisas, caindo... e aí também veio o "pau firme" com reportagens muito agressivas, em que o adversário que crescia, o ex-deputado Chico Amaral, 74 anos, era chamado de velho e ultrapassado. Foi o quanto bastou para Amaral chegar fortalecido ao 2º turno, com a primeira pesquisa apontando a goleada de 61% para ele, contra 18% para a deputada.

Os marqueteiros acabaram sendo dispensados, a magnífica produtora, desmontada, e fui chamado para comandar a campanha de

2º turno. A partir de uma análise inicial, tive que dar a péssima notícia à candidata e sua equipe:

— A eleição está perdida! Salvo um fator superveniente e inesperado, que duvido existir, é praticamente impossível reverter esse quadro.

A estratégia básica foi recuperar a imagem da deputada, que tinha ficado comprometida. E ainda conseguimos uma pequena reação que dobrou os índices de votos dela. Mas Chico Amaral se elegeu tranqüilamente.

Mike, nosso elo com o comando da campanha, entrou na conversa:

— Também tenho uma história espantosa com esses rapazes.

Olhou-me com um sorriso maroto:

— Eles é que poderiam estar sentados aí, no seu lugar.

A história: no início do ano, quando o referendo estava deixando de ser uma simples hipótese, Mike tinha ido visitar a empresa GW, acompanhado por um diretor da CBC — Companhia Brasileira de Cartuchos. Quem fez a aproximação foi o secretário de Segurança do governo Alckmin, Saulo de Castro Abreu Filho. Foram muito bem recebidos, conheceram as "instalações de primeiro mundo". Depois de contarem a finalidade da visita, com a perspectiva da campanha provavelmente no fim do ano, os produtores disseram não se interessar pela campanha do NÃO, convictos de que o desarmamento era imbatível, até porque o brasileiro era contra as armas e não dava bola para os seus direitos.

Ironia das ironias, agora tinham sido alçados à condição de poder provar que a campanha do SIM seria verdadeiramente "imbatível".

Não foi exatamente isso o que mostrou a pesquisa encomendada pela Rede Globo e divulgada em pleno *Jornal Nacional*, no dia 14, faltando apenas uma semana para a votação. Soubemos do resultado à tarde, quando o deputado Fraga foi oficialmente informado por um repórter que queria colher as impressões dele.

Engoli em seco, meus olhos marejaram: era a primeira evidência clara da virada. Escrevi os números numa folha de papel e fui para a redação. Anunciei que já tinha o resultado da pesquisa Ibope que seria divulgada à noite, na Globo. Com a folha dobrada ao meio, mostrei apenas o lado das porcentagens.

49%
45%

Qualquer que fosse o lugar do NÃO naqueles números, já seria ótimo. Expectativa, silêncio total, ouviam-se respirações ofegantes, esperando o desdobrar da folha. Aí mostrei:

NÃO 49%
SIM 45%

Era demais! A equipe toda explodiu num uivo de satisfação, abraços, emoção. Poucas vezes, nessas mais de cem campanhas em que me envolvi, assisti a uma demonstração tão grande de alegria, verdadeira euforia.

E todos foram ver o *Jornal Nacional*, como se quisessem confirmar que aquele sonho era real, verdadeiro. Foi ressaltado que se tratava de um empate técnico, já que a margem de erro era de 2,2%, para mais ou para menos, sob os apupos novamente emocionados da platéia. Fui definitivo:

— Adoro empates técnicos quando o nosso lado está na frente.

O que importava é que se tratava de uma pesquisa séria, contratada ao Ibope pela Rede Globo (nada a ver com as nossas quális), feita corretamente em todo o Brasil, com mais de 2 mil entrevistas e registrada no TSE, conforme exige a lei. Impossível pesquisa mais insuspeita: jamais se poderia imaginar um acordo entre a Globo e o "pessoal da armaria", como o jornal das organizações costumava nos chamar.

Agora, sim, o crescimento era firme, consistente. E foi o primeiro grande susto nacional, ao vivo e em cores, no horário nobre. Era de supor que muita gente que ainda estava se escondendo atrás do "desarmamento" politicamente correto pudesse sair do armário. Era de esperar que aqueles números já não fossem exatamente aqueles, apurados nos dias anteriores. Nosso crescimento já deveria ser maior, nos dando uma folga para suportar a pancadaria anunciada e chegar à votação, no mínimo, com alguma margem de vantagem.

O que não me agradou foi constatar que estávamos muito mal entre a população mais pobre e menos instruída. No item "Renda" nossa curva subia de 39% (mais pobres) para 68% (mais ricos). Também subia no item "Instrução" — de 40% para 55%. O ideal, em eleições, é que o candidato esteja bem em todas as categorias. Como isso em geral não acontece, sempre prefiro que a curva se apresente ao contrário do posicionamento em que estávamos. Ou seja: números mais altos entre os mais pobres e menos instruídos, pois eles formam a maioria da população.

Os adversários também devem ter percebido isso, pois logo começaram a trabalhar o que chamei de "luta de classes". O tema central era que "as armas custam caro, só os ricos poderiam comprálas". Mas nós já tínhamos abordado o tema, mostrando a mesma premissa de um outro prisma. Se as armas fossem proibidas, isso não afetaria os ricos, que moram em condomínios fechados, guardados por seguranças que continuariam armados, enquanto os mais pobres perderiam até o direito de um dia poder ter a sua arma, conforme sonhavam.

Outra conseqüência que ocorreria, com a já improvável vitória deles, seria a distribuição das pessoas em três categorias distintas:

- cidadão de 1ª classe = pode pagar para ter segurança;
- 2ª classe = tem arma e vai continuar tendo;
- 3ª classe = não tem arma e perderá para sempre o direito de ter uma.

As principais mudanças que os novos "marqueteiros" impuseram foi tirar completamente os artistas de cena, substituindo-os por uma linha agressiva e sensacionalista contra as armas, o comércio que as vende e a indústria que as fabrica, que imediatamente recebeu o codinome de "indústria da morte". Armas e munições, de todos os tipos e calibres, passaram a ser mostradas; parecia um catálogo de venda da loja Ao Gaúcho, uma das mais tradicionais do ramo. A intenção nítida era assustar a população.

Além do ataque furibundo em si, o que tentavam, na verdade, era fazer com que assumíssemos algum tipo de defesa das armas, atitude que tinha sido banida da nossa pauta desde o início.

Também ressurgiu a exploração sensacionalista das misérias humanas, com a apresentação de vítimas contando suas tragédias, em cenas lacrimejantes dirigidas especialmente ao público feminino, onde nossas mensagens encontravam maior resistência. Mas esse filme já tínhamos visto no início, com a equipe anterior ainda no comando.

Para neutralizar, pedimos sinceras desculpas a essas vítimas, mas fomos obrigados a reconhecer que eram exceções; a regra geral era a violência provocada pelos bandidos... que, aliás, não seriam desarmados.

Bem que dá vontade de responder quando se vêem informações sendo deturpadas, pesquisas usadas em pedaços que interessam, fatos distorcidos, um mundo de irregularidades.

Cada programa dos adversários virou um sobressalto. Sempre assistíamos o horário eleitoral com a equipe toda junta na sala de reunião, um momento de congraçamento em que todos paravam de trabalhar e se espalhavam pelas cadeiras e pelo chão. Dava para perceber pelos olhares, expressões e intervenções monossilábicas que a Equipe Brancaleone estava muito angustiada, um tanto perplexa com o rumo dos acontecimentos.

Perguntavam-se pelos corredores: "e agora, como fica?", "O que vai mudar?" Ao final de um desses programas traumáticos, pedi calma e expliquei:

— Aqui no nosso lado não muda nada! A população não se identificará com essa postura destemperada que eles assumiram.

Infelizmente não mudaria nada também com relação ao reforço de equipamento e pessoal pedido dois dias antes. Provavelmente satisfeitos com os números apresentados pelo *Jornal Nacional*, o comando da campanha decidira não suplementar a equipe. Ainda bem que a ducha de água fria pegou o pessoal fervendo na euforia nervosa do ótimo resultado já alcançado.

Esperávamos que a Justiça Eleitoral tomasse providências para conter o desregramento dos nossos adversários. Tínhamos desde o início pedido algumas vezes direito de resposta para punir ataques, ou para compensar informações distorcidas que poderiam confundir o eleitor. Um posicionamento firme do TSE sem dúvida coibiria os abusos. Mas os pedidos não eram julgados e os excessos se repetiam.

De nossa parte, sabendo da possibilidade dessa punição, e tendo adotado uma postura de não mentir e de arriscar pouco nos limites de tolerância dos juízes, estávamos tranqüilos, com pequenas chances de perder tempo para respostas adversárias. Mas o TSE logo mostrou que não era bem assim, quando teve de julgar um pedido do ministro da Justiça contra nossa campanha.

Numa reunião do Conselho de Desenvolvimento Econômico e Social, em Brasília, em pleno Palácio do Planalto, Márcio Thomaz Bastos, o ministro da Justiça de Lula, fez um discurso sobre segurança pública e nele foi explícito:

— O desarmamento não pretende tirar as armas dos bandidos, mas evitar os homicídios acidentais.

Poderia ser um ato falho, uma frase usada dentro de outro contexto? Nada disso. Mais para a frente ele repetiu, palavra por palavra, a mesma afirmação, perfeitamente contextualizada nas suas explicações sobre as finalidades da campanha do "desarmamento". Era a confissão oficial daquilo que vínhamos mostrando na televisão.

O discurso, em que ele respeitosamente nos chamava de "equipe da bala", tinha sido gravado pela própria Agência Nacional, um órgão oficial do governo federal, que a distribuiu por todo o país. Como ninguém assiste às papagaiadas que acontecem todo dia em Brasília, resolvi que colocaríamos a fala no ar, nos nossos programas de rádio e TV. Tomamos todo o cuidado para não deturpar, não ofender, não denegrir, colocando até a frase na íntegra, e não apenas a primeira parte, a que mais nos interessava. E não havia como negar, nem como disfarçar: a afirmação tinha sido repetida.

Já foi uma surpresa saber que o ministro tinha pedido direito de resposta. Iria responder o quê? Dizer que não disse? Que tínhamos deturpado o que disse?

Surpresa maior foi saber que o Tribunal julgara o pedido, passando-o à frente de vários outros em que reclamávamos sobre irregularidades reais. Aí já nem era mais surpresa saber que o pedido tinha sido aceito. Teríamos que ceder um minuto do nosso minúsculo tempo para Sua Excelência "se defender" de ter dito a verdade e de nós termos colocado sua indiscrição no ar. Coisas dos tribunais eleitorais...

No final daquela mesma solenidade, o ministro foi perguntado por um repórter sobre a postura da revista *Veja* com a capa mostrando "7 razões para votar NÃO". Ele respondeu que teria oito razões para votar SIM. Cá comigo, pensei que essa oitava deveria ser fechar com chave de ouro sua gestão à frente do ministério.

O fato é que a decisão do TSE provocou reação no campo dos adversários, que na seqüência apresentaram dezenas de pedidos de direito de resposta, alegando muitas vezes motivos de futilidade absoluta. Tudo isso para se "equilibrarem" em número com as nossas solicitações. Contabilidade final: 34 pedidos do SIM, contra 29 do NÃO. Nós, que tínhamos tido todo o cuidado de não ofender, de não deturpar, acabamos perdendo na quantificação desse item.

No último dia da propaganda, veio uma decisão salomônica: eles ganharam um, nós ganhamos outro, e dezenas de pedidos ficaram sem julgamento, num "acordo de cavalheiros" sacramentado pela Justiça. Dá para enfrentar?

A explosão de raiva no pessoal de mobilização da campanha foi tão grande, que pediram que divulgássemos histórias mostrando que o ministro, nos tempos em que fora simples advogado, tinha defendido reconhecidos bandidos. Jamais me permitiria entrar por esse caminho, por razões éticas permanentes, e também por uma razão que a oportunidade nos estava oferecendo: a maior vingança seria ganhar o referendo!

Durante todo o tempo, me recusei a divulgar qualquer fato ou informação que não fosse absolutamente checada e confirmada. Várias vezes cobrei isso da equipe, questionando quem disse, onde está escrito, como provar etc. Se estávamos combatendo a grande mentira do "desarmamento", se estávamos diariamente desfazendo a teia de pequenas mentiras que a campanha adversária armara, como então sermos pegos numa mentira ou mesmo numa informação incorreta?

E olha que não faltou oportunidade. Naquele exato momento estávamos checando uma notícia publicada pouco antes pelo jornal *A Tribuna*, de Vitória. Um estudante universitário teria passado a noite na cadeia e ao sair no dia seguinte contou que toda vez que os presos assistiam à propaganda do referendo faziam um pagode, comemorando que a população ficaria desarmada e assim o "trabalho" deles seria facilitado.

Era ótimo para nós mostrar que os bandidos eram desarmamentistas. Tínhamos em mãos até a página original do jornal. Mas... e se fosse uma armadilha? E se o rapaz aparecesse no programa do SIM desmentindo? Não conseguimos confirmar, não encontramos o entrevistado... e a notícia ficou guardada na gaveta.

Ali também repousavam excelentes "frases" que corriam pela internet, atribuídas a personalidades. Duas delas recebi de uma dezena de fontes diferentes:

> Quando todas as armas forem de propriedade do governo (e dos bandidos), este decidirá de quem serão as outras propriedades.
>
> *Benjamin Franklin*
> cientista, filósofo, economista e estadista

> Entre os muitos erros do domínio britânico na Índia, a história irá considerar o ato de privar uma nação inteira de armas como o pior.
>
> *Mahatma Ghandi*
> pacifista, libertador do povo indiano

Havia outras do papa João Paulo II, de Hitler, de Madre Teresa de Calcutá. Lamentei muito não poder usar esse belíssimo respaldo num quadro tipo "Veja essa", que ornamentaria o nosso programa de TV, pois, depois de um dia inteiro pesquisando, o redator chegou com o veredito:

— Não há registro confiável de que essas frases tenham efetivamente sido pronunciadas.

A maciça utilização da internet foi outra agradável surpresa. O pessoal da mobilização já a utilizava, desde muito tempo, para divulgar notícias e palavras de ordem. Como nossa única arma era a mídia eletrônica, também apostamos na montagem de um *site* muito bem-feito, onde se podia encontrar tudo o que acontecia na campanha, e também nossos programas e comerciais já veiculados.

Acabou virando um "campeão de audiência". Quem perdia a programação do dia anterior, acessava o *site* e ali dava opiniões, trocava informações. Chegamos a ter uma pane no dia seguinte da veiculação do material desmentindo as afirmações falsas e os números desencontrados que os adversários colocavam no ar. As estimativas falaram em 2 milhões de acessos!

Também procuramos não partidarizar a campanha, nem entrar em discussões que levassem a algum tipo de postura política. Como exemplo, tivemos a oferta de receber imagens de militantes do MST — Movimento dos Trabalhadores Rurais Sem Terra, armados durante invasão de terras, enquanto João Pedro Stédile, o líder do movimento, declarava à *Folha de S.Paulo* (12/10/2005) que "a proibição da venda de armas ajudará nossa sociedade a ser mais civilizada e humana". Mas o material, como por encanto, acabava exposto na internet.

Foi a primeira vez que essa ferramenta, bem utilizada, tornou-se fundamental no debate eleitoral.

Com a rápida consolidação dos conceitos que apresentamos nos primeiros 15 dias da campanha, uma nova questão aparecia latente no pensamento das pessoas, preocupando-as com a decisão a ser tomada cinco dias depois: em quem confiar? No governo, que deveria ser capaz de controlar as armas e diminuir a violência? Ou na própria população, nos seus semelhantes, que deveriam saber discernir se precisam ou não de uma arma, como e quando usá-la, como e onde guardá-la?

A preocupação encontrada pela quáli era clara: "as pessoas estão quase implorando para saber como será o dia depois da eleição".

Escorados na força com que os nossos argumentos eram percebidos, jogamos uma cartada final, devolvendo a responsabilidade para quem deveria estar sempre com ela:

*O governo não conseguiu desarmar os bandidos;*
*agora tenta, com o seu voto, desarmar os cidadãos.*

E tome textos emocionais e tome hino anunciando que "já raiou a liberdade". Uma vez completo o trabalho de conscientização, tinha chegado a hora de abrir espaço para a emoção. Só faltou deitar a cabeça de cada brasileiro num ombro nacional gigantesco, afagando-a com carinho para confirmar a solidariedade e a cumplicidade. Reaja! (Votando NÃO, é claro.)

Já nos últimos programas do SIM, se repetiam as tragédias dos mutilados pelas armas assassinas, mães chorando, policiais anunciando a hecatombe, projéteis se transformando em cruzes, números e ilustrações soturnas denunciando os responsáveis por toda a tragédia nacional: a rica, poderosa, insensível e criminosa indústria das armas!

Mas o debate estatístico sério sempre ficava prejudicado pelas omissões e deturpações que os marqueteiros adversários insistiam em veicular.

Uma das últimas peças preparadas por eles cotejava o crescimento do faturamento anual das empresas do setor com o crescimento do número de mortes por arma de fogo no Brasil. Seria lícito fazer a comparação, não fossem por dois detalhes que a impediriam numa situação em que a honestidade prevalecesse. No vale-tudo eleitoral omitiu-se que:

1. esse crescimento de faturamento era devido exclusivamente às exportações, pois as vendas para a população no mercado interno tinham até diminuído;
2. de todo o modo, o crescimento desses valores tinha acontecido também em 2004, o ano em que eles anunciavam a redução do número de mortes por arma de fogo, "graças aos resultados da campanha do 'desarmamento'". É evidente que a "pesquisa" apresentada com estardalhaço só ia até 2003.

Não era nossa missão nem era conveniente entrar nessa briga. Se fosse ao contrário, era só mostrar que a fábrica Taurus em 2004 tinha vendido exatas 1.044 armas no Brasil, enquanto exportara 223 mil para 28 países.

Enquanto isso acontecia nos programas do horário gratuito, um comercial nosso (esse, sim, verdadeiramente destruidor) era veiculado nos intervalos comerciais de toda a programação das TVs. Na imagem, um homem coloca um cartaz na porta de sua casa. A imagem é o tradicional círculo vermelho cortado na diagonal por uma linha indicando proibição, sobreposta a uma arma. O letreiro alerta: "Esta casa não tem armas". E o áudio reforça: "O problema não é eu *não* ter uma arma. O problema é o bandido ter certeza de que eu não tenho uma arma". O homem coça a cabeça em dúvida, mas acaba tirando o cartaz. E o texto se fecha: "Defenda seus direitos. Contra a proibição, vote 1, vote NÃO".

Quando assisti a esse anúncio pronto, não resisti a fazer a piada na hora de aprová-lo:

— O comercial é uma bomba-arrasa-quarteirão. Mandem bala!

Era o coroamento de uma magistral campanha em que foram criados cerca de 50 comerciais, sendo que exatos 20 foram ao ar, todos com 30 segundos de duração, alguns veiculados com maior freqüência. Entre estes, algumas obras-primas do marketing político (reparem na produção simples, paupérrima de recursos):

| TÍTULO | IMAGEM | TEXTO |
|---|---|---|
| DIREITO<br>(Foi o primeiro e acabou sendo o comercial mais visto, com maior número de veiculações.) | Uma bandeira brasileira tremulando sobre imagens das Diretas-Já e do Fora Collor. | O movimento Diretas-Já foi um marco na reconquista dos nossos direitos e da nossa liberdade.<br>Agora querem mexer novamente em nossos direitos.<br>Querem tirar a liberdade de escolha do cidadão de comprar ou não uma arma, dentro da lei.<br>Dia 23, lembre-se: hoje eles mexem nesse direito. Em qual vão mexer amanhã?<br>Contra a proibição, vote NÃO! |
| MULHER<br>(Precisávamos abrir um diálogo com o resistente público feminino. A "atriz" era uma produtora da nossa equipe.) | Uma mulher vai se transformando de dona de casa à antiga em executiva moderna. | A mulher sabe bem que conquistar direitos não é simples.<br>Primeiro, sua vida se resumia a cuidar da casa, dos filhos, do marido.<br>Só em 1934 a mulher brasileira conquistou seu direito de voto.<br>E dia a dia vem conquistando o direito de trabalhar de igual para igual.<br>Mulher, você que tanto briga pelos seus direitos, não deixe que mexam em um direito que é de todos nós.<br>Contra a proibição, vote 1, vote NÃO! |
| GRADE<br>(Estava na hora de apontar os responsáveis. O "ator" era um profissional da área técnica.) | Um homem tenso, segurando uma grade como se estivesse numa prisão. A câmera vai revelando que ele está na porta da sua própria casa. | Os bandidos estão cada dia mais armados e violentos.<br>Os assaltos, roubos e homicídios aumentam a cada dia.<br>Mesmo assim o governo pouco faz para garantir o seu direito à segurança.<br>Para se proteger, o cidadão de bem foi parar atrás das grades.<br>Defenda seus direitos.<br>Contra a proibição, vote NÃO! |

| TÍTULO | IMAGEM | TEXTO |
|---|---|---|
| PESSOAS (Para levantar a questão do direito dos outros.) | Imagens dos nossos entrevistados que por motivos diferentes precisavam ter arma. | Este é o seu Wilson, um pequeno agricultor.<br>Quem é que vai mandar uma viatura a 40 km para protegê-lo?<br>Este policial aposentado vive recebendo ameaças.<br>(Fala) Eu dependo da arma para defender minha família. Todos os policiais aposentados precisam.<br>Você pode não querer ter uma arma, mas não deve tirar esse direito de quem precisa ter.<br>Contra a proibição, vote NÃO! |

Os desacertos da campanha adversária já eram tão grandes, que dois dias antes do encerramento da programação no rádio e na TV — pasmem! — eles perderam o horário de entrega do programa na TV Educativa de Brasília. Às 4 da tarde, prazo fatal para a entrega, nosso portador, que levara a fita de São Paulo no vôo da manhã, ligou atônito contando que estava na porta da TV, tinha entregue nosso material e nada de chegar a fita do SIM. O que fazer?

— Não arrede o pé daí. E não permita que a TV receba a fita deles fora do horário.

Imediatamente acionei nossos advogados em Brasília e um deles correu para lá. Chegou ainda a tempo de impedir, definitivamente, que a fita adversária fosse recebida, apesar dos calorosos protestos e de algumas ameaças veladas. À noite, todos assistimos no ar à repetição do programa do dia anterior: a galera reunida gargalhava.

É um descuido tão primário, que ninguém imaginava pudesse acontecer, ainda com um agravante: a edição final do material deles era feita ali mesmo, em Brasília.

Dia seguinte, a própria Rede Globo, que tanto tinha trabalhado pelo que se entendia ser um desarmamento, jogou a pá de cal na cova que tinha ajudado a cavar, apresentando a última pesquisa feita pelo Ibope, antes da votação. Segundo o instituto, nós tínhamos crescido mais dois pontos e o SIM tinha caído mais quatro, ficando assim:

| | |
|---|---|
| NÃO | 51% |
| SIM | 41% |

Na seqüência, com 10 pontos de vantagem zunindo nos ouvidos de todo o Brasil, entrou no ar o último programa do horário político. (Dado importante que essa pesquisa trazia: 92% dos eleitores afirmaram que tinham acompanhado os programas de rádio e televisão.) Nesse dia abrimos nosso programa com este texto magistralmente lido por Carmen Cestari, tendo como fundo o Hino da Independência, em bonita orquestração:

> Liberdade!
> (Reflexiva)
> Liberdade não é apenas uma palavra, mas sim um dos sentimentos fundamentais... meu... seu... de todos os seres humanos.
> (Sobe som do hino)
> O nosso Hino da Independência canta a liberdade dessa nossa brava gente brasileira. Você sabe do que estou falando.
> Uma brava gente, a quem os governos pouco ajudam. Mas uma brava gente que não perde a esperança, na luta pela vida. Um povo que supera tudo e ainda tem tempo para ser alegre e cantar a sua liberdade.
> Liberdade de ir e vir.
> Liberdade de falar.
> Liberdade de amar.
> Liberdade de decidir sobre a própria vida.
> Ser brasileiro é assim.
> Mas ser brasileiro também é ser consciente, responsável para preservar a nossa liberdade.
> É hora de dizer NÃO!

NÃO vão mexer nos meus direitos! NÃO!

NÃO vamos deixar que tirem um pedaço da nossa liberdade!

(Sobe o som do hino)

E, para encerrar, um resumo de imagens de todos os personagens que estiveram presentes nos 20 programas — agricultores, professores, pescadores, juristas, pessoas humildes, donas de casa, especialistas e técnicos — repetindo pequenas falas com um letreiro final: "Nossos artistas são vocês, a população brasileira, que não quer perder seus direitos".

Deu pra chorar...

Mas quem perdeu um direito de verdade fomos nós: direito de resposta julgado na última hora suprimiu quase um terço do programa final.

No dia seguinte, véspera da votação, o Datafolha amanheceu nas bancas com uma diferença ainda maior.

| | |
|---|---|
| NÃO | 57% |
| SIM | 43% |

O crescimento era assustador, as intenções de voto se multiplicando em progressão geométrica. Prenúncios claros do que iria acontecer na votação.

Junto da *Folha de S.Paulo* sobre a minha mesa estava o relatório do Ibope, avaliando o último programa da noite anterior. (Pela primeira vez eu lia de manhã, pois já não havia mais nada a fazer.) Encabeçando-o, um comentário assinado por toda a equipe que esteve envolvida nas qualitativas, ouvindo mais de 400 pessoas, principalmente das classes C e D, suas angústias, realidades de vida e perplexidades diante daquele momento. A avaliação final deles é preciosa, resumindo com muita propriedade o que acontecera naqueles dias:

> O NÃO conseguiu estabelecer a agenda dessa campanha e teve o mérito de fazer isso a partir de um conceito complexo, mas que se provou muito "caro" ao eleitorado brasileiro.

Independente do resultado no dia 23 de outubro, o Brasil não será mais o mesmo depois dessa campanha. Passamos, todos nós, do Oiapoque ao Chuí, por um processo de reflexão profunda, e às vezes até dolorosa, sobre questões como:

- onde acaba o meu direito e começa o do outro?
- onde acaba o direito do Estado e começa o da pessoa?
- como lidar melhor com o meu medo da morte e da dor?
- como colocar numa balança e escolher (a "escolha de Sofia") entre algo tão concreto quanto o medo de uma arma e algo tão abstrato quanto o direito de defesa e liberdade de escolha?
- como tomar uma decisão que valerá para todo o sempre, para quando eu já não estiver aqui, para quando meus filhos já não estiverem aqui...?

É importante que se entenda também que essa agenda pôde ser estabelecida porque o outro lado deixou o terreno livre para plantarmos as idéias. Primeiro, com uma campanha festiva, quando a população queria discutir o assunto seriamente e encontrou respaldo nas sementes que jogávamos no solo fértil. Depois, com uma campanha agressiva, quando os nossos argumentos já tinham brotado, já estavam viçosos e o tema em discussão já era a forma de colheita e o tipo de armazenagem.

Essas imagens à Chance Gardener — personagem do filme *Muito além do jardim*, na interpretação magistral de Peter Sellers, e muito usadas em discursos presidenciais do momento — têm razão de ser. Posso afirmar que a mudança de estratégia do SIM não apenas não segurou, como acelerou o processo de crescimento do NÃO. Ou seja, diria Gardener: quando jogaram esterco no ventilador, estavam apenas adubando a nossa horta.

À sombra das milhares de flechas inimigas, a Equipe Brancaleone tinha chegado à batalha final ciente de que a guerra no rádio e na TV tinha sido decisiva. Ganhamos alguns músculos nos debates, há que se reconhecer, mas foi só: não tivemos nenhum apoio logístico de folhetos, cartazes, comícios, eventos de rua... nada! Contra tudo e contra todos, o conceito do "NÃO à proibição" chegou ao julgamento da população sintetizando a manutenção dos direitos e os mais elevados anseios individuais de liberdade.

O resultado, anunciado ainda no domingo à noite, surpreendeu a mais megalômana de qualquer das minhas expectativas. O Brasil lavou a alma, não deixando margem de dúvida sobre a decisão do povo:

| | |
|---|---|
| NÃO | 63,94% |
| SIM | 36,06%* |

A mobilização tinha sido extraordinária, bem como o interesse da população, o que se podia verificar pela soma de votos brancos e nulos, que ficou por volta de 3%, um recorde absoluto em qualquer eleição nacional brasileira.

O melhor resultado foi obtido na região Sul, com 79,59% dos votos, sendo que o Rio Grande do Sul apresentou um índice de NÃO de 86,83%. Os piores resultados vieram da região Nordeste, com 57,51%, com o Ceará na liderança negativa com 54,70%.

Em Nova York, para onde fui descansar da maratona, fui procurado pelo cientista político e filósofo Roberto Mangabeira Unger, professor-titular da Universidade de Harvard, nos Estados Unidos, depois feito ministro da Secretaria de Planejamento de Ações de Longo Prazo pelo governo Lula. Ele buscava uma explicação plausível para a distribuição geopolítica da votação do NÃO, que foi mais baixa nas periferias e nas áreas mais pobres do país e mais alta nos grandes centros e nas áreas mais ricas. Ele imaginava que deveria ser sido exatamente o contrário, pela proximidade física que a população carente tem com a violência armada. A explicação que dei foi sintetizada em artigo publicado pelo jornal *O Globo*, de 29/12/2005:

> [...] Isso se explica pelo fato de que, infelizmente, vivemos num país de iletrados, onde as informações demoram mais para atingir as pessoas nessas áreas, e assim formar o consciente coletivo que leva às grandes decisões.

---

* Totalização pelo TSE, considerando os votos válidos.

> [...] Tivesse mais alguns dias de campanha, e a derrota do SIM poderia ter sido ainda mais acachapante.
>
> A conscientização demora, mas chega!

Muitos adjetivos permearam os comentários da imprensa nos dias seguintes, após a votação: estrondosa, contundente, repúdio ao engodo. Claro que as viúvas do falecido "desarmamento" correram a encontrar razões e desculpas variadas. Entre "a vitória do medo", "a culpa do governo" e "o brasileiro não sabe votar" (vide declarações de Pelé, 30 anos atrás), destaco uma que é um primor de inversão de valores.

O diretor de criação da Giovanni FCB, uma das agências "voluntárias" mais atuantes, reconheceu no jornal *O Estado de S. Paulo*, de 27/10/2005, que tinham "os melhores depoimentos, um elenco de credibilidade, as melhores produtoras de audiovisual, e tudo sem custo". A justificativa para o fracasso veio no jornal *Propaganda & Marketing* (31/10/2005): "não havia tempo hábil para convencer os eleitores de que a proibição do comércio de armas seria a melhor opção". A conclusão dele: "a população está ressabiada, preferiu ser conservadora e deixar tudo do jeito que está".

Fora a confissão que eles tinham tudo do bom e do melhor, o resto é exatamente o contrário: o tempo sempre jogou contra nós e não contra eles que, aliás, armaram essa arapuca; a população esteve interessadíssima em receber informações verdadeiras e convincentes. Teria sido conservadora se votasse no SIM, aceitando a lavagem cerebral orquestrada e mantendo o *status quo* politicamente correto. Na sua sabedoria, o povo brasileiro foi reformista e avançado.

Dos muitos comentários que li, prefiro destacar o do professor Demétrio Magnoli, doutor em geografia humana pela USP, que analisou o acontecido com absoluta propriedade na abertura do seu artigo na *Folha de S.Paulo*:

> Eles armaram o circo, instalaram a confusão e fabricaram uma pergunta capciosa. Contrataram os fogos e a fanfarra. Programaram a comemoração. Mas o povo disse "não!". No referendo de ontem, o povo derrotou o governo, a maioria absoluta da elite política, a organização hegemônica da mídia e as ONGs milionárias.

No meu artigo, também na *Folha de S.Paulo*, de 9/11/2005, apontei uma grande perdedora.

### A derrota da mentira no Referendo

O grande desafio que enfrentamos na comunicação da campanha do "Não", no referendo, foi desfazer a imensa teia de mentiras que foi sendo cuidadosamente tecida, desde a aprovação do Estatuto do Desarmamento, dois anos atrás.

Nesse período os profissionais da causa "desarmamentista" ocuparam sozinhos os espaços da mídia. Podiam então apregoar como **grande vitória** um recolhimento de armas que gerava belas imagens para a tevê e para as primeiras páginas dos jornais. Quem não se lembra de um poderoso trator triturando o que parecia ser um imenso arsenal? Não importava que a maior parte daquelas peças já fossem velhas, inutilizadas, sem uso... Também não era preciso explicar que o total recolhido, insignificantes 2% ou 3% do total de armas existentes no país, quase nada representava.

A mentira seguinte foi ainda maior: cantou-se em prosa e verso um desarmamento que pretendia ser o remédio genérico para todos os males causados pelo assustador crescimento do vírus da violência. O massacre na cabeça das pessoas era tão grande que o tema virou até vinheta de passagem na Rede Globo, com cartuns animando o plim-plim que abre e fecha os intervalos comerciais.

Quando se anunciou o referendo, todos entendiam que iriam votar por um desarmamento geral e irrestrito, armas da criminalidade incluídas. Quem podia ser contra? As pesquisas batiam em 80%.

Com a chegada do horário eleitoral vieram novas pequenas mentiras — pesquisas distorcidas, informações deturpadas, números inconsistentes — que ajudaram a esgarçar, ainda mais, a já abalada credibilidade do "Sim". E não adiantou que muitas delas viessem avalizadas por artistas consagrados. É importante frisar que esses porta-vozes provavelmente nem sabiam do que estavam falando. Nenhum trouxe de casa o discurso pronto. Receberam dados incorretos e os transmitiram de boa-fé.

A tática fracassou, levando a uma troca no comando da comunicação. Mas o tiro saiu pela culatra (desculpem!) pois as mentiras continuaram. Apenas trocaram de mote: deixaram de ser festivas e passaram a ser agressivas. A nova equipe não conseguiu sequer estancar a sangria dos índices de intenção de voto nos patamares em que estavam. Veio a hemorragia final.

Do outro lado, assistíamos a tudo com boa dose de perplexidade, seguindo passo a passo uma estratégia traçada desde o início. Nossa primeira peça publicitária escancarou a mentira: "Desarmamento — seria bom se fosse verdade". Foi um susto! A população percebeu que vinha sendo ludibriada.

Em seguida colocamos no ar uma idéia-força que atingiu corações e mentes em cheio: poder comprar, ou não, uma arma é um **direito** do cidadão. E o conceito foi sendo guarnecido com outros argumentos fortes:

- não é correto desarmar cidadãos de bem, deixando os bandidos armados;
- você pode não querer ter arma, mas há gente que precisa ter;
- a violência não está relacionada à quantidade de armas (na Suíça um terço da população tem armas mas a criminalidade é próxima do zero);
- por fim, já está em vigor um rigoroso Estatuto do Desarmamento.

Com a derrota acachapante tenta-se agora pregar a derradeira mentira. Teria sido um voto de protesto contra o governo Lula, contra os mensaleiros, contra tudo o que está por aí.

Pura desculpa de perdedor. Acompanhamos toda a evolução do pensamento e da vontade popular através de pesquisas qualitativas competentes, feitas pelo Ibope. Foram grupos de discussão diários, que nos transmitiram um panorama real da mudança em marcha. Com uma semana já dava para se antever a virada inevitável. Pela conscientização, não por protesto.

No final, um ou outro desiludido de plantão pode ter juntado sua voz ao grito coletivo de "NÃO!". O que a maioria realmente disse foi "nós temos direitos e eles têm que ser respeitados. Não brinquem conosco!"

É mais uma lição que o povo brasileiro dá e que precisa ser entendida corretamente. Uma lição de verdade!

Espero que os mitômanos do desarmamento tenham apreendido.

Nessas horas, o melhor mesmo é enfiar a viola no saco como fez o coordenador da ONG Viva Rio, um dos principais artífices da falácia do "desarmamento", ouvido pelo colunista Ancelmo Góes, do jornal *O Globo*: "Tomamos uma paulada no referendo e precisamos nos voltar para nossas origens".

Essa paulada foi construída na discussão dos direitos do cidadão, conforme minha assistente Ana Maria Tebar observou com absoluta clareza. Num "bilhete" que me mandou, diz que a partir das nossas conversas, das conversas que teve com a Sílvia do Ibope e com as reflexões "com seus botões", chegou à seguinte conclusão:

> Na verdade nossa campanha colocou pela primeira vez, pelo menos em tal magnitude, a discussão sobre os direitos individuais. Em um país onde os direitos coletivos estiveram sempre sendo discutidos, praticados e pregados de inúmeras maneiras e ideologicamente engajados. O direito individual, envergonhado, que na minha opinião é a base do direito coletivo, nunca havia sido explicitado pelo povo, de forma como pude constatar nas entrevistas de rua que fizemos, nos últimos 15 dias, nos depoimentos sobre o "NÃO" que os jornais faziam. As palavras e conceitos expressos em nossa propaganda estavam na boca das pessoas, muitas vezes literalmente, outras vezes já retraduzidos, mas sempre na tônica de "o meu direito".

São lições que ficam, como esta: pouco tempo depois surgiu o episódio do caseiro Nildo, que acusou o todo-poderoso ministro da Fazenda de participar de reuniões suspeitas. Foi perseguido, teve sua vida devassada, mas não se intimidou. No auge do abalo pelo qual sua vida passava, ele sentenciou:

— O lado mais fraco não é o do simples caseiro; é o da mentira.

O capítulo final dessa novela do referendo foi a revelação de que a Taurus e a CBC — Cia. Brasileira de Cartuchos pagaram a conta, em razão de a Frente Parlamentar não ter conseguido uma arrecadação minimamente compatível com os gastos, que somaram um total de R$ 5,7 milhões. Uma campanha nacional, com valor de campanha municipal em cidade de pequeno ou médio porte. Tudo às claras, tudo com nota fiscal, tudo devidamente declarado ao TSE. E sem contar jamais com a sombra nebulosa dos "voluntários".

Será que neste paraíso de caixas 2, de mensalão e de campanhas milionárias alguém pode estranhar que duas empresas, que olhavam para o futuro com a perspectiva sombria de se mudar do Brasil, tenham feito esse investimento?

Pois eu e a fantástica equipe de 26 profissionais diretamente envolvidos em tempo integral somos testemunhas da penúria franciscana, das condições absolutamente precárias em que trabalhamos.

Pelo menos, no final, tivemos a alegria absoluta em vencer uma guerra da qual todos participamos com a força do trabalho, mas também com a emoção puxada lá do fundo do coração. E com a alegria complementar por receber, também, o "prêmio pela vitória".

Tempos depois ainda consigo me emocionar quando vejo a revista *Veja São Paulo* (18/11/2006) informando na capa:

**"Menos mortes**
**Caem os homicídios em São Paulo**
**O número de assassinatos na cidade**
**diminuiu 52% em cinco anos"**

Ou a manchete de primeira página da *Folha de S.Paulo* (30/1/2008) apresentando dados do "Mapa da violência nos municípios" elaborada pela Ritla — Rede de Informação Tecnológica Latino-Americana, com o apoio dos Ministérios da Saúde e da Justiça:

**"Cai o número de homicídios no país"**

E isso apesar de o "Não" ter vencido... Se tivéssemos perdido, será que o pessoal do desarmamento estaria dizendo que essa situação é normal, natural, já vinha acontecendo e pode continuar melhorando? Respiro fundo e acrescento:

— Missão cumprida!

# CAPÍTULO III

## Eleições 2006

### Entre mais de cem campanhas já realizadas, a mais organizada e a mais bagunçada

**O** ano eleitoral começou ainda fortemente marcado pelos escândalos apurados pela CPI dos Correios, colocando em evidência negativa a atividade do marketing político, já que uma das "estrelas" do setor estava envolvida em pesadas denúncias. A revista *Veja*, de 18/1/2006, apresentava matéria de capa, com uma foto de um Duda Mendonça choroso, com o título "Desvio de dinheiro — Duda fez, Duda faz". Nas páginas interiores, a manchete não deixava dúvidas sobre a intenção da reportagem: "Marketing bandido".

Claro que se tratava de um caso específico. Mas novamente a generalização, que sempre ocorre nessas ocasiões, rondava os profissionais da área. Fazer o quê? Nada. Arregaçar as mangas e trabalhar, como sempre fiz. Felizmente pude chegar ao final do ano contabilizando bons resultados técnicos — seis eleições vitoriosas —, apesar de menos significativos no aspecto financeiro.

O trabalho pré-eleitoral começou ainda em janeiro, com dois políticos que tentavam viabilizar candidaturas, uma delas ao Senado, outra ao governo estadual. Ambos eram viáveis, mas foram preteridos por razões políticas. Por fim se elegeram deputados. Também trabalhei para a vitória de uma senadora e de outro deputado federal.

O interesse maior, todavia, ficou nas duas campanhas de governador em que operei a área de marketing político. Elas se mostraram diametralmente opostas na forma de agir do comando. A de André Pucinelli, em Mato Grosso do Sul, primou pela extraordinária organização. A de Yeda Crusius, no Rio Grande do Sul, foi absolutamente bagunçada. No final, mesmo trilhando caminhos bem diferenciados, ambas chegaram à vitória.

* * *

Em Brasília, o deputado federal Tadeu Filippelli (PMDB) considerava a hipótese de disputar o governo do Distrito Federal, na sucessão de Joaquim Roriz, que se candidatava a uma vaga no Senado.

Paulista de Catanduva, engenheiro, estava radicado na capital federal havia 40 anos. Já tinha sido deputado distrital e depois federal por dois mandatos seguidos. Esteve ao lado de Roriz nos últimos 20 anos, oito dos quais à frente da Secretaria de Infra-Estrutura e Obras, a mais importante do governo.

Nossa consultoria se iniciou com a montagem de uma pequena estrutura para acompanhar o candidato, mais a indicação da necessidade de uma pesquisa qualitativa e uma análise do provável quadro eleitoral, que se apresentava bastante fluido, sem nenhuma candidatura dominante.

Roriz teria que deixar o governo em fins de março, para poder concorrer ao Senado. A vice Maria Abadia (PSDB) assumiria já como pré-candidata à reeleição. O PFL se dividia numa luta interna entre o deputado José Roberto Arruda, líder nas pesquisas quantitativas, com cerca de 30% de intenção de voto, e o senador Paulo Octávio, presidente local do partido. Nos partidos da chamada esquerda, PT incluído, nenhum candidato competitivo à vista. No PMDB, Maurício Correa, ex-presidente do Supremo Tribunal Federal, dizia ter um acordo para ser o candidato de Roriz, o que poderia impedir a candidatura Filippelli.

Nesse momento, a pesquisa qualitativa foi fundamental para nos ajudar a decifrar os enigmas que o quadro político apresentava. Nossas conclusões:

- o apoio de Roriz — que podia se considerar eleito senador — era fundamental para qualquer candidato;
- Arruda tinha mais chances eleitorais do que Paulo Octávio, mas antes precisava se viabilizar no partido;
- Abadia, apesar de estar em segundo lugar nas quântis, deveria ter poucas chances de crescimento, a ponto de virar competitiva;
- Correa era totalmente inviável.

Para nós, o mais importante foi saber que o nosso candidato se mostrava viável, dentro de um quadro muito bom para ser trabalhado:

- tinha um perfil político conhecido e respeitado;
- a população queria que a obra de Roriz tivesse continuidade e ninguém melhor do que ele para fazer isso, já que tinha sido o executor de fato dessas obras nos últimos oito anos;
- seria a indicação mais natural, esperada, ninguém iria estranhar; ele tinha "cara de herdeiro".

Claro que havia vários aspectos a serem trabalhados para melhorar a imagem pública dele, mas isso não nos assustava. O problema é que a decisão mais importante não estava em nossas mãos. O principal óbice era convencer Roriz, que teimava em postergar a sua indicação, criando um absurdo suspense na campanha.

No meio do ano, faltando menos de quatro meses para a eleição, não se sabia quem seria indicado candidato. Abadia trabalhava para isso, já ocupando o governo; Maurício Correa, fazendo valer um "acordo" sem votos, mas com significados morais; Filippelli, tentando unir o partido em torno do seu nome, sem poder ir para as ruas pedir voto, conforme nossa recomendação.

Sem nenhum adversário definido, Arruda pôde transitar sozinho pelas ruas empoeiradas das cidades-satélites e começou a crescer. Para melhorar ainda mais a sua condição de candidato, a direção nacional do PFL interveio e patrocinou um acordo com Paulo Octávio, que virou o vice da chapa. Começou até a recolher apoios entre peemedebistas adesistas — a rima é pobre, mas a quantidade deles é muito grande.

Em um encontro marcado com Roriz, pude apresentar a ele um resumo da situação eleitoral que teria mais condições de ser bem-sucedida: uma chapa encabeçada por Filippelli, tendo Abadia como sua vice, e não na posição contrária, conforme muitos defendiam. Expliquei que, apesar de a governadora aparecer melhor nas quântis, o deputado reunia melhores condições de crescimento. E mostrei que não estava fazendo uma escolha em causa própria. Em primeiro lugar, porque sou um profissional que não faz mutretas. Em segundo, porque se cogitava de a campanha ser feita por mim e pela minha equipe, em qualquer das duas hipóteses.

Sem nada perguntar, ele me olhava com aquele olhar matreiro dos velhos políticos espertos. Depois olhava para o chão, para o lado e voltava a me encarar em silêncio. Percebi que não dava a mínima importância às minhas teorias, que deviam estar contrariando algum plano já estabelecido.

Quando decidi ir embora, o candidato veio me perguntar, ansioso, se eu tinha falado tudo. Minha resposta:

— Falar, eu falei. Mas não sei se ele me ouviu.

Como a eleição dele ao Senado estava garantida, talvez tenha superavaliado a importância do seu apoio, pensando que, na hora em que definisse, a população aceitaria, ou até acataria. A decisão, tantas vezes retardada, só veio praticamente no último momento, em 24/6/2006, nas vésperas do prazo final, confirmando Abadia como candidata à reeleição, tendo Maurício Correa de vice. Arruda deve ter ficado muito feliz.

A demora tinha sido tão grande que a força do apoio, diagnosticada no início do processo, acabou se esvaindo no tempo. Um grande "A", com um raminho de arruda atravessado na haste do meio da letra, corria soberano na região, consolidando-se também pela falta de adversário. (Por ironia, foi um símbolo que nós tínhamos adotado na eleição de quatro anos antes, quando iniciamos um trabalho, depois interrompido, para o mesmo candidato.)

Guardei numa pasta a bela campanha que já tínhamos criado para Filippelli Governador, baseada no fato que a cidade completaria 50 anos durante a próxima administração, com este *slogan*:

BRASÍLIA 50

UM PROJETO DE FUTURO

Como voltou a disputar um mandato na Câmara dos Deputados, criamos um novo *slogan*, bastante inusitado:

FILIPPELLI
O FEDERAL DAS OBRAS

Houve muita resistência inicial no comando da campanha. Falar em obras é sempre mais indicado para candidatos a cargos majoritários, já que eles terão, se eleitos, o poder para essas realizações. Mas, no caso atual, o candidato era tão identificado com as obras de Roriz, que resolvemos ousar. E a palavra "deputado" foi suprimida da marca pelo hábito existente em Brasília, onde há os "distritais", assim chamados os parlamentares que correspondem aos deputados estaduais.

Já com outros trabalhos para ser administrados, e contrariado pelo rumo dos acontecimentos, nem cogitei de operar a campanha da governadora. A maior competitividade da chapa que defendíamos ficou clara no resultado da eleição, com Arruda escapando de um 2º turno por um insignificante 0,3%, mesmo competindo com candidatos de menor capacidade eleitoral.

Tadeu Filippelli voltou para a Câmara Federal carregado por 130 mil votos, cerca de 10% do total, uma das maiores votações proporcionais de um candidato do PMDB a cargo semelhante, em todo o Brasil.

* * *

Também no início do ano, fui convocado para uma consultoria ao deputado estadual Jorge Picciani (PMDB), no Rio de Janeiro. Já em seu quarto mandato, estava como presidente da Alerj (a assembléia legislativa) desde 2003 e agora era pré-candidato ao Senado na chapa do partido, que certamente seria encabeçada pelo então senador Sérgio Cabral, favorito destacado na votação para o governo do estado.

Logo de saída me mostraram uma pesquisa do instituto Gerp, na qual nenhum dos sete prováveis candidatos que concorreriam com ele alcançava dois dígitos na intenção de voto. O próprio Picciani aparecia com 4%, totalmente gratuitos, já que nenhum trabalho tinha sido feito, objetivamente. A resposta dominante era "não sei", declarada por dois em cada três entrevistados.

Dois emissários despachados para correr todas as cidades do estado, analisando o cenário político e a postura das lideranças locais, trouxeram um relatório animador: o apoio seria muito forte.

De contrapeso havia também a possibilidade de o ex-governador carioca, Anthony Garotinho, ser o candidato do partido à Presidência da República. Isso alavancaria com muita força a candidatura ao Senado.

Tudo checado, surgiu a conclusão óbvia: era uma situação excelente para ser trabalhada, com possibilidade real de sucesso. Assim, o trabalho começou a ser organizado com a estruturação básica da campanha.

O maior problema era a popularização do candidato. Todo o seu desempenho político anterior tinha sido construído nos bastidores, exercitando uma extraordinária capacidade de articulação. Sérgio Cabral declarava, para quem quisesse ouvir, que nos anos em que fora presidente da Alerj, Picciani tinha sido seu "braço direito, como primeiro-secretário", implantando medidas disciplinadoras e anticorrupção. Nos últimos tempos, o deputado tinha sido fiel colaborador dos governos de Garotinho e depois de Rosinha. Ou seja, o maior problema advinha da sua maior qualidade.

A pesquisa qualitativa que pedimos ficou esperando a confirmação final da candidatura, pois o partido negociava apoios para não ficar isolado e também para ampliar seu tempo na televisão.

Foi assim que, mesmo tendo um candidato ao Senado com total viabilidade, o PMDB resolveu apoiar Francisco Dornelles, do PP (Partido Progressista), que acabou se elegendo junto com Sérgio Cabral, o governador. Sou testemunha de que Picciani agiu, mais uma vez, com total desprendimento, espírito partidário e interesse em trabalhar pelo grupo.

Voltou a ser candidato a deputado estadual, já que seu filho Leonardo era federal, candidato à reeleição. Assim mesmo pediu que eu dirigisse as duas campanhas. Pude apenas montar a estrutura básica de comunicação e acompanhar de longe, já que tinha assumido compromissos com campanhas a governador, em outros estados.

Elegeu-se com 76.468 votos, usando um *slogan* evoluído da eleição anterior, quando se proclamara "Um homem de palavra". Ampliamos esse conceito forte, acrescentando uma idéia de movimento e trabalho. Ficou assim:

PICCIANI
PALAVRA E AÇÃO

O filho advogado, 26 anos, voltou para a Câmara Federal no bojo de 173.211 votos, sem carregar o sobrenome do pai, para não haver confusão, usando um *slogan* adequado, com muita simplicidade.

LEONARDO
FORÇA JOVEM

Um fenômeno cuja força mostrou logo ao chegar a Brasília, assumindo a presidência da poderosa Comissão de Constituição e Justiça.

* * *

## Mato Grosso do Sul — governador André Puccinelli — a mais perfeita organização de campanha

Chamado para fazer a quarta campanha consecutiva no estado, todas vitoriosas, fui para Campo Grande pensando que André é um dos poucos políticos para quem dá prazer trabalhar.

Começamos essa história em 1996, quando ele foi candidato à prefeitura da capital, saiu de quarto lugar nas pesquisas para ganhar a eleição por escassos 411 votos, derrotando o próprio Zeca do PT no 2º turno.

Nos quatro anos de governo, ostentou índices de aprovação sempre por volta de 70%. Candidato à reeleição, fizemos uma campanha sem solavancos, que terminou em nova derrota do PT, desta vez direto no 1º turno.

Cumpriu o segundo mandato até o fim, sempre com índices de aprovação excelentes, quando indicou e elegeu o sucessor, Nelsinho Trad, também com vitória contra o PT, alcançada sem precisar de 2º turno.

Nos últimos 12 anos, a situação política no estado acabou se concentrando na disputa polarizada entre essas duas forças. As duas vitórias que os petistas obtiveram nesse período foram com a candidatura de José Orcírio de Miranda, o Zeca, principal líder do partido no estado. Em ambas as ocasiões, André não era candidato e, por alguma razão, não pude trabalhar nas campanhas contrárias até o fim.

A satisfação de trabalhar para o André não vem apenas do fato de que seu trabalho à frente da administração é muito bem recebido pela população. Há duas outras características que são muito importantes:

1. dentro de todo o tumulto que é uma campanha eleitoral, a equipe consegue manter uma rigorosa organização, da mobilização à propaganda, passando por todos os setores envolvidos;

2. é detalhista, mas dá aos profissionais que o cercam a tranqüilidade para trabalhar, cada um se responsabilizando pelo desempenho da sua área.

Claro que a última palavra é do candidato. É ele quem dá a linha geral e cobra que tudo seja feito dentro dela. Mas, pelo menos na minha área, nunca vi o André se imiscuindo em bobagens, perfeccionismos inúteis, detalhes que se resolvem por si sós.

Os rumos da campanha são discutidos à exaustão, antes de começar. Depois tudo corre naturalmente e ele tem aceitado praticamente todas as nossas ponderações, da montagem do cenário à forma de apresentação do programa de governo. Chega para as gravações com a pergunta pronta de sempre:

— E então, o que vamos gravar hoje?

Lê e discute o texto, dá sugestões, coloca e tira palavras e expressões, tudo muito simples e direto. Em poucos minutos as luzes estão acesas e o diretor de cena grita o indefectível "Gravando!".

Sai do estúdio rapidamente, nem volta para a aprovação do programa finalizado. A rua é o seu hábitat natural. É incansável na busca dos votos que ali estão. Nunca vi tanta determinação em atender ao pedido que sempre faço:

— Lugar de candidato é junto do povo, pedindo apoio... e voto!

O nível de organização atingiu o máximo nessa campanha para o governo do estado. O comitê central foi instalado num grande prédio abandonado, onde anos antes funcionara uma revendedora de automóveis. O imenso salão das oficinas foi dividido em conjuntos de saletas, cada um deles cedido a um dos 11 partidos que formavam a coligação, para uso dos seus candidatos a deputados. Assim todos podiam ficar próximos e evitavam-se grandes deslocamentos para as constantes reuniões.

Um barracão nos fundos também foi dividido em espaços, cada um deles com o nome dos candidatos proporcionais. Ali eram depositados os materiais de campanha — folhetos, cartazes, filipetas etc. — logo que chegavam da gráfica. E os interessados os retiravam sem atropelos.

Outro item muito conturbado nas campanhas é a questão dos debates. Mas também aqui temos conseguido bons resultados, fazendo um trabalho prévio de ordenamento e organização.

Por princípio, sempre acho que um candidato que se preze não pode se recusar a debater com seus adversários, pois isso representa uma fraqueza perante a população. Basta que ele esteja bem afinado com o que vai perguntar e com o que vai responder. Minha primeira e insistente observação sempre é que o debatedor não precisa responder o que o adversário quer que responda. Tem, sim, é que responder com aquilo que precisa dizer, independente da pergunta que será tangenciada, apenas como ponto de partida.

Nas campanhas com o André temos feito uma seqüência lógica de preparações, que ocupam dois dias de trabalho isolado, longe dos celulares, dos assessores palpiteiros e dos tumultos da campanha. O candidato se reúne com a equipe do debate, não mais que meia dúzia de pessoas-chave — os coordenadores de marketing, comunicação, mobilização e programa de governo —, para dar conta da seguinte programação:

**1º dia** — Na parte da manhã discutimos as regras do debate, o que se pode e o que não se pode fazer. Em seguida especialistas convidados fazem preleção de 20 a 30 minutos sobre os temas principais, que certamente aparecerão no debate: economia, saúde, segurança, educação etc. Cada um deles deixa uma folha de papel com um resumo das idéias fundamentais.

À tarde essas idéias são transformadas pela equipe em perguntas e respostas, junto com uma escala de prioridades: para qual adversário, perguntar o quê.

**2º dia** — Os temas livres. As perguntas embaraçosas que podem nos fazer. E como embaraçar nossos adversários.

Elaboração da fala de apresentação e de despedida.

O trabalho termina com a montagem de uma pasta com divisórias para todas as situações e os temas que estudamos. Na primeira página está um resumo das regras do debate, pois um debatedor não pode mostrar desconhecimento. E na última o texto das considerações finais.

Já presenciei o desempenho de André em uma dezena de situações semelhantes, onde ele sempre cumpriu rigorosamente o *script* e, por conseguinte, sempre se saiu muito bem.

Diante de toda essa capacidade de organização, cheguei a brincar, sugerindo que André, nas próximas eleições, vendesse *know-how* de montagem de campanha.

Mantendo a escrita, o adversário vinha novamente dos quadros do PT: Delcídio Amaral. É bem verdade que ele tinha passado por outros partidos colocados à direita no espectro político brasileiro. Tinha sido diretor da Eletronorte e da Eletrosul e ministro da Minas e Energia no final do governo Itamar Franco. Só tinha se aliado aos petistas por conta da forte polarização existente na política local, em busca de um espaço difícil de ocupar no PMDB de André, ou nos partidos que freqüentemente participavam da coligação PFL e PSDB.

Jeitão de bom moço, fala mansa, rosto limpo — nada parecido com os radicais do seu partido. Lançou um *slogan* significativo — "Esse conhece o caminho" — que foi bem-aceito pela população.

Como senador, trazia um grande trunfo para a campanha por ter exercido a presidência da CPI dos Correios, com uma atuação elogiada até pelos adversários e uma exposição muito grande sob os holofotes da mídia.

Era apoiado diretamente pelo presidente Lula, que tinha uma campanha que caminhava para dar certo.

Também trazia uma ajuda substancial, na pessoa do empresário Antônio João Rodrigues, dono da TV Campo Grande e do *Correio do Estado*, maior jornal local. Como suplente de Delcídio, ele tinha imenso interesse na vitória do senador, pois ganharia de presente quatro anos de assento no Senado Federal. Por isso, o jornal passou a ser um instrumento de campanha eleitoral, atacando André com tanta virulência, que acabou sofrendo dezenas de processos. Ainda bem que o esquema não foi usado com inteligência e comedimento.

As "denúncias" eram, em geral, tão descabidas e despropositadas, que acabaram caindo no descrédito popular.

Como era impossível esconder completamente a realidade, o próprio jornal veiculou, em 17/7/2006, os números da pesquisa que marcava o início da campanha eleitoral:

| | |
|---|---|
| André | 55,7% |
| Delcídio | 24,2% |

Nesse momento estávamos terminando a estruturação de todo o marketing político da campanha, para ser tocado pelo jornalista Guilherme Filho, apoiado por uma competente equipe de profissionais locais, sob a minha coordenação geral.

**Slogan** — André tem um particular xodó pelo *slogan* criado para a primeira campanha da Prefeitura — "Amor, trabalho e fé" — por se ver bem representado nessas expressões. Como acho que cada eleição é diferente da outra, apesar de o candidato ser o mesmo, quero sempre adequar a comunicação a esse novo tempo.

Na campanha de reeleição tive que fazer um trabalho de convencimento para emplacar o também vitorioso "Vamos fazer mais". Agora ele tornava a pedir a volta do primeiro.

Mostrei que o momento e as circunstâncias eleitorais não eram iguais às anteriores. Na quâli estadual feita meses antes aparecia um anseio popular por progresso e crescimento, aliado a uma preocupação com o futuro. Lastreado em tudo que tinha feito em Campo Grande, ele poderia se colocar como o condutor da massa para esse destino. Para não negar tudo, concordei em colocar o "Amor, trabalho e fé" como nome da coligação e assim consegui emplacar o novo enunciado:

NOSSO ENCONTRO COM O FUTURO

**Símbolo** — Na condição de médico cardiologista, desde as primeiras campanhas de deputado, assumiu a imagem do coração, estilizado num contorno de fortes pinceladas. Não seria eu quem iria mexer numa marca dessa força.

Apenas procurei dar um grande dinamismo a ela, usando-a como o plim-plim da TV Globo nas intersecções dos programas. O computador gráfico produziu um "coração de vidro" transparente, que pulsava passando sobre cenas escolhidas. Assim foi que imagens de todos os municípios apareceram no vídeo, com a marca sobreposta, representando o próprio André se encontrando com a população, em todos os rincões do estado, a caminho do futuro prometido.

**Cenário** — Muito simples, composto apenas de um fundo infinito num *dégradé* de azul, com painéis soltos, mostrando rostos de gente e algumas obras. No alto, ao fundo, o *slogan* escrito em neon, como o nome de uma farmácia ou padaria.

O candidato se postava na frente de tudo, com possibilidades de uma dezena de enquadramentos.

**Conteúdo** — Sem nunca esquecer que esta é a questão mais importante, o Programa de Governo "15 Metas" ocupava o maior espaço dentro da programação. Esse conjunto de 15 macroações propostas foi aprofundado, dissecado e mostrado com base no suporte que a bem-sucedida administração do André oferecia na capital. A idéia central era mostrar que o governo empreendedor que Campo Grande tinha experimentado por oito anos agora seria levado a todos os 78 municípios do estado.

A emoção vinha na música, um rasqueado gauchesco fácil de cantar e bem ao gosto da população com origem majoritariamente sulista. Também aparecia num programete diário chamado *Causos do André*, apresentado por um ator, uma espécie de Rolando Boldrin local. Era uma oportunidade de humanizar um candidato muito ativo e determinado no trabalho — um trator, como muitos diziam — com histórias verdadeiras, passagens do dia-a-dia que o mostravam capaz de se emocionar com uma menina bailarina que recebia uma bolsa de estudos; ou mantendo a tranqüilidade no meio de um tiroteio, quando todos se jogaram no chão, enquanto ele pedia "calma".

**Campanha do Senado** — A vice-prefeita Marisa Serrano (PSDB), que quatro anos antes amargara a derrota para Zeca do PT, largava como favorita na corrida ao Senado. Recusei a idéia inicial de que seus programas de rádio e TV fossem feitos pela mesma equipe que atendia o governador. Essa mistura não dá certo.

Para atendê-la, foram contratadas uma redatora, uma produtora e uma equipe de gravação específicas. Também foi criado e construído um cenário especial. Só o estúdio e os equipamentos dentro dele eram os mesmos, utilizados em horários diferentes, de modo a não haver superposição e esperas demoradas.

A campanha transcorreu sem sobressaltos, até porque os adversários eram muito fracos. E Marisa se tornou senadora com 53% dos votos. O segundo colocado, Egon, também do PT, não passou de 23%.

* * *

Tínhamos avaliações diárias do desempenho dos programas de rádio e TV. Sabe-se que a intenção de voto influi na opção das pessoas, que têm tendência a gostar mais das apresentações do candidato em que estão inclinados a votar. Mas o que acontecia era que nossos índices de aprovação eram geralmente maiores: havia mais gente gostando do programa, como um todo, do que declarando voto no nosso candidato. É fato, todavia, que esse "gostar" é o primeiro passo para o "votar".

Delcídio, por sua vez, sofria o que apelidamos de "Síndrome do André". As pessoas simpatizavam com ele, mas diziam que o azar dele era estar concorrendo com um candidato tão forte.

Conforme se esperava, a eleição terminou no 1º turno, mas com uma surpresa de última hora na votação de Delcídio, superior a todas as expectativas: a campanha *light* e propositiva, o rosto limpo com jeitão de bom moço, deram um resultado bem razoável.

| | |
|---|---|
| André Puccinelli | 61,2% |
| Delcídio Amaral | 38%* |

* Números oficiais do TRE.

Foi a quarta vitória consecutiva nas campanhas que dirigi em Mato Grosso do Sul.

* * *

## Rio Grande do Sul — governadora Yeda Crusius — a mais bagunçada organização de campanha

Ao chegar a Porto Alegre, no final de abril, também pensei que estava entrando numa estrutura superorganizada. Fui levado do aeroporto direto para a sede do PSDB, um prédio de três andares, no bairro São Geraldo. Recém-reformado e inaugurado, tinha tudo corretamente dimensionado: auditório, salas de imprensa, salas de assessoria, diretoria. Nunca tinha visto uma sede partidária tão correta fora de São Paulo.

Foi-me dito que tudo tinha sido feito com "recursos do fundo partidário". Imaginei que "deviam ter gasto um bom dinheirinho" e certamente a campanha que viria na seqüência não teria dificuldades sérias, pelo menos nessa área.

As peripécias que se seguiram mostraram que tudo não passava de aparência enganosa. Ao passar por aquela portaria arrumada, minha equipe e eu estávamos, na verdade, entrando num pesadelo.

Nosso primeiro contrato era por cerca de três meses e previa a montagem e viabilização da pré-campanha de Yeda Crusius ao governo do estado, inclusive com a elaboração dos programas partidários de 20 minutos — rádio e TV — que iriam ao ar no final de maio e dos comerciais de 30 segundos para 80 inserções durante o mês de junho.

A candidata, como presidente estadual do partido, tinha domínio completo da situação. Havia me procurado depois de ver a campanha do "Não" no Referendo 2005 causar grande impacto no Rio Grande do Sul, aliás o estado onde a proposta recebeu a maior votação proporcional. Também fora incentivada nesse sentido pelo deputado federal Onyx Lorenzoni, que tinha participado da Frente

Parlamentar do "Não" e comandava o PFL local, numa coligação estabelecida muito tempo antes.

Logo de início deu para perceber que havia um potencial muito grande para o crescimento da candidatura. Mas para isso era preciso traduzir os teorismos e tecnicismos existentes na equipe para uma linguagem de entendimento geral da população.

Diziam que Yeda "representa o novo, a renovação, a inovação no governo gaúcho". E achavam que isso era o mote para a campanha. Tomaram um susto quando eu disse que isso até pode ser verdade, mas não traz votos, pois ninguém vota na novidade pela novidade. Diziam também que "ela encarna a força e a garra da mulher". Outra verdade inútil, já que sexo não é condição essencial para opção de voto. Diziam da necessidade de um "choque de gestão" para implantar os "três eixos das diretrizes de governo". E por aí afora.

A tarefa era fazer, na prática, aquilo que o colunista da *Folha de S.Paulo*, José Simão, chama de "Morte ao tucanês!" — a linguagem empolada que os peessedebistas adoram.

O fato real e simples a ser demonstrado era que a candidata se enquadrava com perfeição num figurino desejável para a condução de um estado cheio de problemas.

A economia em pandarecos, com estagnação, problemas financeiros em todas as áreas, principalmente na agricultura e na indústria, os pilares da atividade produtiva local. A falência batendo às portas, com o estado gastando mais do que arrecadava. Os competentes diagnósticos produzidos pelo economista Aod Cunha eram assustadores.

O consenso sobre tudo isso era tão grande, que duas instituições importantes criavam alternativas para o estado sair do buraco. A Fiergs — Federação das Indústrias do Rio Grande do Sul, criou o "Rio Grande que queremos", patrocinando fóruns temáticos para impulsionar o desenvolvimento estadual. E a Assembléia Legislativa lançou um certo "Pacto pelo Rio Grande" para estudar propostas que trouxessem governabilidade ao estado.

Deixando o pessoal da teoria de lado, para nós tudo isso virava uma bem resolvida equação do marketing político: para acertar a vida de todos tínhamos à mão uma economista, professora universitária da matéria.

A crise estadual também afetava toda a população, que vivia a decadência no dia-a-dia por meio de uma educação cada vez pior, uma saúde deficiente, uma segurança insegura. Enfim, perspectivas negras no horizonte próximo. A luz no fim do túnel podia ser acendida por essa política séria, deputada federal que conhecia o caminho das pedras, que tinha sido até ministra do Planejamento no governo Itamar Franco, em 1993 (não precisava ressaltar que ocupou o cargo só por três meses — deixasse isso para os adversários fazerem).

Os culpados por toda essa situação? Principalmente os dois governos anteriores, quando a situação do estado degringolou de vez. Coincidentemente, os dois eram os principais concorrentes para assumir o governo de novo — Germano Rigotto, do PMDB, e Olívio Dutra, do PT.

Talvez o principal problema fosse exatamente o fato de ela ser mulher (imagine se essa condição fosse ressaltada, como queriam) e ainda nascida em São Paulo, numa região com fama de machista onde, até pouco tempo atrás, a Constituição Estadual exigia que o governador fosse gaúcho de nascimento.

Outra questão a ser enfrentada era a falta de conhecimento sobre a vida e a carreira da candidata, principalmente no interior. Na capital, onde ela já tinha concorrido à Prefeitura (derrotada), esse desconhecimento era menor, mas aí aparecia certa arrogância, queixo alto, olhando as pessoas de cima para baixo, com ares de superioridade. Resquícios da campanha anterior malfeita.

Isso tudo apareceu numa qualitativa feita no início de maio, com qualidade bem razoável, conduzida por uma empresa local.

Os comerciais e o programa do partido foram o primeiro susto que os gaúchos tomaram, com uma Yeda simples, postura agradável, falando sem ser professoral, explicando o porquê dos problemas estaduais e a melhor maneira de resolvê-los. A avaliação feita numa outra quáli mostrou resultados altamente positivos: o principal atributo da candidata, depois do programa assistido, foi o binômio "capacidade/competência". Era tudo o que eu queria...

Mas eu também tomei o primeiro susto: por absoluta falta de condições financeiras, a redatora/editora que eu tinha contratado teve imensas dificuldades para produzir e editar os programas, tendo que escrever na própria sede do partido (sempre evito misturar nosso trabalho com o manejo político), gravar com uma única câmera sem muita qualidade técnica e editar numa ilha de edição instalada na sala da residência do diretor de TV.

Várias imagens podiam ser melhores, a vinheta não era exatamente como eu tinha planejado, havia pequenas falhas no áudio... mas o principal, o conteúdo, estava perfeitamente integrado à necessidade de apresentar a candidata.

E, para completar, havia uma promessa muitas vezes repetida pela candidata: "Na campanha não faltarão recursos. Eles estão garantidos. Há um grupo forte de empresários que estão nos apoiando. Eles não querem o PT, nem o Rigotto".

Fazia sentido. Dava para acreditar.

Essa sensação aumentou com a indicação do vice para compor a chapa, uma escolha do PFL: o empresário Paulo Feijó, ex-presidente da Federasul — uma poderosa federação empresarial gaúcha de associações comerciais —, que estreava agora como candidato em eleições políticas.

Rapidamente, o que parecia ser uma solução foi se transformando numa grande confusão. Os dois não só não se entendiam, como cultivavam forte antipatia recíproca. E isso era explicitado para quem quisesse ouvir. Discordavam em quase tudo, principalmente quanto à privatização do Banrisul, o bando estadual, um dos temas importantes da campanha. Feijó defendia ardorosamente uma posição a favor; Yeda tinha fervor igual, mas na posição contrária. Chegaram ao ponto de um não conhecer a agenda do outro.

Tive que intervir para evitar um confronto suicida dentro da própria campanha. Em reuniões separadas, pedi que se entendessem, deixassem de lado as diferenças e encontrassem uma linha de atuação comum. Se fosse de todo impossível, era melhor Feijó ser postulante ao Senado — onde poderia fazer uma campanha independente —, abrindo espaço para um outro vice, mais afinado com a linha da candidata.

Ele aceitou em princípio, afirmando que este era seu desejo inicial. Mas nessa alternativa havia um outro complicador: a candidatura de Pedro Simon pelo PMDB era praticamente imbatível, o que fazia de qualquer outro concorrente um candidato... ao sacrifício. Por fim pedi até que o deputado Onyx interviesse. Não houve jeito, a chapa continuou — confesso que não entendi por quê — carregando as desavenças para dentro do Palácio Piratini.

Em vários outros momentos, tive que exercitar uma capacidade de articulação que normalmente não exerço nas campanhas. Foi assim com o deputado federal Nelson Proença, presidente do PPS (Partido Popular Socialista) local, pois a entrada do partido na campanha era importante. Foi assim com um grupo de grandes empresários locais, que me sabatinaram em reunião-almoço no Centro de Convenções do Hotel Sheraton.

Em todas as ocasiões, eu demonstrava cabalmente que a candidata era viável, apesar de as pesquisas de intenção de voto demonstrarem uma situação até certo ponto desconfortável, a menos de três meses da eleição:

- Rigotto na casa de 28%;
- Olívio empatado, também com 28%;
- Yeda variando entre 12 e 14%, aparecendo como a menos conhecida (a TV e o rádio se encarregariam de reverter isso) e, o principal, a rejeição mais baixa entre os candidatos competitivos.

Minha conclusão era que ela cresceria com o desenvolvimento da campanha na televisão e os dois cairiam. O espanto final de todos, que sempre especulavam para saber quem iria para o 2º turno para disputar com o governador — já que este estaria garantido — vinha quando eu afirmava o contrário. Na minha avaliação, Rigotto ficaria de fora: o 2º turno seria uma repetição da encrenca federal — PT *versus* PSDB.

Uma possibilidade muito aceita por todos era uma disputa final Yeda X Rigotto, o que, para mim, era fora de propósito.

Minha argumentação tinha base em realidades eleitorais que geralmente passam despercebidas: Olívio tinha maior fidelidade de votos, o que seguraria a extensão de uma queda, mas também de crescimento; Yeda e Rigotto disputariam na mesma faixa de eleitores, ou seja, um excluiria o outro.

E aquele que conseguisse passar para o 2º turno teria a vitória praticamente assegurada. Como a candidata era portadora da menor rejeição, foi exatamente isso que acabou ocorrendo.

A conclusão que fiz continha certo interesse em causa própria, dentro de uma essência profundamente verdadeira:

— Podem investir, senhores. A campanha está precisando, e não podemos morrer com os pés já na areia da praia... do rio Guaíba.

Enquanto isso, as negociações para aprovar o meu projeto para tocar o marketing e a comunicação se arrastavam. Havia um "de acordo" verbal, mas nada de assinaturas no contrato de prestação de serviços. A primeira parcela venceu em 30 de julho, não foi paga, recebemos apenas um afago e uma promessa para acerto "nos próximos dias". Faltavam só duas semanas para a estréia da programação e havia no horizonte o desenho de um quadro muito preocupante.

**Equipe** — Os bons profissionais locais foram sendo incorporados às outras campanhas. Tive de levar de São Paulo minha assistente, Ana Maria Tebar, o coordenador geral, a chefe de redação dos programas de TV, o editor do material radiofônico, o diretor de arte. Pessoal de grande gabarito profissional, com remunerações equivalentes. Mesmo trabalhando na condição de "associados", que correm o risco de não receber caso haja algum contratempo, o fluxo das preocupações deles corre na minha direção. O estresse geral começava a perturbar o andamento do trabalho.

**Produtora** — Nada definido. As negociações do comando da campanha com os produtores locais tinham sido infrutíferas, por várias razões. A principal delas é que todos sabiam do risco de não receber e por isso exigiam boa parte do pagamento adiantado. Não havendo produtora, não havia equipamentos para gravação e edição, nem havia local para trabalhar. Minha equipe dava plantão no apartamento de um *flat*.

A promessa das "doações dos poderosos empresários" continuava sendo só promessa. E, agora, acrescentava-se uma outra: viriam recursos do Diretório Nacional do PSDB.

Não dava mais para acreditar naquelas histórias e pensei seriamente em me retirar. Mas, ao fazer um balanço geral, vi que muitos investimentos pessoais e financeiros já tinham sido feitos, por mim e por toda a equipe:

- a campanha já tinha sido criada, com um *slogan* bem focado nos anseios maiores da população — "O Rio Grande precisa crescer";
- já tinha sido toda arte-finalizada e contava até com um *Manual de Programação Visual* prevendo todos os usos, de cartaz à camiseta; de *outdoor* a papel carta;
- a estrutura básica dos programas de rádio e TV estava criada;
- a música que me apresentaram era imensa para *jingle* de campanha política, mas tinha um refrão bonito e uma melodia interessante; aproveitei o que era bom, reescrevi a letra deixando-a com um minuto; virou unanimidade, todos acharam que ficou linda;
- os "associados" estavam trabalhando havia várias semanas, sem nada receber;

- e também sem ter para onde ir, pois as outras campanhas estavam estruturadas pelo Brasil afora;

- tive que pagar o salário de um mês de uma secretária e duas produtoras/pesquisadoras que foram contratadas por nós;

- havia uma imensa conta de viagens e despesas gerais, devidamente paga, sem que recebêssemos o reembolso;

- e o meu prejuízo maior era ter deixado de fazer outros trabalhos, para me concentrar nesse, envolvido com a eleição considerada impossível, num estado da importância do Rio Grande do Sul no contexto brasileiro.

O que fazer? Segurar a angústia generalizada mais um pouco...
A crise é um bom momento para conhecermos as pessoas. Com Yeda Crusius ocorreu o crescimento de uma decepção. O relatório da especialista em *midia trainning*, Celene Araújo, que eu tinha indicado para ajudar a candidata a resolver problemas de postura física e de articulação oral, me ajudou a montar um preocupante perfil dela: mostrava-se autoritária e teimosa; sem condições de cumprir o prometido, tergiversava para não assumir a verdade; nas pessoas próximas inspirava medo no lugar de respeito; tomava atitudes intempestivas, erráticas, para pouco depois voltar atrás, desfazer o já feito, atendendo um diz-que-me-diz surgido na surdina de conversas ao pé de ouvido.

Numa reunião com minha equipe, provoquei um riso nervoso quando usei uma expressão para defini-la:

— O pior é que essa mulher está destrambelhada!

Todos concordaram e na concordância geral se traduzia uma irritação muito grande com toda aquela situação sem saída e sem volta em que ela nos colocara. Sem condições de trabalho, sem dinheiro, sem alternativa. Afinal, em última análise, a responsabilidade final era dela.

Prometi tomar medidas sérias. Estávamos em agosto, em uma semana começaria o horário político, teríamos que colocar a programação no ar. Já pensaram? Ainda não tínhamos nem a produtora contratada!

Os tempos dos programas estavam definidos e, para piorar, o nosso era o maior — 6 minutos — por conta de uma coligação dos dois partidos grandes, mais o PPS (que ajudei a trazer na conversa com Proença) e mais oito pequenas agremiações. O tempo dos dois principais adversários ficava entre três e quatro minutos.

Convoquei uma reunião de emergência para discutir a situação. Presentes: a candidata; o vice; Mário Berndt, candidato ao Senado indicado pelo PPS; Sérgio Campos, recém-indicado como coordenador da campanha; e os deputados federais Onyx Lorenzoni e Júlio Redecker (PSDB), falecido meses depois no desastre com o avião da TAM, no aeroporto de Congonhas.

Comecei expondo que não basta me contratar como coordenador de marketing e comunicação, pois não faço milagres (infelizmente), apesar de carregar nome de santa. A elaboração da campanha depende de realizar um grupo de ações determinadas e seqüenciais. Sugeri cortes drásticos, da ordem de 60% a 80% no planejamento inicial.

Ajudei a resolver a questão mais grave, indicando uma produtora de São Paulo que já me havia dado suporte técnico em várias outras ocasiões, inclusive na campanha do "Não" no referendo sobre a venda de armas. Na noite anterior, tinha falado com Fernando Waisberg, o diretor da Timeline, e ele e a empresa tinham disponibilidade. Era só receber uma primeira parcela para que pusesse todos os equipamentos num caminhão que chegaria a Porto Alegre em 24 horas.

A solução foi aceita de pronto, o dinheiro necessário apareceu e o pessoal da produção chegou no dia seguinte para se instalar num grande casarão alugado e/ou emprestado no alto de um morro, num bairro longínquo de Porto Alegre. Pelo menos esse local tinha uma história vitoriosa: ali tinha sido feita a campanha vencedora de Rigotto, quatro anos antes; ali também tinha funcionado a produção da campanha do então prefeito da capital, José Fogaça. Era uma grande produtora desativada, com boas salas e um excelente estúdio — nessa área crucial estávamos tranqüilos.

De minha parte, falando também pela equipe, propus uma redução no valor originalmente aceito por Yeda (e do qual nada tínhamos recebido até então), com as seguintes condições:

- divisão do novo valor em duas partes, a primeira delas com pagamento imediato;
- o contrato dessa primeira parte e o cheque correspondente teriam que me ser entregues ainda naquele dia;
- além da assinatura do encarregado financeiro da campanha, queria também o aval de Yeda, Feijó e Onyx;
- só depois de honrado esse compromisso eu concordaria em continuar o trabalho, com o conseqüente recebimento da segunda parte.

Num último gesto de boa vontade, aceitei uma prorrogação: o cheque daquele dia (6 de agosto) só deveria ser cobrado no dia 19. Fui ao encontro da equipe com ânimo redobrado, de posse do cheque de R$ 696.600:

— Está aqui. Acho que agora vamos receber.

Foi uma última semana, antes da estréia, de trabalho enlouquecido, compensando dois meses sem rumo, batendo cabeças. Uma equipe mínima, se desdobrando em gravações, edições, vinhetas, enquanto os próprios equipamentos iam sendo montados.

Como em Mato Grosso do Sul vivíamos o paraíso da organização, pude dedicar mais tempo à campanha gaúcha. A palavra de ordem tinha que ser simples: "O ótimo é inimigo do bom!"

Minha equipe e eu, acostumados a buscar o melhor, tivemos que nos contentar com o possível. Mas apesar das adversidades ia-se desenhando uma campanha que não nos envergonharia. Os textos mostravam que o conteúdo estava plenamente de acordo com a estratégia escolhida. Nas vésperas da estréia, eu ainda estava em Porto Alegre para dirigir as primeiras gravações da candidata, de modo a deixar um modelo a ser seguido.

O cenário ficou pronto em cima da hora. Era um conjunto de quatro tapadeiras onde se desenhava a bandeira do Rio Grande, estilizada, com suas cores verde, vermelho e amarelo. No meio, em relevo, nas mesmas cores, o número 45 do partido da candidata.

Na abertura do programa, a câmera ia abrindo para mostrar a bandeira, enquanto um locutor dizia o *slogan*: "O Rio Grande precisa crescer". Yeda começava a entrar no quadro e o locutor completava: "... e para crescer o Rio Grande precisa de Yeda." Era mesmo para mexer com o coração e a mente gaúcha, ou não era?

Nos textos que se seguiam, sempre vistos, corrigidos e aprovados por mim, a estratégia que montei era rigorosamente observada.

Deixei tudo funcionando e voltei para minha base em São Paulo. Apresentado no dia 19 de agosto, conforme o combinado, o cheque da Campanha Yeda Crusius voltou "sem fundos" dois dias depois. Reapresentado em seguida foi novamente devolvido.

O calote estava configurado. E eu estava fora da campanha. Os três componentes da minha equipe, que comandavam a programação de rádio e TV e ainda estavam lá, receberam propostas individuais para continuarem. Consultado, os liberei para que fizessem o que melhor lhes aprouvesse. Como a candidata já apresentava um crescimento contínuo nas intenções de voto, talvez eles conseguissem receber.

Encaminhei contrato e cheque ao advogado João Carlos Silva dos Anjos, de Porto Alegre, para que tomasse as providências judiciais cabíveis. Antes de ajuizar a ação, ele tentou negociar com a direção da campanha. Recebeu promessas de pagamento, mas alertei-o que isso tinha acontecido uma dezena de vezes comigo.

Os jornais gaúchos começaram a noticiar a crise na campanha e queriam que eu falasse. Recusei-me várias vezes, pois o que pretendia mesmo era ter uma solução, e não uma discussão.

Por fim o advogado me informou que o prazo fatal dado por ele — 13 de setembro — tinha-se esgotado, sem nenhuma possibilidade de pagamento, apesar de a dívida estar absolutamente bem caracterizada no contrato e no cheque sem fundos. Nesse mesmo dia, o jornal *Zero Hora* reportou a dimensão da crise que assolava a campanha:

> Ontem, sem conseguir receber salários atrasados, a maior parte da equipe contratada para produzir a propaganda eleitoral decidiu se afastar, sem concluir o material que será veiculado nesta quarta-feira. [...] Yeda mergulhou em um pesadelo administrativo interno a 18 dias da eleição. Da equipe de 60 pessoas, apenas seis vão permanecer trabalhando. [...] A equipe de produção paulista Timeline embarcou de volta ontem à noite para São Paulo.

A entrada da ação de cobrança na Justiça era imprescindível. E agora uma entrevista minha ajudaria a esclarecer o acontecido, tornando o caso público, sempre na tentativa de receber o que me era devido.

Minha entrevista também saiu no jornal *Zero Hora*, contando a história e criticando a falta de planejamento, de respeito humano e a irresponsabilidade da campanha. As respostas de um porta-voz vieram evasivas, dizendo que eu teria participado do planejamento. Sim, não só participei como fiz todo o planejamento... da área de marketing e comunicação. Jamais dei qualquer palpite na área financeira. O que ele não conseguiu foi levantar dúvidas sobre a legitimidade da dívida.

O caso foi levantado pelo candidato Alceu Collares, no debate final da campanha, e dessa vez Yeda não pôde deixar de responder. Mas, fugindo da verdade, disse que, depois da minha saída, "os programas melhoraram muito e os índices cresceram".

Esse crescimento não acontece de um momento para o outro. É uma consolidação que vem lá do início, de quando a estratégia começou a entrar no processo de conscientização das pessoas. Pode e deve ter havido uma evolução temática, pois campanha é uma atividade dinâmica e a estratégia tem que se adaptar aos fatos novos que vão acontecendo. A candidata também não mencionou que esse movimento de mutação deveria estar sendo corretamente acompanhado e que uma equipe básica, estruturada por mim, estava dirigindo os seis gatos-pingados que continuaram trabalhando até o fim.

Os jornais e os políticos menos versados nas sutilezas do marketing político se surpreenderam com o resultado do 1º turno, alçando Yeda à primeira colocação. Mas é só aprofundar uma reflexão sobre a situação política, social e financeira do estado, para concluir que o resultado podia ser esperado.

| | |
|---|---|
| Yeda | 32,9% |
| Olívio | 27,3% |
| Rigotto | 27,1%* |

Telefonei de imediato para o advogado, alertando:

— Prepare-se para receber. As abelhas doadoras de recursos voarão para cima do mel que adoça esse resultado. É só reforçar a situação do processo no Tribunal, visando uma decisão rápida que possa ameaçar e tumultuar a campanha no 2º turno.

Não deu outra: 15 dias antes da votação fomos procurados por Décio Itiberê, advogado da campanha, que fez uma proposta de acerto, recebendo 50% do valor.

Recusei de imediato, pois o valor que cobrávamos já era fruto de uma negociação, aquém do que deveríamos ter recebido pelo trabalho feito. E agora, além dos reembolsos, despesas de viagens e impostos acumulados, o valor estava sendo onerado por custas processuais e honorários de advogado. Resolvi, por isso, que não faria nenhum tipo de desconto, mesmo que o recebimento demorasse.

Mas fui procurado pelos "associados", profissionais que vivem do seu trabalho. Os que permaneceram na campanha continuavam sem receber direito. Os que tinham saído — minha assistente e o diretor de arte — não tinham recebido nada. Em respeito a eles,

* Números oficiais do TRE.

autorizei o advogado a entrar em contato com os devedores para discutir uma proposta melhor. O acordo acabou saindo nas vésperas da eleição do 2º turno (recebemos um total bruto de 72% da dívida), quando era iminente uma decisão favorável a nós, o que poderia ter um efeito bombástico na campanha. O resultado final, mais uma vez, confirmou minhas previsões:

| | |
|---|---|
| Yeda | 53,94% |
| Olívio | 46,06%* |

Depois de tudo o que minha equipe e eu passamos nessa campanha, lutando contra as adversidades, não deixando que o desânimo minasse nossas forças para construir um trabalho de qualidade, somente aquela torrente de decepções me fez largar o barco em meio da viagem, depois de ter construído, a duras penas, todo o plano de navegação. No momento da saída, na entrevista ao *Zero Hora*, fiz um desabafo: "Hoje fico me questionando o que será desse estado, que já tem problemas, se cair na mão desse pessoal."

A dúvida daquele momento, pelo menos até agora, tem se mostrado premonitória. No primeiro ano do governo Yeda, os jornais foram povoados de más notícias para a população do Rio Grande do Sul, que não aprova a atual administração, mergulhada que está numa permanente crise político-administrativo-financeiro-institucional.

Uma pesquisa Datafolha, publicada em 16/12/2007 pelo jornal *Folha de S.Paulo*, materializa essa situação pela avaliação do desempenho dos governadores dos dez maiores estados brasileiros: Yeda Crusius é a última colocada.

---

* Números oficiais do TRE.

# CAPÍTULO IV

# Eleições 2004

## Os mistérios da reeleição: quando dá certo e quando dá errado

**A** instituição do mecanismo da reeleição, que vigorou a partir da eleição de 1998, trouxe um componente novo a uma velha e sempre contraditória discussão sobre a capacidade do governante de eleger seu sucessor e, com isso, receber a aprovação final do seu período de governo. Ou desaprovação, em caso de derrota. A partir daí, o candidato a um segundo período é, na maioria dos casos, o próprio ocupante do cargo, e o chicote do julgamento popular pode vir açoitar a própria pele.

A condição inicial, absolutamente indispensável para se pensar num bom resultado reeleitoral, é ter a aprovação do governo no primeiro mandato. E quanto maiores forem esses índices, maiores na proporção serão as chances de sucesso. Essa premissa também vale quando o prefeito apóia a candidatura de um provável sucessor — quanto melhor estiverem suas marcas de aprovação (pessoal e do governo), maiores serão as chances de sucesso.

Mas já vi muitos casos de administrações bem-sucedidas terem dificuldade para conseguir boa situação de largada na batalha pelo segundo mandato, por não conseguirem transformar a aprovação em intenção de voto.

O problema em geral está nas deficiências de comunicação. O governante se satisfaz por estar fazendo um bom trabalho, deleita-se com a notícia plantada num jornal amigo, recebe os elogios e cumprimentos da turma que o cerca e se esquece de fazer chegar até o povo as notícias sobre a atuação da sua administração — deixa que o bônus de ser governo se esvaia.

Quando a eleição se aproxima e as pesquisas mostram resultados desalentadores, muitas vezes é tarde demais para ensaiar uma reação. Às vezes, com o agravo de ter como adversário um candidato competitivo, cheio de novas idéias e sem o ônus de ser governo.

Na hora decisiva, quando tudo se confunde na cabeça das pessoas, as promessas e o charme de um podem valer mais no câmbio eleitoral do que as ações e realizações do outro.

Entre os já reeleitos, poucos resistem à tentação de lutar pela continuidade, indicando um nome para concorrer à sua sucessão. E a problemática se agrava com novos fatores colocados na equação da busca de votos.

A visão que a população tem da mistura de personalidades do indicador e do indicado a sucedê-lo é um dos maiores mistérios do marketing político. As condições de cada caso precisam ser muito bem estudadas, pois o fato de haver um governo bem-sucedido é sempre um ponto de partida muito forte, mas não é determinante para o êxito da campanha do sucessor.

Nessa visão juntam-se sensações diferentes que até podem se complementar e se ajudar. Mas que, no entendimento simplório das pessoas, podem também ser antagônicas. Uma pesquisa qualitativa competente será muito bem-vinda.

No livro *Batalhas eleitorais*, conto o caso ocorrido em Mato Grosso, em 1998, quando os senadores Júlio Campos (38% de intenção de voto) e Carlos Bezerra (14%) resolveram se unir para enfrentar o governador Dante de Oliveira (14%). Se eleição fosse uma operação aritmética, o resultado estava perfeito com a soma 38 + 14 = 52.

Mas as personalidades de Bezerra e Campos eram conflitantes no entendimento das pessoas. A vida toda tinham estado em lados opostos na política local. E mais: o acordo emanava um forte cheiro de oportunismo. Avisei sobre todos os grandes riscos que corriam. Não me ouviram e o resultado foi um desastre para eles: Campos terminou com os mesmos 38% com os quais começou; Dante se reelegeu governador no 1º turno, com folgados 54%; e Bezerra perdeu até a cadeira que ocupava no Senado.

Na eleição municipal de 2004, as circunstâncias levaram-me a trabalhar em várias situações nas quais a sucessão era um aspecto importante da campanha. Estive nos vários lados da questão, trabalhando numa cidade para uma candidatura, apoiado pelo bem aprovado prefeito atual; em outra, estava contra a administração que se encerrava; em outras mais, operando na tentativa de reeleição direta.

Pude assim compor um painel bem variado e bastante interessante. Nada se repetiu. Aspectos que contavam contra o meu candidato numa cidade eram favoráveis ao quadro da outra localidade. Mesmo quando as situações básicas coincidiam, o encaminhamento era diferente e os resultados, até surpreendentes. As causas do sucesso de uns foram muito diferentes das causas do sucesso de outros. Bem como os fatores que ocasionaram derrotas foram distintos em cada caso. Pude exercitar estratégias bem diferenciadas e também aprendi muito com os acertos e os erros dos adversários.

Em Campo Grande, o prefeito André Puccinelli (83% de aprovação) trabalhava pela candidatura do deputado estadual Nelsinho Trad, do PMDB, contando novamente com a minha consultoria. Já tinha atuado nas duas campanhas vitoriosas anteriores — eleição e reeleição do prefeito. O principal adversário era o deputado federal Vander Loubet, do PT, apoiado pelo governador da época, Zeca do PT, de quem é sobrinho e fiel escudeiro.

Em São José dos Campos, cidade de tamanho equivalente, a visão que se tinha do quadro político era muito semelhante: o prefeito Emanuel Fernandes (78% de aprovação) trabalhava pela candidatura de Eduardo Cury, tendo também o PT como principal adversário, com o deputado estadual Carlinhos de Almeida.

A minha posição é que se invertia. No primeiro caso estava a favor do candidato apoiado pelo prefeito e contra o PT. No segundo, exatamente ao contrário: trabalhando pelo candidato do PT, que se contrapunha à força do apoio.

Também em Santos iniciei um trabalho (que teve de ser interrompido) pela candidata do PT, Telma de Souza, que enfrentava o candidato do PMDB, apoiado pelo prefeito Beto Mansur (41% de aprovação pura — só ótimo + bom, sem o regular positivo que havia nos outros dois casos aqui relatados). De todo modo, ficou a experiência do que vi e do que acompanhei depois da minha saída.

Três casos com várias semelhanças, três histórias completamente diferentes.

Nesse ano também me envolvi em consultorias com a problemática da reeleição direta em outras três situações, com desfechos interessantes, também diferenciados, em Joinville, Foz do Iguaçu e Osasco.

Dá pra parodiar o anúncio da extinta companhia aérea Panair do Brasil — "conheça o Brasil nas asas da Panair" — substituindo por "conheça o marketing político do Brasil nas asas da TAM, da Gol e da Varig".

## Campo Grande — MS

Era voz corrente na cidade que o prefeito André Puccinelli seria capaz de eleger até mesmo um poste, graças aos excelentes índices de aprovação que ostentava.

Realmente, os oito anos de administração tinham mudado a feição da cidade para muito melhor. A fama de trabalhador correspondia à sua atitude de fiscalizar as obras pessoalmente todas as manhãs e de sair já noite alta do gabinete municipal. Dezenas de bairros tinham recebido asfalto, as escolas municipais ostentavam reluzentes salas de computadores, novas avenidas foram rasgadas em cima de riachos canalizados, o transporte funcionava a contento, a cidade estava limpa e bonita. Difícil encontrar defeito.

Até do meu ponto de vista pessoal, era muito gratificante chegar à cidade, ver aquilo tudo acontecendo; me sentia feliz em ter ajudado na eleição do prefeito, por duas vezes.

Para culminar, ele tinha desistido de ser candidato a governador dois anos antes, com todas as chances que tinha para ser bem-sucedido na empreitada, mas disposto a completar o mandato na prefeitura até o fim.

É bem verdade que uma dessas aberrações da Lei Eleitoral vigente o ajudou a tomar a decisão. Ele teria que renunciar ao cargo de prefeito seis meses antes, enquanto o governador Zeca do PT, candidato à reeleição, continuaria exercendo o mandato sem precisar renunciar. Enfrentar a máquina do Estado e a estrutura petista, com a cara e a coragem, era arriscar demais, mesmo tendo à mão pesquisas em que as pessoas se mostravam docemente divididas: gostariam que o prefeito continuasse, mas respeitariam uma decisão no outro sentido e não lamentariam se ele se elegesse governador, pelo contrário. Ou seja, a opinião era generalizada. Fui voto vencido nessa tomada de decisão, pois tinha certeza que as chances de vitória eram muito grandes. Não adiantaram meus argumentos mostrando que não se pode deixar passar uma oportunidade, sob pena de não recuperá-la mais. Havia um precedente sério e o relembrei com toda a força dramática que ele carrega: na minha opinião, em 1989, Quércia deveria ter ouvido o clamor de milhares de peemedebistas que viam nele um candidato mais competitivo do que o dr. Ulysses Guimarães. Na época disse isso a ele pessoalmente. Ele recusou, Collor ganhou e Quércia, nos anos seguintes, nunca mais conseguiu se eleger a um cargo público. Ainda mais: tenho plena convicção de que a história do Brasil teria sido diferente. Para melhor.

Preservadas as devidas proporções, meu temor era de que algo semelhante se repetisse ali em Mato Grosso do Sul. E o meu posicionamento não era nada absurdo, como mostrou a história daquela eleição. A adversária do governador Zeca acabou sendo a então deputada federal Marisa Serrano que, mesmo não tendo a força política nem os amplos apoios do prefeito e apresentando uma campanha defeituosa (da qual me recusei participar — ver capítulo "Eleições 2002"), foi derrotada no 2º turno por escassos 7 pontos percentuais.

Mas o determinado André insistiu e decidiu ficar na prefeitura até o fim do mandato. Na verdade, dois outros componentes o ajudaram a ir por esse caminho. Um deles é bastante subjetivo: ele é um desses raros políticos que cumprem a sua missão com extremo prazer e satisfação pessoal. O outro era factual.

Antes de tomar a decisão de concorrer na eleição estadual, largando dois anos à frente da prefeitura, foi a Brasília conversar com o presidente Fernando Henrique Cardoso e com o senador José Serra, candidato do governo na eleição presidencial que, ali no estado, teria que ter o apoio dele para ser bem-sucedido. Voltou desanimado, sentindo que teria de carregar um fardo pesado, sem ter a contrapartida de ajuda na sua campanha.

Dois anos depois, agora era o tempo de eleger seu sucessor.

No início, vários componentes da coalizão de forças que apoiavam o governo se lançaram, ou foram lançados, como candidatos. Depois de muita conversa, com todos os arranjos políticos acertados, o prefeito, com a presença de toda a direção partidária aliada, anunciou o nome: Nelsinho Trad.

Médico, muito conhecido na cidade, três vezes vereador, ex-presidente da Câmara, deputado estadual por duas vezes e político de família de políticos. Ainda agregava qualidades pessoais significativas: sério, mas simpático, fama de competente, comunicador bem razoável, testado até como apresentador de um programa de TV semanal sobre temas da medicina.

Além de tudo, André não tinha escolhido um poste.

E o PT, por sua vez, também indicava o nome mais forte das suas fileiras, o deputado federal Vander Loubet, portador de muita visibilidade local por estar sempre na linha de frente do governo estadual do tio Zeca, primeiro como secretário da Habitação, depois como secretário de Infra-Estrutura. Por trás de tudo, o que se jogava era mais um *round* da forte polarização local prefeito X governador.

Já na primeira pesquisa que o jornal *Correio do Estado* publicou (maio/2004), Nelsinho pulou na frente, seguido do principal adversário:

| | |
|---|---|
| Nelsinho Trad | 44,9% |
| Vander Loubet | 11,5% |

Depois, outros três candidatos vieram completar o quadro eleitoral.

Numa produtora na periferia de Campo Grande, montamos uma estrutura bastante simples, mas corretamente dimensionada para o tamanho daquela campanha: quatro câmeras de captação de imagens externas e de estúdio, três ilhas de edição, uma redação/produção com 16 pessoas, com a direção local do jornalista Guilherme Filho e a minha supervisão diária na internet e no telefone, mais cinco ou seis visitas pessoais durante o mês.

Não foi fácil encontrar um *slogan* adequado. Depois de vários dias analisando idéias vindas da agência de propaganda, da equipe de criação e até dos "marqueteiros" infiltrados que toda campanha tem, resolvi ousar por um caminho em que sempre andei com muito cuidado, pois pode ser traiçoeiro.

O André não tinha feito uma administração aprovada com mérito e louvor pela maioria? Tudo o que essa população queria não era a continuidade daquele trabalho? Então vamos às vias de fato:

NELSINHO TRAD
É HORA DE CONTINUAR

Foi a primeira vez que ousei explicitar essa situação com tanta clareza. Também foi a primeira vez que deixei o candidato numa situação de dependência quase total do seu criador. Dependência escrachada. Mas só me permiti isso por ter sentido a extraordinária força que o prefeito passava à candidatura de Nelsinho e também porque o candidato, por seu lado, já tinha uma imagem pública forte e bem estruturada.

Nas vezes anteriores em que deparei com situações semelhantes, sempre usei o apoio como base inicial, para mostrar que o novato estava bem amparado. Com todo o cuidado, pois ninguém vota só por gratidão. No momento seguinte, o trabalho visava a consolidar a figura do candidato como competente e capaz de levar a empreitada para a frente. Para chegar até o ponto de inverter a ordem dos conceitos: "É um bom administrador... e ainda conta com um apoio político forte."

Uma estrutura de criação linear dava aos programas e comerciais a mesma seqüência repetida: André fez isto/agora precisa ser feito mais isto/quem tem condições de continuar a fazer é o Nelsinho. Essa ligação de continuidade, quando exigida pela população, é sempre complicada para o candidato que está no campo oposto.

Se ele disser que "vai continuar", o raciocínio imediato da população é que "se é para continuar, melhor votar de uma vez no candidato da continuidade". É muito mais fácil ser oposição quando o governo é frágil e a tendência é o desejo de mudança.

Bem que os adversários fizeram várias tentativas. No início, tentaram mostrar que, com Vander, os governos do estado e do município estariam juntos do governo federal, todos do mesmo partido, trazendo mais verbas e realizações para a cidade. Não colou, pois a população tem certa desconfiança dessas situações que mais parecem um conluio do que uma união meritória.

Depois foram para o continuísmo, tentando disfarçá-lo com o acréscimo de alguma qualidade; continuar melhorando, mudando o que fosse preciso mudar. Lançaram um *slogan* que embutia essa idéia com propriedade: "O que está bom vai ficar melhor".

No fim, perceberam que o problema que eles tinham a enfrentar era o criador, e não a criatura. Foi quando o cacete caiu com muita força na cabeça do próprio André. Criaram situações de impostos exagerados, pequenos proprietários roubados, obras superfaturadas, gente morrendo por falta de hospitais... um horror.

Agora eles acertaram, pensei, com a memória recuperando a imagem do "marqueteiro" espanhol Carlos Pedregal — que se autodenominava "bruxo" — ligando na minha frente um pequeno ventilador que fazia o cata-vento (símbolo da campanha de governador de Fleury, em 1990) girar. No aparelhinho havia um papel colado com um nome: Quércia, que era o governador e tinha indicado o candidato à sua sucessão.

A simbologia visava a demonstrar a dependência entre os dois: ligava o ventilador e o cata-vento girava. Desligava o Quércia e o Fleury parava. A criatura não existia sem o criador. Visava também vender os serviços dele para a nossa campanha, evitando que fosse levar o "achado" à campanha de Maluf, nosso adversário na ocasião.

Agora os ataques eram perfeitamente defensáveis. A preocupação maior era com a forma, pois o André sangüíneo, que não leva desaforo para casa, apareceu na produtora com ímpetos de vingador. Escreveu um texto violentíssimo, foi para o estúdio e gravou.

A equipe já tinha me avisado e eu estava a caminho. Encontrei-o ainda no estúdio, transtornado:

— Eles não têm o direito de dizer isso de mim. Se eu não responder, vai passar para o povo que é verdade.

Li o texto, nem precisei assistir à gravação. De forma alguma aquilo poderia ir ao ar. Responder, sim. Mas de outra forma, com calma e tranqüilidade. Afinal, só faltavam cinco dias para a eleição, tempo pequeno para se espalhar e consolidar uma mentira sem fundamento.

Melhor um texto forte para a Carmen Cestari (a mesma apresentadora que anos depois chamei para a campanha do Referendo 2005) ler com indignação, mais duas ou três reportagens mostrando o outro lado, tudo sem parecer que estávamos muito preocupados com a pancadaria diária no rádio e na TV. Assim foi feito e pronto.

Outra tentativa frustrada de abalar a candidatura do Nelsinho foi feita na questão dos debates.

Não sei por que se espalhou que o nosso candidato não era bom nesses confrontos. E o temor se instalara dentro da própria campanha.

Realmente, ele nunca tinha participado de um debate em circunstâncias semelhantes. Mas acumulara experiência parlamentar de alguns anos. Entretanto, com apoio do governo do estado e de instituições a ele ligadas, os adversários trataram de marcar muitos encontros para os candidatos debaterem. Um dos primeiros, para valer, foi na própria TV Cultura, pertencente ao estado. Parecia uma armadilha, como muitos da nossa equipe desconfiavam.

Fizemos com o candidato uma preparação de dia inteiro. Os itens do programa de governo, os temas candentes, com as perguntas capciosas que poderiam vir. Fiquei admirado com a capacidade de ele reter dados, trabalhar com eles, apresentá-los no momento e da maneira certos. No final do dia tranqüilizei a todos:

— Nelsinho vai dar um show.

Foi o que aconteceu. E a autoconfiança dele cresceu tanto que começou a aceitar todos os convites para debate que apareciam. Ou seja: começou a se expor demais, correndo riscos desnecessários. É num debate que pode haver uma má colocação, um ato falho, uma incontinência verbal ao responder uma provocação.

Tivemos que parar com a festa, colocando uma nota no ar dizendo que o candidato, por problemas de agenda, não mais faria debates, a não ser o último já marcado na TV Morena, retransmissora da Globo.

O desempenho dele foi ótimo, como vinha acontecendo. E dois dias depois a vitória final se confirmou ainda no 1º turno:

| | |
|---|---|
| Nelsinho Trad | 55,7% |
| Vander Loubet | 22,9% |

A população acreditou que era mesmo a "Hora de Continuar". Vitória de Nelsinho! Vitória de André!

## São José dos Campos — SP

Os problemas que os nossos adversários enfrentavam em Campo Grande eram bem semelhantes aos que estávamos enfrentando aqui. O bem avaliado prefeito Emanuel Fernandes tinha indicado um candidato da sua confiança para concorrer à sucessão. Só que nessa campanha estávamos do outro lado, trabalhando exatamente para o candidato do PT.

Seria a minha primeira experiência com o partido que sempre esteve do outro lado nas campanhas que dirigi, por contingências de momento. Quem fez a aproximação foi Giovane Favieri, que conheci dez anos atrás, exatamente na primeira eleição de André Puccinelli em Campo Grande. Sócio-proprietário da produtora de vídeo VBC, tinha trazido parte da empresa para São Paulo, onde prestava serviços ao partido, entre outros, à produção da campanha vitoriosa de Marta Suplicy à prefeitura.

No primeiro instante quis saber se eu toparia aquele trabalho. Expliquei:

— Não sou político, não tenho partido de coração. Sou profissional. Nada tenho contra o PT. Os petistas é que parecem não gostar muito de mim, desde a campanha Collor contra Lula.

E repeti o bordão que norteia a minha decisão de aceitar ou recusar a assumir a direção de uma campanha:

— O meu critério é só trabalhar para um candidato em quem eu votaria.

O passo seguinte foi saber quem era Carlinhos de Almeida, o candidato. Professor de história, elegera-se vereador na cidade por três vezes e tinha alcançado até a Presidência da Câmara. Deputado estadual há seis anos, já exercera a liderança do partido na Assembléia Legislativa, por duas vezes. Ali era considerado um dos políticos mais promissores da nova geração e reconhecido pela sua grande capacidade de diálogo.

Duas conversas pessoais sobre os rumos da campanha e a forma de trabalho que ele imaginava desenvolver foram suficientes para descobrir que, se votasse em São José, sem dúvida votaria nele. Uma impressão inicial que se consolidou fortemente à medida que o trabalho caminhou e a convivência me mostrou uma pessoa de bem.

Por ser a cidade pólo de uma região estratégica, de grande importância no Estado de São Paulo, o partido tinha muita expectativa nessa eleição. Tanto que o próprio Silvinho Pereira, então todo-poderoso secretário-geral, ainda não envolvido nos escândalos do mensalão e afins, quis me conhecer pessoalmente para discutir detalhes da campanha. Apenas detalhes operacionais, pois, de fato, estávamos sendo contratados pela VBC, que cuidaria de toda a parte financeira, além de fornecer equipamentos e condições técnicas para a produção dos programas de rádio e TV.

Naqueles dias, final de julho, era divulgada uma pesquisa do Ibope que abria uma tênue expectativa de esperança.

| | |
|---|---|
| Carlinhos | 26% |
| Eduardo Cury | 19% |

Mas também mostrava uma grande preocupação, pois, mais do que a intenção de voto em cada candidato, quem ganhava era um outro índice:

| | |
|---|---|
| Indecisos | 32% |

Carlinhos saltava na frente porque era muito conhecido na cidade (na eleição anterior tinha obtido mais de 110 mil votos para deputado estadual).

O grande perigo: Cury ainda não estava identificado completamente como o candidato do prefeito, que alcançava índices de aprovação da ordem de 70% nas pesquisas. Seu candidato era o atual vice-prefeito, que também tinha exercido cargos executivos na administração, como secretário dos Transportes, do Planejamento e a chefia do Gabinete.

O primeiro folheto lançado por eles não deixava dúvida sobre os rumos da campanha. Sobre uma foto da dupla sorridente, a apresentação assinada pelo prefeito: "Esse é o meu candidato!"

A pequena impropriedade do pronome demonstrativo passaria despercebida, ofuscada pela força da comunicação: com "esse" ou com "este" o que importava era o pronome possessivo "meu", e a indicação clara da continuidade de uma administração bem-sucedida aos olhos da população.

Mas o poder agregador do nosso candidato também era respeitável, pois conseguiu costurar uma aliança partidária poderosa. Ao PT se uniram o PTB (Partido Trabalhista Brasileiro) e o PP (que já apoiavam o governo no plano federal) e até o arquiinimigo PFL, além de várias siglas menores, num total de 11 partidos, fechando a coligação mais ecumênica com a qual minha equipe e eu já tínhamos trabalhado.

(Depois das denúncias de "mensalão" e outras barbaridades que surgiram no ano seguinte, alguém pode pensar que aqui também tivesse havido algo estranho na composição dessa aliança. Garanto que não houve, pois assisti a dezenas de reuniões e conversas. O que me impressionou foi a capacidade de articulação do Carlinhos, sabendo se aproveitar das insatisfações e pendengas que ex-aliados nutriam pela turma do PSDB, partido do prefeito e do seu candidato. Essa composição teve resistências dentro do próprio PT estadual e local, também vencidas pela lábia positiva e convincente do nosso candidato.)

Até o governador Geraldo Alckmin, que é natural de Pindamonhangaba, reconheceu, numa solenidade na cidade vizinha de Taubaté, que Carlinhos era "um líder importante em São José". É claro que o governador dava apoio total ao candidato do seu correligionário e amigo Emanuel Fernandes e até sugeria que, após a eleição, a cidade ganharia um novo prefeito e a região ganharia um secretário de estado. As três cidades estão num eixo de 85 km, à beira da Via Dutra, entre Rio e São Paulo.

A produtora, trazida pela VBC de São Paulo, era muito semelhante à estrutura que tínhamos em Campo Grande, suficiente para fazer a programação de rádio e TV. Para montar a redação e a criação, contratei o jornalista Marco Damiani, que trabalhava na revista *IstoÉ Dinheiro*. Mas não houve adaptação, e a passagem dele pelo trabalho durou apenas 12 dias. A vaga acabou sendo preenchida pela dupla de jornalistas Maranhão Viegas e Ecilda Stefanello, que tinham trabalhado na campanha de reeleição de André Puccinelli quatro anos antes. Estavam inicialmente escalados na campanha de Telma de Souza, em Santos, até que resolvemos nos afastar dela — história que será contada mais adiante.

Em qualquer análise, dava para perceber claramente a melhor qualidade da candidatura petista. Numa reunião com os dirigentes locais do partido, apresentei um estudo geral mostrando como penso e ajo nas campanhas, para aplacar-lhes as desconfianças. Num quadro comparativo que organizei, escrevi:

| CARLINHOS | CURY |
|---|---|
| Experiente, preparado, sensível. | Pouca experiência. |
| Bom de diálogo e de negociação, sabe onde estão, e como buscar, as verbas estaduais e federais que a cidade precisa. | Prepotente, sem diálogo, sem espaço político, a não ser no PSDB e com o prefeito. |
| Estratégia: melhorar a cidade ainda mais. | Estratégia: continuidade. |
| Tem qualidades para ser um prefeito de todos. | Pode virar um prefeito mais voltado para a elite. |

Embaixo escrevi: "É uma campanha que está em nossas mãos!"

E expliquei: "O quadro geral não é fácil, mas apresenta possibilidades claras de ser mudado. O sucesso da empreitada está na dependência de como a campanha será tocada. A militância precisará fazer um grande trabalho de mobilização, o marketing não poderá falhar na comunicação, o candidato terá que ser incansável buscando os votos na rua, nas casas, nas indústrias, onde quer que eles estejam".

Com garra e determinação, poderíamos ganhar aquela eleição.

Era um quadro real, não me permito fazer análises apaixonadas. E a qualitativa conjuntural que encomendamos à pesquisadora Iracema Resende, no início de setembro, retratava uma situação alentadora para Carlinhos:

> [...] está forte, tem credibilidade, há maior respeito ao candidato do que a Eduardo Cury, seus eleitores estão bem cristalizados, são mais informados e decididos que os de Cury, tem potencial de crescimento. [...] Está apresentando boas propostas, é o mais experiente, o mais preparado, é trabalhador [...]

Enfim, o candidato era viabilíssimo. Também apresentava fragilidades, sendo que a principal era a possibilidade de não continuar o bom governo do atual prefeito.

A quáli também aprovou a linha de campanha que tínhamos criado, com um *slogan* muito enxuto e significativo:

SÃO JOSÉ MERECE MAIS

Em *outdoors* e folhetos usávamos a síntese do Programa de Governo, num *slogan* complementar expandido, dando forte sentido de continuidade, sempre em forma de frase proferida e assinada pelo candidato:

*Preservar o que está bom,*
*melhorar o que é preciso*
*e enfrentar os novos desafios.*

(Em Campo Grande, fomos surpreendidos com essa mesma expressão, pronunciada com todas as letras e vírgulas pelo candidato do PT local. Sempre me surpreendo com algumas "coincidências" que ocorrem nas campanhas...)

Essa linha de raciocínio nasceu quando aprofundamos o conhecimento sobre a situação da cidade e fomos descobrir que os resultados da administração do atual prefeito não eram tão maravilhosos como se apregoava.

Alguns itens básicos, que já faziam parte do cardápio de realizações de cidades semelhantes, estavam em falta aqui. E não era pouca coisa:

- Educação — As escolas municipais não eram informatizadas e não distribuíam uniformes e materiais.

- Saúde — Os gastos tinham sido muito altos e os resultados, muito baixos.

- Transporte — As empresas operavam sem licitação e não havia linhas integradas para que os passageiros não tivessem que pagar duas vezes nos seus deslocamentos.
  Importante: o próprio Cury tinha sido secretário dos Transportes e os problemas só se agravaram na sua gestão.

- Desemprego — quando candidato, o atual prefeito tinha prometido uma tal "Fábrica de Empregos". Agora se via que não houve fábrica nenhuma, e os empregos também estavam em falta.

- Segurança — a cidade começava a se notabilizar como uma das mais violentas do estado.

- Habitação — havia um déficit de cerca de 30 mil moradias.

Então como é que, apesar de todas essas falhas, se justificavam aqueles números tão soberbos para a aprovação do prefeito?

Talvez o problema maior tenha sido de os políticos locais terem deixado que essa deformidade entre a realidade e os números se encorpasse nos anos em que a prefeitura foi dirigida por Emanuel. Uma oposição forte e atuante deveria ter denunciado o verdadeiro estado da administração. É certo, por outro lado, que a cidade, apesar de tudo, ainda mantinha níveis de qualidade de vida aceitáveis. Não era tão ruim; mas poderia ser bem melhor. E a avaliação popular da imagem do prefeito poderia ser bem pior.

Deixar que todo esse trabalho de reposicionamento da visão do eleitor sobre a administração municipal fosse feito durante a campanha foi pura insensatez. Se partisse para o ataque, Carlinhos iria virar um ressentido, briguento, deletério, que só fazia isso agora, por conta da situação eleitoral. E o bom prefeito, coitado!, iria se tornar a vítima desses desalmados do PT. Além de tudo, o candidato tem perfil calmo, cordato, nenhum arroubo guerreiro caberia no seu semblante pacífico e na sua voz mansa de bom mineiro, que desceu a serra para se estabelecer no vale.

Também não adianta nessas horas vir com o tapa mão-de-gato, que bate e se esconde, mandando alguém fazer o serviço sujo. A não ser no caso de uma "língua de aluguel" muito bem disfarçada, tudo acabaria recaindo inevitavelmente sobre a figura central naquele momento: o nosso candidato.

Na estréia da programação eleitoral gratuita, fomos surpreendidos com uma dessas decisões esdrúxulas da Justiça Eleitoral, exemplo clássico daquilo que venho chamando de "aberrações da Lei Eleitoral". Baseado, sabe Deus, em qual critério, ela decidiu de uma penada só que todas as coligações contariam com o mesmo tempo para exibição dos seus comerciais, nas últimas duas semanas da campanha — cerca de sete minutos para cada.

Ora, o tempo de cada uma é diferente, pois é calculado com base no número de deputados federais dos partidos que formam a coligação. Partidos e coligação maiores, tempo maior. Partidos e coligação menores, tempo menor. Todos diferentes entre si. No início da campanha, o juiz define o número de comerciais que cada grupo terá por dia e isso se repetirá em todos os dias. É assim desde sempre, nas eleições de presidente, governador, deputado, senador e prefeito.

Para possibilitar essa "equalização" no final da campanha, haveria uma compensação no início dela. O que aconteceria, na prática, é que um grande volume de comerciais nossos seriam vistos nos primeiros dias, quando o momento eleitoral ainda não tinha esquentado. Havia dias em que tínhamos 60 (!) comerciais no ar. Além de tudo, uma overdose capaz de cansar qualquer telespectador paciente. E no final da campanha, que é o momento mais importante, ficaríamos reduzidos a 14 inserções.

O critério da eqüidade simplesmente tinha sido ignorado. Era uma decisão que nos prejudicaria muito. Algo inédito nas campanhas de todo o Brasil ocorrendo ali, numa cidade influente. Imaginem o que não acontece por aí, pelos grotões da pátria.

Só conseguimos reverter a maluquice depois de alguns dias de campanha. Um grande número de comerciais já tinha sido exibido, e acabamos mesmo perdendo espaço nos últimos dias, já que o número total de comerciais não poderia ser mudado.

Campanha no ar, como não se podia sair agredindo, a estratégia estudada foi tentar comer pelas bordas num primeiro momento, dando credibilidade ao Carlinhos por meio da apresentação da sua consistente história de vida. A seguir, já posicionado como prefeito possível, apresentaria um Programa de Governo criterioso, crível, capaz de ser realizado.

As críticas apareciam veladas, mostrando com simplicidade as carências da cidade e apresentando a solução. Exemplo:

> Nossas crianças não recebem uniforme na escola pública. Uma vez na prefeitura, vamos fazer e distribuir estes uniformes [a roupa tinha sido desenhada, cortada e costurada, para ser mostrada vestindo um casal de jovens]. E o custo disso é uma migalha dentro do orçamento da Educação.

Assim, colocamos no ar uma programação sóbria, bem-feita e principalmente consistente. O candidato se revelava um excelente comunicador, muito acima do adversário, que se mostrava frio, desinteressante; parecia um simples fantoche de Emanuel.

As nossas qualitativas mostravam que estávamos no caminho certo. Um Grupo de Discussão se reunia, assistia aos programas e comerciais do dia e discutia sobre o que tinham visto. Nossa campanha sempre levava vantagem.

Um incansável candidato amanhecia nas portas de fábricas, depois ia para os bairros, mais tarde para as reuniões e comícios. Colhia e nos trazia informações de que a campanha crescia a olhos vistos. (Ele é daquele tipo que, se pudesse cumprimentar todos os eleitores pessoalmente, olhar nos olhos de cada um, conversar um pouco... ah, ninguém resistiria. Mas como fazer isso numa cidade de mais de 300 mil eleitores?)

Sobrava para nós a dependência quase absoluta da comunicação no rádio e na TV. E aí começou a aparecer um problema muito sério. Nas quális, as pessoas assistiam ao programa eleitoral, com o melhor desempenho do Carlinhos. Mas havia muito desinteresse e a audiência da programação estava excessivamente baixa.

Para bom entendimento, darei como exemplo um dia que se tornou muito significativo no andamento da campanha: 31 de agosto. Um terço do tempo já tinha transcorrido.

Num *tracking* (pesquisa rápida) feito com 606 entrevistas por telefone, descobrimos que 64,36% delas ainda não tinham assistido aos programas eleitorais. Aparecia nitidamente nas quális que tínhamos um programa melhor, apresentado por um candidato melhor, mas que estava sendo visto por muito pouca gente.

A quáli desse mesmo dia trazia uma observação da moderadora do grupo, Alessandra Rocha, que confirmava o desinteresse:

> Outro ponto que merece destaque é a percepção de que até o momento eleitores indecisos que externam simpatia pelo candidato Cury, alegando que hoje poderiam vir a votar nele, se mostram eleitores mais apáticos, mais distantes da realidade política no momento. A maioria não tem assistido aos programas e apresenta até mesmo uma certa dificuldade de fazer a avaliação durante a realização do Grupo de Discussão. O voto em Cury parece ser um voto meio "cômodo", "fácil", sem a necessidade real de avaliar a conjuntura das campanhas e analisar as propostas e características dos candidatos, pautado apenas na "continuidade do que está aí".

E para completar nossa aflição, a estratégia que funcionava melhor era a do adversário, com o prefeito nos comerciais de TV dizendo simplesmente "esse é o meu candidato!". À medida que esse fato ficava mais conhecido, mais a intenção de voto dele crescia, como mostrou o Ibope exatamente naquele mesmo dia:

| | |
|---|---|
| Cury | 39% |
| Carlinhos | 30% |

Os nossos programas cresciam em importância cada vez mais, até chegar o ponto que toda a campanha, inclusive a do adversário, era pautada por eles. Falávamos da necessidade de integrar o transporte coletivo da cidade e o prefeito vinha para a mídia prometer que a integração seria feita ainda antes do fim de seu mandato. Mostrávamos a necessidade de instalar um atendimento médico de urgência e a prefeitura aparecia com uma nova ambulância. Mostrávamos o apoio de importantes personalidades, de ministros a presidentes de estatais (Lula não era um grande apoiador naquele momento e naquela cidade), e eles respondiam com o governador Alckmin.

O Plano de Governo "13 Metas" para construir o futuro de São José dos Campos foi impresso num formato cartilha, de 20 páginas, teve "festa" de lançamento e tornou-se um sucesso de público. Carlinhos o mostrava na TV, andava pelas ruas distribuindo exemplares, e todos queriam ter um. Pois Cury rapidamente apareceu na TV com o seu plano: várias folhas de papel datilografadas, encadernadas com espiral de caderno escolar. Feito às pressas, típica ilusão para enganar eleitor.

Sempre avaliadas pelas qualitativas diárias, as nossas críticas começaram a ser explicitadas e foram se tornando mais intensas até chegarem às péssimas condições do transporte, uma responsabilidade direta do candidato, que tinha sido secretário da Pasta e deixara para trás uma problemática no mínimo suspeita, com o sistema funcionando muito mal, além de se passarem anos e anos sem uma única licitação.

A candidatura e o trabalho desenvolvido por ela me entusiasmavam. Tanto que meu acordo inicial de estar pessoalmente na cidade duas a três vezes por semana tinha sido esquecido, e minha presença passou a ser diária, excetuando-se um dia da semana em que viajava para Campo Grande. Mesmo nesse dia, a troca de telefonemas era intensa. Mais que nunca o sucesso da campanha estava em nossas mãos.

Um fato que sempre contava contra nós era o PT ter estado na prefeitura entre 1992 e 1996, na administração da deputada federal Angela Guadagnin — a mesma que tempos depois protagonizou a caricata "dança da pizza" no Congresso Nacional, festejando a absolvição de um colega "mensaleiro".

O candidato à sucessão dela tinha sido derrotado pelo Emanuel e instalou-se na cidade um consenso de que o PT tinha administrado mal. Um dos pontos mais explorados era a acusação de que a prefeita tinha enchido a prefeitura de "gente de fora". Mas até isso a candidatura Carlinhos parecia ter imunizado com uma grande coligação envolvendo reconhecidas forças políticas da cidade.

As últimas quális vieram acompanhadas de uma informação maravilhosa transmitida pelo pessoal que faz o recrutamento de pessoas para os grupos: "Está muito mais fácil encontrar eleitores do Carlinhos do que eleitores do Cury".

Havia um forte cheiro de virada no ar.

As últimas pesquisas quantitativas anunciavam a vitória de Cury por pequena margem, certamente porque ainda não tinham captado o que estava realmente acontecendo. A lembrança recorrente era a da eleição de 1988, em São Paulo. A disputa esteve polarizada entre João Leiva e Paulo Maluf. Até o dia anterior à votação, Luiza Erundina vinha atrás. Mas, quando as urnas se abriram (a maquininha de votar não existia), Erundina acabou ganhando por 7 pontos de vantagem.

O resultado no dia da eleição me deixou catatônico:

| | |
|---|---|
| Cury | 57,6% |
| Carlinhos | 32,6%* |

Não sabia o que pensar. Não sabia como responder às perguntas óbvias que todos faziam: Mas afinal o que foi que aconteceu? Como é possível?

Iracema Resende, a coordenadora das pesquisas qualitativas, profissional respeitada e veterana de dezenas de trabalhos feitos comigo, também ficou muito assombrada com o que aconteceu. Num

* Números oficiais do TRE.

e-mail coloquei por escrito as perguntas que já tinha feito por telefone:

> Por que houve uma diferença brutal entre a análise das qualitativas e o resultado das urnas?
>
> O erro foi no recrutamento? Caso contrário, onde foi?
>
> Lembro que uma semana antes da eleição a Leca (moderadora dos grupos) disse — certamente repetindo informação recebida — que "era mais fácil encontrar intenção de voto no Carlinhos do que no Cury". Pra onde foi essa intenção de voto?

Só queria entender os fatos. E as explicações da pesquisadora, num longo texto enviado a mim e ao Carlinhos, não ajudaram muito:

- as pesquisas estavam certas;
- os recrutadores confirmam o que sentiram na rua;
- os resultados das quális e quântis podem divergir;
- a campanha também pode ter falhado;
- a população local vive certo espírito de comodismo;
- havia a boa obra do Emanuel e também havia o medo do PT.

Nada justifica. Não me conformo, nem me conformarei jamais. E não consigo ver, no atacado, o que eu e minha equipe poderíamos ter feito diferente. Talvez uma ou outra pequena mudança, coisa de varejo. Tenho convicção que fizemos a campanha certa, apropriada ao momento político e adequada ao candidato.

Uma pergunta me martela a cabeça até hoje: como é que um candidato torto (cheio de esgares, expressão tensa, lábios crispados), com um plano de governo torto, aparecendo num programa de TV torto, ganha a eleição de um candidato direito, com programas direitos, com todas as condições para fazer um governo direito?

Não sei... E, decididamente, não gosto e não sei perder!

Meses depois, revendo aquela história, numa conversa com Carlinhos (estreitando uma relação de amizade que não foi abalada pelo desastre, ao contrário), fizemos um balanço de tudo o que aconteceu e concluímos que quase nada poderia ter sido melhorado nas condições em que a campanha transcorreu. E ouvi dele talvez a única justificativa possível:

— Perdi a eleição para o Emanuel!

## Osasco — SP

Era julho de 2003; faltavam 15 meses para a eleição municipal quando fui chamado para começar a preparar a campanha de reeleição de Celso Giglio. Ele era bem conhecido, ex-deputado federal, pela segunda vez prefeito de Osasco, cidade da Grande São Paulo. Surpreso com a antecedência, comentei:

— Enfim, um político previdente e organizado.

Junto com essa previdência havia razões fortes para se fazer um trabalho de fundo, tentando evitar surpresas no momento da eleição. A cidade tem um poderio econômico muito grande — era a quinta maior do Estado de São Paulo. Geograficamente é estratégica, está colada no município da capital e por ela passam duas estradas muito importantes — Castelo Branco e Anhangüera — além do Rodoanel, que interliga todo o sistema viário na região e, em futuro próximo, todas as rodovias de acesso à capital.

Na área política, o quadro que se desenhava era bastante complicado. O PT regional era muito forte, podendo até escolher seu candidato entre duas estrelas de primeira grandeza partidária: o presidente da Câmara dos Deputados, João Paulo Cunha, que ainda não tinha se envolvido nas teias do mensalão, e o deputado estadual Emídio de Souza, que tinha sido o candidato na eleição anterior e perdera por escassos 4%. Desde então fazia pesadas denúncias de que o resultado teria sido fraudado durante um apagão de energia elétrica.

O Instituto Opinião, muito atuante em pesquisas naquela região, tinha encontrado um empate técnico nas pesquisas quantitativas de maio e julho/2003, no confronto direto Emídio X Giglio, mas sempre com o petista ligeiramente na frente. Quando os nomes se alternavam, colocando João Paulo na alternativa, pouco mudava. Os dois petistas traziam sempre intenção de voto com números muito parecidos.

Até aí, nada dramático. Com mais de um ano pela frente, quaisquer números são passíveis de mudança. O que preocupava mais era o resultado de uma outra questão da pesquisa:

Hoje, em relação à qualidade de vida que a cidade de Osasco lhe oferece, você diria que está:

| | |
|---|---|
| Satisfeito | 38% |
| Insatisfeito | 62% |

O pesquisador forçava um pouco a mão, juntando os "pouco satisfeitos" na negação completa. E é claro que nesse tipo de avaliação entram outros fatores além daqueles diretamente ligados à atuação da prefeitura. Sem contar os problemas do país ou do estado que afetam a cidade, independentemente da boa administração local. Mas o prefeito acaba tomando muitas lambadas que deveriam ser aplicadas em outras costas. Faz parte. Mas, no mínimo, havia um sinal vermelho piscando.

Primeira conclusão: para poder pensar em campanha teremos que melhorar o conceito da administração e do administrador. Condição *sine qua non*. Nessas horas, um exercício fundamental é avaliar o quadro existente nas suas particularidades, para poder entendê-lo no conjunto.

*O prefeito* — Era originário do grupo do ex-prefeito Francisco Rossi, político que mais tarde tornou-se candidato permanente ao governo do estado. Foi vereador, depois deputado estadual, depois prefeito, deputado federal pelo PTB, agora estava no PSDB (mesmo partido do governador Geraldo Alckmin), novamente como prefeito. Nas poucas horas vagas também era presidente da Associação Paulista de Municípios. Líder inconteste, naquele momento bastante independente, sem amarras nem rabo preso (pelo menos aparente) com outros líderes ou partidos.

*A cidade* — Mais de 700 mil habitantes, 450 mil eleitores, vivendo numa área de 66 km$^2$, uma das maiores densidades demográficas do Brasil. O município é praticamente todo habitado, tem pouquíssimas áreas verdes, não tem zona rural. Favelas não faltam, assim como não faltam problemas de urbanização e saneamento. Totalmente cercado por espaços conurbados, se junta com São Paulo, atrás da Cidade Universitária, do outro lado do rio Tietê, bairro do Butantã. Da Praça da Sé é mais fácil ir a Osasco do que aos bairros da Zona Sul ou da Zona Leste. Essa proximidade fez com que se criasse uma grande dependência. Para ir às melhores lojas, shoppings, cinemas, basta atravessar o rio.

Ao terminar uma reunião com assessores da prefeitura, já passando a hora do almoço, resolvemos comer algo. Quando perguntei qual era o restaurante bom da cidade, todos se entreolharam. Alguém optou pelo almoço em São Paulo:

— Aqui é difícil. Melhor ir até a Praça Panamericana.

*A prefeitura* — A máquina funcionava como Deus ajuda. Parece que havia muitas obras em andamento, a área da saúde tinha problemas, uma ou outra enchente na época das chuvas, a segurança, que a rigor é problema estadual e federal, acabava jogando suas desgraceiras para cima da administração municipal — aquele trivial variado de sempre que, com o tempo, teríamos que conhecer mais profundamente.

*A comunicação* — Na minha seara específica, logo apareceram os problemas que se refletiam diretamente na forma como as pessoas viam e avaliavam a administração. É muito difícil de se comunicar com tanta gente sem ter à disposição recursos da mídia eletrônica. Era o que acontecia ali, onde a audiência maior ia para as rádios e televisões captadas diretamente das antenas da avenida Paulista e arredores.

O próprio SBT, que tem os estúdios em área fisicamente dentro de Osasco, está numa extremidade, com o corredor da Via Anhangüera à porta e, assim sendo, pouco participa da vida local. Como a antena está em São Paulo, é de lá que o sinal é gerado. A TV NGT é da cidade, mas seus estúdios estão na capital, de onde também o sinal é gerado. Trata-se quase de uma TV secreta, pois tem pouca potência e quase ninguém consegue ver.

Anunciar nos veículos de São Paulo seria dispendioso e dispersivo, pois se estaria falando com milhares de pessoas que nada teriam a ver com aquela problemática. A "imprensa" osasquense só podia ser apresentada assim, entre aspas. A solução que se tentava implementar era estar presente em dezenas de jornalecos caça-níqueis, fazendo em paralelo a distribuição sistemática de folhetos e jornais próprios. Nunca tinha visto tantos, tão diferentes, com tantas cores e formas.

Toda secretaria fazia os seus, além da Secretaria de Comunicação, que fazia muitos mais. A agência de propaganda que, pelo menos teoricamente, faria esse trabalho, no todo ou em parte, jamais conseguiu penetrar nesse emaranhado; o contrato dela estava vencido e a prefeitura ficou vários meses sem atendimento. Era voz corrente que o melhor comunicador da cidade seria o carrinho da pamonha, no qual o dono vai anunciando o seu produto com um megafone, despertando a gula da garotada.

Esse conjunto de situações endêmicas com certeza ainda iria se agravar durante a campanha.

O *slogan* que a cidade ostentou e fez jus, durante muito tempo, foi "Cidade-trabalho". Mas para o nosso trabalho específico fiz uma adaptação, sintetizando tudo o que estávamos vendo e sentindo: "Cidade-problema".

A qualitativa que encomendamos no final de agosto trouxe as primeiras informações importantes para balizar o que faríamos dali para a frente, tanto do ponto de vista administrativo como eleitoral. Em síntese:

- a prefeitura não é vista como inativa, a administração não é mal avaliada, mas as suas ações não são completamente conhecidas;
- há muitos problemas, porém, não são de difícil solução;
- a eleição será polarizada entre o PT e o prefeito e será acirrada; é preciso que ele entre fortalecido na batalha final.

Num texto que denominei "Considerações sobre a Pesquisa" escrevi para o prefeito: "é eleição para ser decidida nos detalhes. Não se pode errar, o tema tem que ser tratado com delicadeza, inteligência e sutileza". Junto defini as "Linhas Estratégicas" que deveriam ser adotadas e o "Plano de Ação" que seria implementado a partir de então.

O atendimento à Saúde era um dos pontos mais criticados dessa segunda gestão de Celso Giglio, situação agravada pelo fato de ele ser médico de profissão e ter feito muitas obras no primeiro mandato, inclusive um grande hospital. Principais demandas: falta de profissionais, demora na marcação de exames, filas. Aí descobrimos que naquele momento estavam sendo contratados 480 médicos de todas as especializações, mais uma grande quantidade de funcionários de nível médio, enfermeiros, atendentes e técnicos variados.

Para saber disso e fazer a inscrição, os candidatos tinham que entrar no *site* da prefeitura. Era esse o procedimento normal. Pois então faríamos algo anormal, decidi.

Criamos um *outdoor*, com um fundo vermelhão, com o nome das especialidades que estavam sendo procuradas — endoscopistas, anestesistas, ortopedistas, geriatras etc. — escrito em vermelho mais claro. Grandes letras brancas tomavam todo o espaço:

A PREFEITURA ESTÁ CONTRATANDO 480 MÉDICOS

Na assinatura, o local das inscrições (inclusive o *site*) e a logomarca da cidade. Curto e grosso. O veto veio da própria secretaria da Saúde:

— É gasto inútil, pois o pessoal se inscreve mesmo é pelo *site*. Poucos terão a chance de ver o *outdoor*, até porque não há profissionais só em Osasco para suprir todas as vagas. Muita gente vem de fora.

Na verdade, não pretendíamos falar com os interessados. O que faríamos com isso era informar à população que um problema grave da cidade estava sendo resolvido. Claro que sempre pode haver outras formas de informar, mas essa era a que tínhamos encontrado, fácil de fazer, rápida e barata, pois o processo de contratação já estava adiantado.

Solução bem diferente propusemos para tornar as obras mais conhecidas. Pedimos um levantamento e vimos que eram muitas, em todas as áreas: escolas, postos de saúde, passarelas de pedestre, quadras de esporte, avenidas sendo abertas. Exatas 366 obras já entregues e em andamento, com a promessa de que até o fim do mandato seriam 400.

O que todo mundo faz é a tradicional "placa de obra": o que é, quanto se vai gastar, quem vai se beneficiar. Umas mais bonitinhas, outras mais simples, é assim Brasil afora. Lá não podia ser diferente e até, a bem da verdade, as placas eram bem desenhadas. Mas a população vê uma aqui, outra acolá, acaba não tendo a visão do conjunto, da quantidade total de obras.

Nesse caso nem houve uma solução inovadora, mas a cópia pura e simples de uma providência do prefeito de Campo Grande, André Puccinelli, que desde o início da sua gestão foi numerando todas as obras e realizações. Só mudamos a forma. Lá o número já vinha na placa. Aqui propusemos que fosse acrescentado. Um grande círculo redondo de quase 1 metro de diâmetro era pregado num canto superior da placa existente. Pintada nele a informação: "OBRA 172". Começava na de número 1 e iria até a última, de número 400.

Minha pretensão: na entrada do ano eleitoral dar ao candidato o rótulo incontestável de "realizador". O trabalho começaria entre setembro e outubro e culminaria no aniversário da cidade, 19 de fevereiro, com a apresentação de um folheto simples com o número, o nome e a descrição de cada obra. Nesse dia o prefeito percorreria várias delas, com festa, foguetório e banda de música.

Sem tanta pompa, o prefeito também precisava se mostrar mais no dia-a-dia. Na quáli de agosto tinha aparecido uma queixa de que ele assumira muita importância, "antigamente era mais fácil falar com ele". Sugerimos que as visitas às obras, feitas sempre às quintas-feiras, passassem a ser diárias, usando a manhã para isso e a tarde para os trabalhos de gabinete. Era importante mostrar a presença física dele na cidade.

Nossas recomendações passaram a fazer parte da rotina da administração. Quando não estava lá pessoalmente, ligava uma secretária para perguntar:

— O governador convidou o prefeito para uma solenidade no palácio*. Ele quer saber se você acha que ele deve ir.

— Claro que sim. Já disse a ele que Alckmin será um grande eleitor em 2004. Não só deve ir, como deve estreitar os contatos com o governo estadual.

Do palácio pulava para os preparativos da inauguração de um restaurante que iria atender ao funcionalismo municipal.

— O que você acha deste nome?

E o sujeito me passou uma folha de papel com a logomarca pretendida: "FOME DEZ". Credo em cruz! No meio das duas palavras, um prato de comida.

---

* Palácio dos Bandeirantes, sede oficial do Governo do Estado de São Paulo.

— Repare que o prato está cheio, não é como o Fome Zero do governo federal, em que o prato está vazio.

Sem comentários!

Mas também havia a alternativa de chamá-lo simplesmente de "Restaurante do Servidor", deixando claro a quem ele se destinava. Ponderei que era melhor que o anterior, mas esses nomes grandes acabam sempre sendo engolidos por uma simplificação que o pessoal faz. Iria virar algo vulgar, como "Bandejão". Então seria melhor dar logo um nome que pegasse.

Virou, por nossa indicação, SERV-SERV. Pois ele não serve o servidor? E além do mais é eufonicamente semelhante à forma como as pessoas pronunciam a difundida expressão americana *self-service*, que identifica esse tipo de serviço.

No Brasil é comum as pessoas não entenderem os limites do trabalho de um consultor. Nesse caso, na falta de quem fizesse a criação, a nossa consultoria expandia suas atividades e, contra nossa vontade e nossa aptidão, estávamos virando executores.

Aí descobrimos que aquele político que nos pareceu superorganizado no contato inicial era só primeira impressão, apenas sonho nosso. Pude defini-lo então como um bom sujeito, às vezes mal acompanhado. Pior: em muitos casos o "mal" virava mau, para qualificar alguns caracteres e intenções.

Equipes de má qualidade e desorganizadas são muito comuns nessa circunstância, e ali a regra se mantinha. Na falta de qualidade, o prefeito optara por quantidade. Num desabafo, ele reconheceu que tinha a equipe possível, não a ideal, pois naquela cidade quem despontasse com brilho era absorvido pelo mercado de trabalho... de São Paulo.

Eram tantos os assessores e, conseqüentemente, tantos os palpites, que as reuniões viravam um pequeno inferno, sem foco. Ana Maria Tebar, minha assistente, e eu bem que tentamos colocar ordem, mas o normal era uma irritante improdutividade. Na hora todos concordavam, pois quem iria discordar do "doutor" (era assim que chamavam o prefeito)? Mas na seqüência nada acontecia, salvo algumas poucas exceções.

Os *outdoors* pedindo médicos, ninguém sabe, ninguém viu. Devem ter colado uma meia dúzia, sabe Deus onde. As andanças do prefeito pelas obras melhoraram, mas nunca chegaram ao ideal. A numeração das obras foi feita à meia-boca, como tudo. Diariamente, nas minhas passagens pela cidade, via placas sem número. Contava aos responsáveis em qual local tinha visto, prometiam consertar, 15 dias depois lá estava a placa sem número, no mesmo lugar, do mesmo jeito.

O motorista que me atendia na época casualmente morava na cidade. Um dia comentei que me garantiram que o folheto-tablóide "Osasco em Obras" tinha sido distribuído em toda a cidade. Ele contou que, pelo menos na casa dele, não tinha chegado. Talvez ele não soubesse, o folheto podia ter chegado quando ele estava no trabalho, por isso lhe dei um exemplar e pedi que, além de conferir na sua própria casa, desse uma conversada com os amigos. Dois dias depois ele me informou que, entre as pessoas de sua relação no bairro, um dos mais populosos da cidade, ninguém tinha recebido.

Muita providência foi pedida, muita ação sugerida, só uma parte não quantificável (talvez metade) foi feita. Mesmo assim chegamos ao final do ano de 2003 com uma situação melhor do que quando nosso trabalho tinha começado, com Celso Giglio crescendo, enquanto seu adversário caía no confronto direto de um contra o outro. Era o que mostravam as pesquisas quantitativas do Instituto Opinião, contratadas antes da nossa chegada, merecedoras de toda a confiança do prefeito e da sua equipe:

| | Maio | Julho | Setembro | Dezembro |
|---|---|---|---|---|
| Giglio | 41,93% | 43,33% | 44,26% | 47% |
| Emídio | 44,10% | 44,38% | 39,28% | 41,50% |

Muitos comemoraram. Menos nós, que sabíamos que o crescimento poderia ter sido maior. Sabíamos principalmente que, em termos qualitativos, aqueles cinco meses de trabalho poderiam ter rendido ainda mais.

Para encerrar o ano, inventamos uma "solenidade" no belíssimo e pouco usado teatro da cidade, onde o prefeito prestaria contas de três anos de gestão e apresentaria os planos para o último ano. Novamente enfiamos a mão na obra para que tudo saísse a contento. E saiu. A platéia lotada assistiu a uma bem ordenada apresentação, entremeada por cenas de vídeo mostrando as realizações. No coquetel de encerramento, os presentes receberam um livreto de 32 páginas — "Osasco cada vez melhor" — com a descrição completa da transformação positiva que vinha acontecendo na cidade.

Além de falar ao vivo com os formadores de opinião, o que queríamos era um mote para que toda a cidade recebesse aquele livreto, numa edição simples, em papel-jornal, e tivesse ciência de um volume muito grande de realizações. O plano era alcançar cem por cento dos moradores. Com boa dose de incredulidade, Ana Maria questionou:

— De quantos por cento será a cobertura real?

Achei melhor nem responder; não havia a possibilidade remota de dar um número com alguma credibilidade.

Com um "Veja isso!" de puro horror, ela mostrou o leiaute de um *outdoor* que propunham fazer para comemorar o aniversário da cidade. Ao lado de uma foto do prefeito com dona Glória, sua esposa, o letreiro decretava: "Parabéns, Celso Giglio. A cidade lhe agradece e o cumprimenta pelo seu aniversário".

Ana Maria recebeu a informação de que cumprimentavam o prefeito porque no mesmo dia em que a cidade fazia aniversário — 42 anos — também o prefeito comemorava o seu.

— Tudo bem. Mas por isso a cidade reverente vai agradecer e cumprimentar o prefeito, quando ela é que deveria receber cumprimentos?

A solução que apresentamos foi por outro caminho, insinuando uma extrema ligação entre o homem e sua cidade. Uma bonita foto do prefeito, com a cidade ao fundo, o título no céu azul e uma assinatura na parte de baixo:

NÃO É POR ACASO QUE OSASCO E CELSO GIGLIO
FAZEM ANIVERSÁRIO NO MESMO DIA.
SALVE 19 DE FEVEREIRO!
*Homenagem dos amigos do Prefeito Celso Giglio*

Talvez a única idéia correta do *outdoor* que parabenizava o prefeito fosse a presença de sua esposa. Uma pessoa serena e equilibrada, batalhadora incansável por dezenas de projetos sociais, era amada e admirada pela população em geral. Foi sacada daquela peça publicitária apenas porque não cabia ao conceito que definimos. Era uma ligação direta de Celso com a sua cidade.

Entretanto, ela participava de inúmeros outros eventos e materiais de campanha e sua presença forte sempre foi incentivada por nós, como um apoio de credibilidade humana. Entre todos as pessoas próximas do prefeito, certamente foi dona Glória quem mais ajudou, desempenhando, com habilidade e segurança, o papel que lhe era destinado.

Em seguida, o prefeito viajou para o exterior, para alguns compromissos oficiais e também uns dias de descanso. Aquele momento era um marco: na sua volta, começaríamos a incrementar a campanha propriamente dita.

Aproveitei esses 15 dias para percorrer a cidade, com meu motorista promovido a guia, aprofundando-me nos seus problemas. Na volta do prefeito, apresentei-lhe uma análise profunda com uma série de providências administrativas que deveriam ser tomadas. Vale a pena reproduzir a abertura desse documento, de 8/3/2004, na qual trato do conjunto administração/campanha, ressaltando os cuidados que precisavam ser tomados:

> Faltam sete meses para a eleição.
>
> Para começar, a equipe precisa entender que a forma de ver a situação atual é diferente de tudo o que aconteceu em eleições anterio-

res. Estamos lidando com um fato novo para todos vocês: a REELEIÇÃO. É totalmente nova para o prefeito, por exemplo, a situação de estar no comando da Prefeitura e, ao mesmo tempo, enfrentando todos os compromissos de campanha. Pode haver facilidades por um lado, mas seguramente há complicadores de outro.

A campanha precisa ir tomando corpo próprio, desligando-se da Administração, até mesmo pelos perigos que a "mistura" oferece. A própria Administração precisa de uma nova rotina, tendo em vista esse novo momento de trabalho, de forma a liberar o prefeito para a atividade política. Isso implica, entre outros aspectos, reformular a sua agenda diária de compromissos, delegar o que for possível da rotina administrativa, possibilitando a liberação de seu tempo e de suas energias para o esforço de campanha.

E para que a campanha se estabeleça é fundamental que sejam tomadas algumas providências urgentes:

- indicação de um comando, um núcleo político decisório, com seus respectivos componentes;
- montagem da equipe de campanha;
- escolha de uma sede, evidentemente separada da Prefeitura;
- elaboração de um Plano de Ação;
- definição de metas e recursos.

Na parte de providências administrativas, minhas andanças pela cidade tinham mostrado alguns perigos relevantes, ampliados por algumas decisões equivocadas e outras que já deviam ter sido tomadas.

A área da Saúde, tão criticada, apresentou-me uma agradável surpresa: as instalações e equipamentos eram de boa qualidade. Havia hospitais e postos de saúde bem equipados (visitei *todos*). Era só fazer com que funcionassem bem, atendendo a população sem burocracia e com rapidez. Um simples problema gerencial, que poderia perfeitamente ser resolvido a curtíssimo prazo, tirando essa pedra do meio do caminho eleitoral.

A questão das enchentes também poderia ter uma solução paliativa, já que a definitiva dependia, além de boa vontade, de verbas estaduais e federais. A água vinha de outros municípios, através de um braço morto, sem saída, do rio Tietê e atingia uma região bem definida. Ali se deveria fazer um trabalho de porta a porta, explicando a problemática e as providências já tomadas, para sutilmente eximir a prefeitura da culpa com que ela vinha arcando sozinha. Não precisava ser ressaltado que a próxima temporada de chuvas só deveria acontecer no verão, ou seja, após as eleições.

A notícia trágica: o IPTU — Imposto Territorial e Urbano, estava sendo aumentado. Corri para a Secretaria de Finanças com a pergunta pronta:

— Aumento de imposto agora, a seis meses da eleição? Se isso é necessário, por que não foi feito no ano passado, com tempo para ser assimilado?

Com a sua insensibilidade política, mas rastreado em razões financeiras, o secretário me explicou que não era um aumento. Tinham terminado um recadastramento e descobriram que as áreas construídas (base para cálculo do imposto) eram sempre maiores na realidade do chão do que no papel.

— Não é um aumento, é só uma correção — insistiu ele.

— É um aumento! — devolvi. — É assim que as pessoas vão ver. O que importa para elas é que vão pagar mais do que estavam pagando.

A promessa de reestudar o caso era simplesmente para se ver livre deste chato que, além do mais, não entende nada de finanças municipais. Fui embora certo de que eles iriam cometer essa insensatez.

A pesquisa quáli de abril, feita também pela equipe da pesquisadora Iracema Resende, não deixou nenhuma sombra de dúvida sobre os dois problemas maiores, no texto do relatório:

> Como queixas relacionadas ao seu governo, houve pontos que se apresentaram de forma consensual e foram considerados como graves em sua administração:
>
> - IPTU: a queixa se apresentou grave e espontânea. A maioria alega que o valor aumentou abusivamente e sem nenhum critério. Não foram raros os exemplos citados dentro dos grupos de aumento de até 300%. A taxa é considerada alta e pesa até para seus simpatizantes.
> - A saúde pública municipal foi o setor citado como o mais deficiente hoje em Osasco [...]. O caos instalado hoje na área, avaliada pela maioria como a mais importante na vida de um indivíduo, veio resultar em indignação, num estado geral de descontentamento e decepção.

O tema do imposto era um prato cheio para o PT, que desde março batia no prefeito sem parar, organizando manifestações "espontâneas" da população, para depois repercutir no *Cidade*, o seu jornal, com uma imensa foto colorida tirada daquele ângulo que parece ter mais gente do que teve de verdade. No alto da página, a manchete: "População protesta contra aumento abusivo do IPTU".

É nessa organização e montagem de fatos que reconheço a grande capacidade do PT. É o que eles sabem fazer melhor.

Vendo o jornal com os "protestos", pensei na "manifestação" que pedi para ser organizada contra o desemprego, numa das passagens de Lula pela cidade. Esse é um dos problemas graves numa cidade com grande número de operários como Osasco. E tinha aparecido numa pesquisa que o maior culpado seria o prefeito. Com o ato, eu pretendia simplesmente passar o bastão para o responsável de fato: o governo federal petista. Puro feitiço virando contra os feiticeiros. Preciso dizer que nunca foi realizada?

Agora havia nova oportunidade para isso, com a aproximação do Dia do Trabalho. Criamos um folhetinho preto-e-branco e pedi que fosse feita uma distribuição maciça dele nas ruas de muito trânsito de pessoas, nas portas de fábricas, casa a casa e até nas comemorações e desfiles que certamente aconteceriam. O texto era simples e direto:

1º de maio
Presente do PT aos trabalhadores:
DESEMPREGO
Lula prometeu criar 10 milhões de empregos em todo o Brasil.
Nenhum emprego foi criado até agora, a não ser para os dirigentes petistas, que assumiram milhares de cargos no governo.
E já se passaram 16 meses desde a posse.
Ou seja: já se foi um terço do tempo total de mandato (48 meses).
Só na Grande São Paulo — Osasco incluído — o número de desempregados já passa de 2 milhões.

PSDB de Osasco
Trabalhando para conseguir mais trabalho pra Você.

Tentei saber se o folheto havia sido impresso e distribuído, mas não consegui. O responsável tinha viajado. E eu que não me incomodasse tanto, pois, para a alegria geral do prefeito e de sua equipe, a pesquisa de maio do Instituto Opinião veio com números ainda mais reluzentes no confronto direto:

| | |
|---|---|
| Giglio | 51,72% |
| Emídio | 37,44% |

— Como é que você explica? — quis saber Ana Maria.

— Eu não explico. Apenas confirmo mais uma vez que a pesquisa quânti é para o candidato e sua equipe; a quáli é para nós, os consultores de marketing político. A quânti traz essas alegrias; a quáli nos traz preocupações. E o que vou dizer ao prefeito, lhe antecipo agora: estou preocupado!

O volante sobre o desemprego era mais um tiro na verdadeira guerra de materiais impressos, de distribuição direta, que se travava na cidade. Além das publicações "oficiais", sempre que o assunto era mais escabroso, lançava-se mão de outros títulos e panfletos com os quais ninguém poderia ser responsabilizado por xingamentos e ofensas. O mesmo acontecia nas duas campanhas. E era incontrolável; apareciam não sei de onde, escritos por não sei quem, impressos não sei onde. Nunca vi tanto papel impresso com tanta tolice escrita.

Um dos temas preferidos, de ambos os lados, era a fraude supostamente ocorrida na eleição anterior. O que ocorreu de fato foi um apagão das luzes na região onde estava acontecendo a apuração. No momento que isso aconteceu, a totalização dava uma pequena vantagem para Emídio. Com o retorno da luz a apuração continuou, mas a tendência se inverteu e Giglio ganhou por 4 pontos de diferença.

Alegação do pessoal do PT: durante o apagão, uma tramóia reprogramou os computadores das máquinas de votação, mudando o resultado.

Defesa do pessoal do PSDB: as últimas urnas apuradas eram de uma região onde Giglio sempre tinha maioria de votos.

Argumento do pessoal do TRE: as urnas eletrônicas são invioláveis, é impossível ter havido qualquer tipo de fraude.

Mas os petistas insistiam nisso e até conseguiam sensibilizar alguns eleitores que davam seu voto a um Emídio que ganhou e não levou, "injustiçado na última eleição". O tema arrepiava a equipe da campanha. Algum tempo antes, chegou-se a fazer um simpósio na Fito — Fundação Instituto Tecnológico de Osasco, para provar que a urna eletrônica era "garantia de verdade eleitoral".

Mas as acusações continuavam e os mesmos advogados que escreviam compêndios a respeito simplesmente não conseguiam tirar o assunto do *site* de Emídio e das publicações do PT com uma ação eficiente na Justiça Eleitoral que, em última instância, também estava sendo acusada, no mínimo, de conivência. É a velha história da mentira mil vezes repetida que vai se tornando verdade.

O tema nunca ocupou o conjunto mais importante das minhas preocupações. No início da consultoria pensei que, se Celso Giglio fizesse uma administração superaprovada, a população acabaria até agradecendo: "pode ter havido algo de estranho, mas isso nos deu um prefeito como esse. Que bom!"

Era muito tempo perdido com isso, em vão!

Na última quáli veio a notícia tranqüilizadora: só os eleitores do Emídio acreditavam na história; os indecisos apoiavam-se na falta de provas para dizer que isso não influenciaria a sua decisão de voto.

Outra perda de tempo imensa foi com a escolha do candidato a vice. Desde um ano antes, todo o grupo próximo do prefeito colocava Ana Paula Rossi como forte candidata. Ela é filha do ex-prefeito Francisco Rossi e tinha sido acolhida como secretária municipal de Promoção Social, numa composição política de reconhecimento ao passado do pai.

Logo que o nome me foi apresentado, ponderei como primeira impressão que a presença dela na chapa poderia aguçar uma das questões negativas mais usadas pela oposição: o mesmo grupo estava se perpetuando no poder, primeiro com Rossi, que indicou Guaçu Piteri, que indicou Rossi, que indicou Humberto Parro, que indicou Rossi, que indicou Giglio, que indicou Silas Bortolosso, que indicou Giglio, que agora indicava a filha de Rossi. Era a hora da "mudança" — os petistas adoram essa palavra!

Esclareci que nada tinha contra Ana Paula Rossi, mas não era oportuno indicar o vice com tanta antecedência. Melhor aguardar, deixar que os fatos se desenvolvessem, deixar para resolver isso no momento correto, em que o(a) vice pudesse acrescentar alguma vantagem e/ou algum ganho de qualidade para a chapa.

Fortalecendo meu pensamento, trouxe para o prefeito ler um artigo publicado dois anos antes em *O Popular*, principal jornal do estado de Goiás, quando se montavam as chapas para a eleição de 2002 e os vices estavam na berlinda.

**Competência deve ser o critério**

Candidatos em plena campanha, convenções partidárias à vista, chegou a hora do último lance no xadrez da montagem das chapas, a escolha dos vices. Escolha em geral difícil, complicada. Afinal, do ponto de vista eleitoral, qual o perfil ideal desse personagem? E a dúvida atinge muitas vezes a própria origem da questão: qual a importância desse cargo?

Pois o vice já foi tão importante que houve épocas em que ele era eleito diretamente. Votava-se no presidente e se votava também num vice, independente do voto principal. O eleito podia ser até de um partido diferente. Foi assim que João Goulart foi escolhido, numa dobradinha com Jânio Quadros. Jango era, na verdade, o candidato na chapa do Marechal Henrique Teixeira Lott. Mas as artimanhas eleitorais acabaram fazendo prevalecer a dupla Jan-Jan. Um apoiado pela extrema direita, outro carregando a bandeira do trabalhismo, com o apoio dos esquerdistas de então. Deu no que deu. A saudade fica apenas na lembrança de um tempo em que as mãos de direção políticas eram bem definidas.

De todo modo, faz parte da tradição brasileira dar pouca importância para o vice. Nunca se viu alguém comemorar o vice-campeonato de um time de qualquer esporte, dos desfiles das escolas de samba, ou de um concurso de miss. Não é muito diferente nas escolhas de candidatos a cargos no sistema político. Apesar de não faltarem exemplos da extrema importância que a função pode acabar assumindo. Sarney, Itamar, Geraldo Alckmin e tantos outros estão aí comprovando que as exceções sempre justificam as regras. Toda a importância do vice aparece quando ele deixa de ser o que é.

No momento eleitoral (como este que vivemos) pouco valor se dá ao que pode acontecer no futuro. A questão se reduz apenas à acomodação das facções políticas envolvidas. Ou à necessidade de atender a uma distribuição regional eqüitativa. Os dogmas estão à disposição de qualquer circunstância: candidato do Sul tem de ter vice do Nordeste, candidato da capital tem de escolher alguém do interior. E vice-versa. No fundo, uma grande bobagem. Nunca vi alguém ter mais ou menos votos por ter uma composição de chapa regionalmente correta. George Bush e seu vice, Dick Cheney, são do mesmo Estado, o Texas. O vice de FHC é de Pernambuco, um dos Estados onde a votação da dupla foi proporcionalmente mais baixa. Aliás, eis aqui um belíssimo exemplo de vice com verdadeira vocação para o cargo. Discreto, não aparece, não atrapalha. Ninguém percebeu que nesses anos de tucanato ele assumiu a Presidência por 83 vezes, num total de 324 dias.

O vice está na moda na atual temporada eleitoral. O PMDB andou pra lá, andou pra cá e acabou escrevendo certo, por linhas tortas. Sem nenhuma dúvida, a deputada Rita Camata é, pelo menos à primeira vista, a melhor solução entre todas as que foram tentadas, de Norte a Sul (na campanha de José Serra). O PT está entre uma alternativa "liberal", bem vista a olhos empresariais, e uma solução caseira, que também pode ser feminina, apesar de que agora, depois de Roseana e de Rita, a questão perdeu a originalidade. Ciro vai ter primeiro que botar de pé a confusa Frente Trabalhista, para depois se preocupar com esses "detalhes". Garotinho já perdeu um, por não ficar bem um candidato "socialista" ter um companheiro que militou nas fileiras do SNI de triste memória.

A experiência tem mostrado que o mais correto é escolher um companheiro de chapa que ajude no momento eleitoral e esteja, de qualquer modo, preparado para as eventualidades do futuro. Não precisa ser mulher, apesar da moda. Não precisa ser de uma região geográfica diferente. Na campanha de Fleury ao governo de São Paulo, em 90, o vice era o ex-ministro Aloysio Nunes Ferreira, então deputado. Os dois eram do mesmo sexo e da mesma cidade, São José do Rio Preto. O importante foi que Aloysio prestou um trabalho inestimável na campanha. Foi o aríete, a consciência crítica que acabou ferindo de morte o principal adversário, o ex-governador Paulo Maluf. E depois, no governo, não se limitou ao exercício das eventuais substituições. Acabou tendo um papel importantíssimo, dirigindo os mais significativos projetos da administração.

Nossa democracia teria muito a ganhar se, na escolha do vice, fossem deixados de lado os critérios de sexo, local de nascimento, ou simples acomodação política da chapa, prevalecendo o soberano critério da competência. Vice é vice, como se diz popularmente, desdenhando a função. Mas, com escolhas mais apropriadas, muitos problemas poderiam ser evitados. Pois, também, o futuro é o futuro. E, dele, só Deus sabe.

Mas o prefeito ou não leu, ou não aceitou as minhas considerações. No calor de um discurso, no lançamento de alguns projetos sociais, apressou-se e admitiu que Ana Paula Rossi seria sua vice. A quáli estava indo a campo e pedi que Iracema colocasse o tema em debate. Resultado:

Francisco Rossi apresenta hoje um resíduo negativo e ter Ana Paula como vice seria "grudar" essa negatividade em Giglio, seria reforçar o velho conceito da "panela". Essa vice-candidatura não acrescentaria muito. Se o Prefeito precisa se renovar, crescer, ganhar mais fôlego, Ana Paula Rossi não parece ser o caminho mais indicado.

O vice dos meus sonhos era Délbio Teruel, um jovem advogado de vida limpa, duas vezes vereador na cidade. Nas quântis ele sempre aparecia na terceira posição, sempre por volta dos 8%, numa eleição muito polarizada entre duas forças poderosas. Era candidato independente por um micropartido, mas o que pretendia mesmo era se posicionar na vida política da cidade. Por tudo isso, pedi que a quáli também checasse o nome dele. Resultado:

> Como vice de Giglio, boa parte dos eleitores externou credibilidade e receptividade, acreditando que Délbio poderia "emprestar" sua jovialidade e disposição para o atual prefeito, renovando a imagem de Giglio. É um nome limpo e promissor, com potencial de crescimento na carreira política futura.

Ao prefeito expliquei, mais uma vez, que nada tinha de pessoal contra Ana Paula. Tivesse ele certeza que eu seria um entusiasta da candidatura dela a vice, se alguma coisa me convencesse que o caminho correto era esse. Nem conhecia Délbio pessoalmente, nem tinha, nem nunca tive nenhum interesse que não fosse encontrar aquilo que considerava a solução mais adequada.

Finalmente convencido, o prefeito autorizou um amigo comum a procurar Délbio. A conversa entre eles foi muito rápida e pronto: tínhamos a chapa considerada ideal. Pelo menos aqui a solução final foi a melhor possível.

Rossi me culpou, inclusive com declarações à imprensa, e em represália lançou a candidatura da filha a prefeita, pelo minúsculo PHS (Partido Humanista da Solidariedade), prometendo que ela tiraria os votos que impediriam a eleição de Giglio. Também iniciou uma aproximação com o PT que, no fundo, era o maior interessado na propagação desse conflito.

Fiquei matutando que talvez a "briga" com os Rossi não fosse algo tão ruim assim.

Um episódio, que certamente teria mudado o rumo da eleição, não pôde ser explorado em profundidade, porque não se conhecia toda a sua extensão, só revelada por completo no ano seguinte, com o escândalo do mensalão e as outras denúncias que atingiram o PT.

O que tínhamos em maio de 2004 era apenas a ponta do *iceberg* envolvendo Rogério Buratti, o ex-assessor do ministro Antônio Palocci, que também tinha "aventuras" vividas em Osasco, junto de personagens bem conhecidas. O escândalo e as ligações entre os participantes foram denunciados pela imprensa em geral e sintetizados em Osasco num jornal assinado pelo Diretório local do PDT (Partido Democrático Trabalhista):

**Rede de corrupção atinge o PT de Osasco**

**Waldomiro Diniz** — o homem do PT que escandalizou o Brasil pela maracutaia com empresários de jogos tem laços em Osasco, através do seu braço direito, Rogério Buratti, que já foi funcionário de João Paulo na Câmara Federal e coordenou a campanha do deputado estadual Emídio do PT, em 2000.

**Rogério Buratti** — fundador do PT de Osasco junto com João Paulo e Emídio, andava de fusca em 79 e hoje acumula um patrimônio de R$ 1,5 milhão. Foi demitido da Prefeitura de Ribeirão Preto, acusado de corrupção. Foi assessor de Zé Dirceu e João Paulo. Voltou para Osasco e coordenou a campanha de Emídio do PT, em 2000.

**Emídio do PT** — Candidato do esquema petista, tenta esconder que Rogério Buratti foi coordenador da sua campanha em 2000. Usa o seu cargo na Assembléia para negar à imprensa a ficha funcional de Buratti, que revela que ele já trabalhou para Zé Dirceu e João Paulo.

**João Paulo Cunha** — Também tenta esconder que Rogério Buratti foi seu assessor especial na Assembléia Legislativa e vem impedindo a abertura de CPI para apurar o caso.

Nem a mente mais perversa podia imaginar aonde esse mar de lama iria chegar. Mas alguns sintomas já existiam. E o que se conhecia da postura dos adversários era preocupante. Em 4 de julho, o *Jornal da Tarde* denunciou, em artigo de Ipojuca Pontes, que "o PT conta com recursos financeiros jamais imaginados pelos demais partidos". Era um outro aviso daquilo que seria revelado só no ano seguinte: os milhões que jorravam do mensalão e afins.

Na próxima reunião com o comando da campanha (nem tive que esperar muitos dias, pois reunião é o que não faltava) levei o recorte do *JT* e alertei que certamente boa parte daquela dinheirama seria despejada em Osasco, cidade estratégica nos planos de crescimento do partido, mesmo sem imaginar que um tal Marcos Valério estava no esquema.

Garantiram-me que o jornal-denúncia do PDT teria uma tiragem de 200 mil exemplares, para serem entregues em *todas* as casas de Osasco. Dias depois, na qualitativa da Iracema Resende, de 40 pessoas consultadas, nenhuma mencionou ter recebido, ou ter tido conhecimento do jornal. Nenhuma!

Insisti muito para que a nossa campanha adotasse uma postura profissional, com um organograma bem definido, com definição de cargos e funções, segundo um modelo que apresentei. As tarefas deveriam ser entregues a executores que teriam de apresentar os resultados. Tudo isso foi falado numa reunião. Mas as reuniões eram tumultuadas, todos palpitavam em tudo, era tudo aprovado, mas pouco acontecia de fato. Vários projetos foram criados, elogiados e simplesmente abandonados.

Também não se dava a importância devida ao aspecto financeiro: jamais fora feita uma previsão, muito menos uma provisão. O empirismo dominava as ações de uma reeleição que a equipe do prefeito acreditava garantida.

O caso da televisão é um exemplo absurdo disso tudo. As campanhas na cidade nunca tinham tido horário gratuito na TV, simplesmente porque não havia TV. Mas no ano anterior uma empresa fabricante de antenas recebeu a concessão de um canal na cidade. Estava no ar com o nome de TV NGT, tinha sinal fraco, era captada em poucos locais, sempre com qualidade ruim. Tinha os estúdios em São Paulo, na marginal do rio Pinheiros, e a antena retransmissora na avenida Paulista. Mas não importava: era uma emissora com sede legal em Osasco e a lei mandava que ela transmitisse a programação eleitoral do município onde estava localizada. Avisei com todas as letras:

— Vamos ter programa de TV. Precisamos nos preparar.

Surgiram dezenas de idéias para enfrentar o problema. Até mandar um amigo do dono da TV falar com ele, para tentar impedir as transmissões. Dezenas de bobagens, menos a ordem para fazer o óbvio: preparar-se corretamente.

Primeiro foram procurar uma equipe local, que mal conseguia filmar casamentos e batizados, entregando a fita editada uma semana depois do evento, tão lenta era a capacidade de edição. Fui ver o local, o que fazer? O estúdio era uma antiga garagem, depois transformada em bazar. As prateleiras das quinquilharias ainda resistiam pregadas pelas paredes. A redação, direção, edição, recepção eram duas salas conjugadas, na parte de cima. Era a melhor perspectiva para a cidade, já que, se alguém precisasse de um vídeo profissional, o caminho melhor era procurar uma produtora de São Paulo. Em mais uma reunião, questionei com energia:

— Vocês imaginam o que é fazer um programa diário de cerca de 12 minutos?

Não imaginavam. E a discussão virou sobre o tempo do programa noturno, que tínhamos calculado com aproximação, mas dentro do que a lei determina. Será que não seriam 13 minutos? Talvez dez minutos e meio... Só havia entre eles um consenso: a televisão pegava mal e ninguém ia assistir.

Narrei vários casos em que uma televisão inexpressiva acabava tendo audiência local, já que a retransmissão da Globo que chegava na cidade era de outra região e na hora do horário político mostrava candidatos de outro local. Aí o argumento mudou:

— Não temos dinheiro para fazer televisão.

A ducha de água fria veio no meio de julho, quando o juiz eleitoral definiu oficialmente que, além de rádio, Osasco também teria programa e comerciais de TV. Faltava um mês para a estréia e estávamos na mais absoluta estaca zero. Tínhamos notícias de que o PT não só ficara muito feliz com a notícia, mas que também insistia para que a "TV secreta" — era assim que a chamávamos — fizesse um debate entre os candidatos.

Mais uma vez, tínhamos antecipado o fato. Nada fora feito e agora era correr atrás do atraso.

Montar um Programa de Governo também foi um parto — expressão bem apropriada ao médico ginecologista que era candidato à reeleição. Em geral, montar as linhas de ação para os próximos quatro anos é tarefa mais complicada para quem está na oposição, que não tem acesso a todos os dados. Para quem está no governo é mais fácil fazer a quantificação das demandas futuras, para serem elaboradas as propostas de cada área. Mas o nosso só ficou pronto tardiamente, depois que o adversário apresentou as suas propostas, parecendo que as nossas vinham apenas satisfazer uma necessidade da campanha, e não uma necessidade real da administração da cidade.

Se os marqueteiros adeptos de repetir campanhas estivessem trabalhando ali poderiam reproduzir, sem nenhuma dificuldade, o *slogan* tantas vezes usado por eles, Brasil afora, e até traduzido para a língua espanhola: Celso fez. Celso faz. Celso vai fazer muito mais.

Mas a nossa equipe, que é chegada a não repetir campanhas, baseada no fato de que as situações eleitorais podem até ter certa semelhança, mas nunca se repetem, foi procurar imagens e textos específicos para aquela situação.

Recentemente tínhamos tido algumas boas notícias:

- Osasco foi a única cidade, entre as 39 que formam a Grande São Paulo, que apresentou grande crescimento econômico;

- as pesquisas mostraram que também havia crescido o reconhecimento popular pela boa administração do prefeito;

- o governador Alckmin, que apoiava nosso candidato, se mostrava melhor apoiador do que Lula, que apoiava nosso adversário.

Para atender a uma demanda da população que pedia campanhas "para cima", sem agressividade e alto-astral, criamos uma marca que trazia a expressão que queríamos transformar numa espécie de grito de guerra nos comícios, carreatas, reuniões:

Viva Osasco!

Juntava-se uma exclamação de entusiasmo e aplauso, com um chamamento para curtir o que a cidade lhes oferecia de bom. E ainda trabalhava para levantar a auto-estima. Simples, direta, cheia de significados. Entre as duas palavras, uma mão estilizada com o polegar levantado fazia o tradicional gesto de positivo.

Isso resolvia vários aspectos de comunicação da campanha: era símbolo, *slogan* e marca, grito de guerra e gesto de entusiasmo. Acolhia em si uma doutrina: vamos viver bem! Vibrei. Era uma das melhores marcas que tínhamos criado em todos os tempos.

Toda essa teoria seria inútil (e eu jogaria a marca no lixo) se não tivesse sido aprovada com entusiasmo nos grupos de pesquisa qualitativa, conforme está no relatório: "Avaliação geral positiva, fazendo associação imediata com otimismo, mensagem positiva, alegria, 'coisa' boa. Mexe com a auto-estima do cidadão osasquense, embute vigor, alegria, trabalho. É Osasco viva."

Para responder à questão programática, também foram avaliados — e aprovados — dois outros *slogans*, que usaríamos complementando o "Viva Osasco":

— O que está bom vai ficar melhor;

— Osasco cada vez melhor.

A foto oficial da campanha, feita por Vania Toledo, ficou magnífica. E as cores que usamos em todas as peças foram o azul e o amarelo forte, cores do PSDB, excelentes para contrastar com o vermelho petista. Chegamos a preparar um Manual de Uso da marca e de todos os componentes visuais da campanha: de camiseta a faixa de rua; de *outdoor* a "santinho" (pequeno folheto de frente e verso) com os vereadores.

O receituário estava pronto e aprovado. Agora era utilizá-lo e, principalmente, pôr o bloco na rua para o grande desfile eleitoral.

Mas aos poucos fui descobrindo que a execução do nosso planejamento e o uso das peças promocionais que tínhamos criado estava cheio de falhas graves.

Num dia descobria um cartaz com a foto do prefeito em fundo esverdeado. O fundo azul denso, feito exatamente para realçar a expressão, tinha sido simplesmente substituído por um membro da equipe, encarregado de encomendar a impressão, que o achou "muito pesado". Passam mais dois dias e Ana Maria me traz um outro folheto comentando que havia "algo estranho com a foto do candidato". Olhei e logo saquei:

— É que eles inverteram a foto. Veja como o repartido do cabelo do prefeito, que é à esquerda, ficou à direita. Uma foto ao avesso, como está essa, muda completamente a pessoa.

Vou incógnito assistir a um comício e vejo tudo ao contrário:

- o plano de discurso que eu tinha escrito não estava sendo usado;
- o grito de guerra e o gesto não foram usados;
- até a música "Viva Osasco", que tínhamos encomendado a um compositor (e ficara ótima), tinha sido substituída pela música da campanha anterior, cantada quatro anos antes. Era uma composição "brejeirinha", que nada tinha a ver com o momento político que vivíamos. Sua letra infantilizava a questão:

*Celso Giglio, Celso Giglio,*
*O povo de Osasco gosta muito de você*
*Celso Giglio, Celso Giglio,*
*Seu nome nós não vamos esquecer.*

Mas isso tudo acontecia no varejo, porque no atacado a coisa ainda era pior. Eu já vinha implicando com as pesquisas do Instituto Opinião, e não era por ter criado certa reserva e um pouco de antipatia pelo pesquisador. Pois no início tentei conviver com ele, não tenho preferências pessoais, apenas exigências profissionais. Mas ele combinava o que fazer diretamente com o prefeito, não observava as minhas recomendações. Rapaz difícil, exercia uma auto-suficiência incompatível com o trabalho de equipe, em que a coordenação do marketing era exercida por mim. O pior era que eu já tinha encontrando algumas incorreções e discrepâncias. A pesquisa de julho veio com um resultado intrigante na comparação direta entre os dois:

| | |
|---|---|
| Giglio | 53,37% |
| Emídio | 33,67% |

A amostra do início de agosto, mesmo com a presença de outros candidatos, agora definidos, veio arrasadora em último grau:

| | |
|---|---|
| Giglio | 61% |
| Emídio | 25% |

Era bom demais para ser verdade. Inspirado em São Tomé (que deve ser amigão de Santa Rita), fui ver — li e reli o relatório —, e não acreditei. Havia induções, não posso afirmar que eram propositais. Mas constatei que a formulação do questionário podia conduzir a um resultado favorável ao prefeito.

Nessa época, Emídio foi confirmado candidato oficialmente, sob as bênçãos do padrinho político, o deputado João Paulo Cunha, que assumiu a coordenação da campanha. Para este, o resultado era muito importante, na pavimentação da continuidade de sua carreira política, já com uma passagem pela Presidência da Câmara dos Deputados, consolidando-se em São Paulo nas pretensões de candidato a governador.

Dia 6 de julho, data em que a lei permitia o início da propaganda, Osasco amanheceu vermelha. Não havia um só poste nas grandes avenidas que não ostentasse o imenso pôster do candidato. Onde houvesse um terreno baldio, havia um minioutdoor. Nos muros, letreiros desenhados e cartazes colados. Nos bairros, carros de som e gente distribuindo folhetos. Trabalho de profissionais.

O *slogan* era simples, mas estava bem afinado com a palavra de ordem principal — "mudança" — e com os conceitos aos quais eles vinham dando importância:

VIDA NOVA PARA OSASCO

Vida nova sem a "panela" que está no poder desde sempre.
Vida nova com o IPTU mais baixo.
Vida nova sem enchentes.
Vida nova com a saúde funcionando bem.
Vida nova com segurança reforçada, casa própria, emprego para todos.

O próprio céu aqui na terra. Ah, como é fácil ser oposição quando se encontram fragilidades do outro lado!

A campanha era boa, forte. Mas gente do próprio PT comentou que a campanha que fazíamos para o Carlinhos de Almeida, em São José dos Campos, era melhor e mais encorpada que essa, apresentada pelo partido em Osasco.

Senti fortemente, e na própria pele, a complicação daquilo que chamo "contingências do momento eleitoral". As campanhas das três cidades onde estava trabalhando (Osasco, Campo Grande e São José dos Campos) tinham incríveis semelhanças nas proposições, com o PT na oposição em todas. Mas a prática alimentava diferenças absolutas no comportamento de todos, principalmente nas campanhas dos que estavam ou eram apoiados pelo governo vigente.

Se em Osasco houvesse a definição total através da mídia eletrônica, talvez as definições pudessem ser outras. Com um poderoso veículo de comunicação na mão, seria mais fácil mostrar os resultados reais da administração de Giglio, do que a fantasia mentirosa de uma "vida nova" inalcançável.

O PT se mostrava profissional principalmente no trabalho de rua, que na cidade era o coração e a alma da campanha. Gente contratada, bem treinada, bem dirigida. Estimativas feitas por nossos "espiões", que foram assistir a sessões de recrutamento, falavam em números que iam de 5 a 12 mil pessoas.

No quesito mobilização, nosso pessoal partiu de uma premissa errada e foi errando até o fim. No início do ano tinham me mostrado um fantástico plano para treinar 1.500 voluntários, que fariam todo o trabalho de campo. A teoria era linda, a cidade esquadrinhada, cada região com o seu responsável. A partir deles se faria uma capilaridade que atingiria todas as ruas, quarteirão por quarteirão. Não tinha erro.

Só que esse grupo era formado por funcionários públicos, ou pessoas de alguma forma ligadas à prefeitura. Fui ver uma das reuniões preparatórias e o responsável se apressou em esclarecer:

— Não houve nenhum tipo de pressão. Todos estão aqui por livre e espontânea vontade.

Era uma dessas verdades dissimuladas. Realmente não foram pressionados, muito menos ameaçados. Foram convidados. Mas qual funcionário ousa recusar um convite desse? Agora, querer que ele saia de casa e vá distribuir folhetos nos fins de semana e nas suas horas de folga é certa ingenuidade.

Fiz essas ressalvas desde o início, quando me mostraram o fantástico plano de voluntariado. Depois, fui ainda, por força do ofício, a reuniões para tentar motivar esse pessoal, fiz palestras ilustradas, trouxe depoimentos emocionados. Mas dava para sentir o desânimo no semblante de cada um, assistindo àquela xaropada à noite, quando podiam estar em casa vendo a novela do momento.

Enquanto o PT profissionalizava, nossos amadores batiam cabeça. No meio de todas essas preocupações, vislumbrando o desastre que se anunciava, preparei um documento e fui entregá-lo pessoalmente ao candidato:

**Alerta à campanha Celso Giglio**

Tenho por repetidas vezes chamado a atenção da Campanha Celso Giglio para questões de andamento dos trabalhos, que vão desde a mistura de ações da administração com ações eleitorais, até o perigo representado pelo provável desempenho eleitoralmente agressivo (já que precisa ganhar posições) do adversário.

Agora vejo no horizonte perspectivas perigosas e não posso me furtar de apontá-las novamente.

1. Não temos pesquisa quantitativa com credibilidade. A última, feita pela Opinião Pesquisa, beira as raias da insensatez. Enquanto isso nosso adversário contrata um "grande pacote da Vox Populi, incluindo a análise permanente dos efeitos da TV nos eleitores", segundo me foi dito pessoalmente por um funcionário daquela empresa.

2. Dentro da equipe diretiva da campanha alterna-se um clima inconseqüente de "já ganhou!", com roubalheira e com uma desenfreada disputa por posições — todos de olho numa "vitória" provável (mas que ainda não se concretizou, sendo que para isso acontecer é necessário trabalho, amor e dedicação de uma equipe coesa). Agem assim de forma absolutamente deletéria, as preocupações personalistas se sobrepondo ao desempenho da Candidatura.

3. A questão da TV e do Rádio foi tratada de maneira irresponsável e superficial, sem perceber o alcance desses meios de comunicação. Agora, chega-se a uma situação extrema, a uma semana do início da programação, contratando-se uma equipe técnica de baixo nível e propondo-se a contratação de uma equipe de produção editorial quixotesca, com um "comando" interno que não sabe, nem imagina, o que é um programa de TV.

4. Há cerca de um mês cogitei assumir mais esse desafio, como forma de colaboração excedente às minhas obrigações para a Campanha. Isto acarretaria, inclusive, uma certa dose de sacrifício pessoal. Para muitos da equipe pareceu ganância e tomada de mais

uma posição. Hoje, estou impossibilitado de contrair mais essa tarefa, por ter nesse período preenchido o pouco tempo útil que me restava. E também (por que não dizer) por falta de condições emocionais para ter mais essa missão na Campanha.

Espero estar prestando mais um serviço com este "Alerta" e me coloco à disposição perante as duas alternativas que me restam:

- continuar como Consultor;
- ser desligado completamente da Campanha.

5. De todo modo sinto-me honrado com o carinho e a confiança em mim depositados pelo Prefeito Celso Giglio.

CSR/Osasco. 10/agosto/2004

Ele leu, ficou me olhando em silêncio, deu uma nova vista nas duas folhas de papel. Por fim falou, resignado:

— Você tem razão em tudo o que aponta aqui, mas tenho certeza que a sua saída, neste momento, será um baque muito sério para a campanha.

Insisti que preferia ir embora. Expliquei que, ao contrário do que ele pensava, minha saída poderia representar um despertar interno, fazendo as pessoas acordarem da letargia em que estavam.

Nada adiantou. Estava irredutível, prometendo tomar providências imediatas. Imagino que se apegava aos nossos acertos anteriores, na esperança de que continuassem acontecendo para tirá-lo da solidão política em que se metera. Apertou minha mão com emoção; mais que uma ordem, fez um pedido:

— Fique!

Acabei concordando por inteira consideração pessoal. Era preciso respirar fundo, apagar ressentimentos, torcer para não se arrepender na manhã seguinte, tocar em frente. Ana Maria Tebar, a quem eu tinha garantido que não ficaria, em hipótese alguma, me esperava na ante-sala.

— Vamos ficar... pelo Celso Giglio!

As providências prometidas vieram dentro do possível, claro. Como a verba destinada para a pesquisa era muito pequena, optei em fazer cinco quântis semanais com o Ibope, entre o final de agosto e o mês de setembro, para acompanhar o desempenho na reta final. Com um questionário bem montado supriríamos a falta das quális.

Também indiquei uma produtora de vídeo em São Paulo, capaz de fazer os programas de rádio e TV de modo aceitável, apesar dos recursos diminutos e do tempo escasso. O acordo com ela foi fechado dois dias antes de começar o horário eleitoral — acho que é recorde nacional. No primeiro programa deu só para apresentar uma entrevista com o candidato. Depois foi sendo dinamizado e virou um programa que não nos envergonhou.

O programa de TV do PT era um programa bem-feito, correto. Tivemos informação de que era feito por uma produtora de Belo Horizonte, como se em São Paulo não houvesse profissionais e equipamentos capazes de executar a tarefa.

O Ibope mostrou, na pesquisa realizada entre 7 e 9 de setembro, que aumentava cada vez mais o interesse pela programação de TV. Nesse momento, um terço da população já sabia da existência dos programas. E, entre eles, a maioria achava que o nosso era melhor que o dos adversários. Como queríamos demonstrar.

Num debate realizado pela TV no meio de setembro, faltando 15 dias para a eleição, a audiência chegou a alcançar 12% dos aparelhos, de acordo com os dados precários que existiam.

No debate em si não houve um grande vencedor. Mas, como nessas horas o fato se torna menos importante do que a repercussão dele, fizemos um jornal em tempo recorde, mostrando que Giglio tinha ido muito bem. Ao amanhecer do dia seguinte, seis horas depois do encontro, 200 mil jornais estavam impressos, para distribuição em toda a cidade.

Quantos foram de fato distribuídos? Nossa equipe de consultoria já não tinha nenhuma curiosidade em saber... O tempo todo fizemos a nossa parte com dedicação e zelo. Apenas não dava mais para sofrer com as incompetências que nos cercavam.

Lamentamos profundamente nesse período a proibição judicial de uso da nossa marca "Viva Osasco". Quando ela foi criada, ninguém nos informou que, alguns meses antes, houve um projeto denominado "Osasco Legal", para regularizar as relações dos cidadãos com o município, cujo símbolo era exatamente uma mão fazendo o sinal de positivo, como o nosso. Era assunto muito antigo, nada semelhante à nossa mão na logomarca da campanha. Mas o PT reclamou, o senhor juiz aceitou... e proibiu.

De resto, a campanha não comprometeu. Havia sempre nas pessoas o sobressalto da votação que teria Ana Paula Rossi. Corriam boatos e chegaram a "anunciar" pesquisa em que ela aparecia com intenção de voto de 20%. Puro terrorismo. As quális já tinham mostrado que o voto dela não era "tirado" de Giglio. Era uma espécie de voto de protesto, exatamente contra ele. E o Ibope também confirmava essa tendência. Nas quatro pesquisas de setembro ela se manteve exatamente na mesma posição: 6%.

Aliás, a eleição passou o mês inteiro praticamente estagnada. As pequenas oscilações nos números do Ibope se deveram mais ao exercício da margem de erro do que a movimentos de campanha.

| **Setembro** | **7 a 9** | **14 a 16** | **21 a 23** | **28 e 29** |
|---|---|---|---|---|
| Giglio | 42% | 44% | 38% | 40% |
| Emídio | 34% | 32% | 36% | 35% |

Não era uma situação tranqüila, mas também não era desesperadora. Pelo menos chegávamos às vésperas do dia de votação com uma diferença de 5 pontos a favor.

O que tínhamos de fazer era um último grande esforço que, numa reunião com todo o pessoal de mobilização, chamei de "arrancada final". Conversar com as pessoas mostrando duas peças fundamentais:

1. o livreto *Osasco no rumo certo* fazia um balanço dos quatro anos de administração, cujo conceito de aprovação tinha crescido durante a campanha;

2. o livreto *Osasco cada vez melhor* apresentava as metas para os próximos anos que também eram consideradas, pela população, como melhores do que as apresentadas por Emídio.

Adicionalmente mostrar que o PT era muito bom de promessa, mas deixava a desejar no governo:

— Lula já não estava tão confortável nos seus números de aprovação, enquanto nós tínhamos a emulação de Geraldo Alckmin;

— e na eleição que acontecia ali ao lado, em São Paulo, José Serra, também do PSDB, como Giglio, estava bem na frente da petista Marta Suplicy — garantia de governos "irmãos" nas cidades umbilicalmente ligadas.

Terminada essa conversa, Ana Maria e eu fomos chamados para uma reunião "importantíssima" no comando da campanha. Um pequeno grupo presente, olhares conspiratórios, uma voz baixa anunciou:

— Temos aqui duas "bombas" que vão acabar com a eleição!

A primeira era um jornal dramaticamente negro, que anunciava que o vice de Emídio, Faisal Cury, um médico respeitado na cidade, não passava de um "assassino". Ele era dono de uma clínica onde três mulheres morreram por imperícia, segundo noticiava um jornal de sindicato. E era para esse "criminoso" que Emídio iria entregar a saúde do povo osasquense. Uma grosseria das piores que já vi. A peça veio para a minha mão carregada por um silêncio absoluto. Coloquei-a na mesa, na minha frente; não me dei ao trabalho de abri-la. Com as mãos em cima, olhei fixo para todos, um a um.

— Vocês querem minha opinião? Eu não distribuiria este material. Tenho várias razões, mas vou lhes dar só uma: isto é um bumerangue que vai voar para atingir o adversário, mas vai voltar direto contra a nossa cabeça.

A explicação para isso era muito simples:

- a população não gosta de baixaria;
- naquele momento, vésperas da eleição, aquele jornal meio irrespondível virava golpe sujo, de baixa credibilidade;
- se a denúncia era séria e comprovada, devia ter sido feita antes, de peito aberto, comprovada e assinada;
- era ingenuidade pensar que o material apócrifo não seria identificado como "feito pela turma do prefeito".

A outra "bomba" era, sim, muito grave. O PT tinha feito um grande showmício para encerrar a campanha, com a presença dos cantores Zezé de Camargo e Luciano, e mais uma constelação de estrelas partidárias. O palco foi armado num dos únicos terrenos baldios que a cidade tem próximo ao centro. Só que esse terreno pertencia ao Exército Brasileiro, que não tinha dado permissão para uso. E mais: a lei eleitoral proíbe que áreas públicas sejam usadas para fazer campanha. O advogado, consultor e amigo de Giglio, presente à reunião, foi definitivo:

— A pena para isso é a cassação da candidatura do Emídio.

Ana Maria disse-me depois que meus lábios tremiam quando perguntei:

— Mas vocês não estão pensando em fazer isso agora, na semana da eleição?

Nós estávamos apenas sendo informados. Os olhos do advogado brilhavam:

— Já entramos com o pedido, ele será julgado amanhã no TRE de São Paulo. Mas fiquem tranqüilos, as provas e evidências são insofismáveis, a lei é claríssima, não há como evitar a cassação.

Eu realmente tremia. Expliquei que iriam apenas vitimizar o Emídio. Aquele terreno abandonado era usado por todo mundo, ninguém dava bola, outros shows já tinham sido apresentados ali e até um circo tinha erguido suas lonas no local, tempos atrás.

— Mas e a lei?

A lei dá oportunidade de interpretações. Quando ela proíbe que se faça campanha nos próprios espaços públicos, é para impedir, por exemplo, que o prefeito reúna os funcionários no pátio da prefeitura e faça um comício. Naquele terreno baldio pode ser diferente, pode dar margem à discussão. E, depois, a Lei Eleitoral é uma colcha de retalhos, é confusa...

Mas o advogado falava ao invés de ouvir:

— Consultamos um desembargador aposentado, nosso colega de escola, e ele diz que a candidatura do Emídio não escapa dessa.

Estava claríssimo para mim, com toda a experiência em lidar com a Justiça Eleitoral nesses anos todos, que havia uma situação de extremo perigo. Em São Paulo até poderia sair uma liminar, cassando a candidatura. Mas a decisão iria para Brasília e eu garantia que nenhum juiz cassaria uma candidatura numa cidade importante, na véspera da eleição, por um motivo desses. Qualquer juiz minimamente sensato deixaria que a eleição acontecesse primeiro, para depois examinar o processo com calma. Fiz uma última tentativa:

— Usem alguma fórmula jurídica, ou algum contato que o desembargador amigo tenha para tirar esse processo da pauta de votação do tribunal.

Fui para o extremo da dramaticidade:

— Não sou jurista, mas sei que isso que vocês estão fazendo tem uma expressão consagrada no imaginário popular: "querem ganhar no tapetão". Pelo amor de Deus, parem com isso.

O caso Cury pode nos tirar alguns votos. A vitimização do Emídio pode nos tirar a vitória.

Não houve jeito. Tivemos informação que o folheto apócrifo fora mesmo distribuído, mal recebido pela população e debitado ao prefeito, que "não podia ter feito isso, até porque também é médico".

No dia 1º de outubro, dois dias antes da eleição, o TRE de São Paulo cassou o registro do candidato do PT, para espanto e estupefação de toda a cidade de Osasco. Virou o grande tema pré-eleitoral, com a expectativa do que aconteceria no julgamento em Brasília.

O julgamento no TSE foi na véspera da eleição. O pessoal do PT — assim como eu — sabia da grande possibilidade de ter um resultado favorável. Por isso, montou um grande esquema para comunicá-lo rapidamente a toda cidade. As reuniões no comitê de Emídio eram acompanhadas por todo o alto comando partidário.

As rotativas estavam só esperando para rodar o jornal festejando a volta do candidato que enfrentara até o "tapetão" armado pelos adversários que, não podendo ganhar no campo, partiam para o jogo sujo de tentar ganhar no tribunal. Agora era hora de fazer justiça, inclusive por causa do "roubo" de quatro anos antes, lembram?

Na noite de sábado, o plenário do Tribunal Superior Eleitoral concedeu uma liminar suspendendo os efeitos da decisão da Justiça Eleitoral de São Paulo. A cidade incendiou-se naquela noite. E no dia seguinte foi votar.

Assim, uma eleição que esteve com total possibilidade de ser vitoriosa ainda no 1º turno foi levada para o 2º turno em posição inferior.

| | |
|---|---|
| Emídio | 46,6% |
| Giglio | 43,6% |
| Ana Paula | 6,5%* |

* Números oficiais do TRE.

No dia seguinte à tarde, fui ao escritório da campanha e me reuni a sós com o prefeito. Informei a ele que não poderia, sob nenhuma hipótese, trabalhar na campanha do 2º turno, pois não concordava com as atitudes tomadas na campanha, contrariando minhas idéias e o meu parecer claramente explicitado.

Ele ainda perguntou de que forma eu poderia reconsiderar minha decisão, mas expliquei que a incompatibilidade com a equipe de campanha dele era absoluta. Alguém dessa turma espalhou nota pelos jornais, dizendo que eu fora demitido. Só duas pessoas sabem o que aconteceu de fato: Celso Giglio e eu.

Três dias depois ainda recebi um telefonema dele pedindo que eu agregasse a equipe de rádio e TV, que se tinha dispersado com a minha saída. Reuni os profissionais naquela mesma noite no meu escritório, coloquei-os em contato com o chefe da campanha, mas me retirei para sequer participar da negociação.

Pelos jornais soube que o TSE, em decisão unânime, manteve a candidatura de Emídio, por entender que aquele terreno baldio era freqüentemente cedido para uso compartilhado da comunidade. A campanha do 2º turno estava em meia viagem.

Com muita tristeza soube do resultado final, com a confirmação da vitória do petista (52,5% a 47,5% dos votos válidos).

Se houvesse a possibilidade de algum consolo para a derrota, eu poderia afirmar, depois de tudo o que vi e do que participei, que o desempenho do prefeito acabou sendo o melhor possível — perdeu por pouco.

Em meio aos rescaldos do escândalo do mensalão, fechou-se para mim o quadro dessa campanha. Enquanto lutávamos para conseguir verba até para uma simples pesquisa, a campanha do adversário mostrava grande ostentação financeira.

A explicação apareceu nas páginas da *Folha de S.Paulo*, do dia 22/6/2005. Título: "Valério atuou na campanha municipal do PT". Subtítulo: "Publicitário acusado de ser o operador do mensalão montou agência com o objetivo específico de atender candidatos petistas".

(Lembrei da incompreensível equipe de TV que veio de Minas Gerais para atender a candidatura de Emídio, em São Paulo.)

Na reportagem, o próprio secretário de Governo e Comunicação de Osasco, na gestão petista, reconhece que o trabalho da empresa de Marcos Valério "foi peça-chave na campanha de Emídio".

E, à medida que vão surgindo os depoimentos dos "mensaleiros", respondendo às acusações na Justiça, novos indícios apareceram para explicar o que ocorreu naquela eleição, em Osasco. Em 18/12/2007 foi a vez de o deputado Paulo Rocha (PT-PA) trazer à luz um novo fato. Questionado se não estranhava o fato de Marcos Valério pagar dívidas do PT, respondeu singelamente:

— Não, ele era contratado do PT para ser marqueteiro do João Paulo Cunha.

Pois é, enfrentamos uma gangue profissional, com uma tropa de amadores incompetentes.

Quando comecei a reunir os materiais para escrever este livro, Ana Maria Tebar perguntou qual seria o título do capítulo sobre a eleição em Osasco, na qual ela tinha padecido tantas aflições. Respondi direto:

— "Se contratar um consultor de marketing político, ouça o que ele tem a dizer!"

## Outras consultorias

Nas eleições municipais de 2004, pude exercitar também minha condição de ser apenas profissional, sem vínculos partidários. Foi assim que trabalhei para candidatos de vários partidos e várias origens, como as campanhas que descrevi neste capítulo para Nelsinho Trad (PMDB), Carlinhos de Almeida (PT) e Celso Giglio (PSDB), que encabeçavam coligações com praticamente todos os partidos do espectro político brasileiro.

Como sempre faço, o atendimento de cada um desses trabalhos foi feito pessoalmente. Cada um deles tinha uma equipe de execução fixa, montada na cidade-base. Na nossa sede, em São

Paulo, mantínhamos uma coordenação geral, junto a um núcleo de criação, com redator e diretor de arte trabalhando para todas as campanhas.

Com três envolvimentos desse porte, em cidades distantes umas das outras, praticamente se esgotou minha capacidade física e mental para atuar em outras campanhas, que acabei tendo que recusar. Só sei trabalhar me envolvendo e participando diretamente do processo. Não sei fazer "franquia", para poder atender a um número maior de clientes, sem conseguir atender bem a ninguém.

As campanhas estão sempre em tensão e crise. Se o candidato está na frente, o problema é não deixar que ele caia. Se está atrás, é preciso subir. Em ambos os casos as emoções estão à flor da pele, os nervos em frangalhos, a incerteza comandando as ações. Alguém precisa ter a cabeça fria para poder indicar o rumo a seguir.

É essa capacidade que também procuro desempenhar quando faço o que chamo de "Pronto-socorro eleitoral", para fornecer elementos que possam arrumar uma campanha em geral desordenada. É um trabalho de 24 horas que funciona da seguinte forma: ao chegar ao local — cidade ou estado —, peço para ver tudo o que há de pesquisa, todas as peças que foram criadas, aparições do(s) candidato(s) na televisão. Na seqüência, faço uma reunião com a equipe de campanha. Por último, uma conversa com o candidato e seus colaboradores mais próximos. Esse mergulho me ocupa entre 8 e 12 horas.

Durmo com todos os dados e informações; no dia seguinte está pronto um relatório que normalmente divido em duas partes: "diagnóstico", em que dou minha visão do quadro e da situação local, e "sugestões", para idéias e linhas de trabalho que podem desembocar até num plano de ação.

Em 2004 operei dessa forma em Joinville e em Foz do Iguaçu. Em Santos, o trabalho chegou ao início do desenvolvimento da campanha, mas teve que ser interrompido. De todo modo, são três bons exemplos, pela diversidade de encaminhamentos que propiciaram.

## Joinville — SC

Meu primeiro contato com o prefeito Marco Tebaldi (PSDB) e sua equipe ocorreu ainda no início do ano eleitoral, em março, quando fui convidado a participar do IV Encontro sobre Gestão Pública e Políticas Sociais, que reuniu, em Joinville, as principais lideranças do partido em todo o Estado de Santa Catarina. Afinal, o partido estava no governo da maior cidade do estado, maior até que a capital Florianópolis. Na ocasião, fiz uma palestra sobre as formas de utilização do marketing político nas eleições que se aproximavam.

Em 2000, Tebaldi (que tinha sido vereador e secretário de Habitação) elegeu-se vice-prefeito na chapa encabeçada por Luiz Henrique da Silveira (PMDB). Dois anos depois assumiu a prefeitura, quando o prefeito saiu para ser candidato e se eleger governador. Agora seria ele próprio o candidato à reeleição, sem ter tido muito tempo para mostrar serviço, já que viera para o posto na metade do mandato.

No início de julho, recebi outro telefonema de Ben-Hur de Lima, secretário de Comunicação da prefeitura, que tinha se afastado para coordenar a campanha que se iniciava. Pedia que eu fosse até lá "para dar uma checada no que estamos fazendo". Era natural que houvesse alguma insegurança no ar, pois os adversários seriam dois políticos muito conhecidos na cidade: Carlito Merss (PT), um deputado federal muito atuante, e Kennedy Nunes (PP), um radialista muito querido, bom comunicador.

Passei um dia inteiro na cidade, vi pesquisas, vi a comunicação que se fazia e a que se pretendia fazer na campanha, assisti a vídeos e entrevistas, conversei com o prefeito e com assessores próximos. No dia seguinte, cumprindo o ritual, deixei com eles um documento que é um bom exemplo de uma análise feita com isenção, que ajuda a campanha a ter tranqüilidade para a tomada de decisões.

## DIAGNÓSTICO

### I — Pesquisas

Parecem em geral corretas, com credibilidade. Mas são um pouco confusas. Podiam aprofundar mais as questões, dar mais respostas. Precisam se integrar, quális e quântis, cada uma respondendo a questões levantadas pela outra.

*1. Qualitativa*

1.1 A pesquisa realizada no fim de junho não esclarece se houve algum crivo na definição dos GDs, com relação aos eleitores: grupos de indecisos, ou de simpatizantes de A ou B, ou grupos que rejeitam algum candidato. Esses crivos são importantes para que se conheça a razão da indecisão, da simpatia ou da rejeição. É importante conhecer essas razões, para que se possa interferir nelas, estimulando e ampliando intenções favoráveis ao candidato, ou contendo intenções desfavoráveis quando ainda nascentes, não permitindo que se alastrem.

Também não há um crivo geopolítico, que é importante para que se identifiquem questionamentos regionais.

1.2 A função da quáli não é apenas diagnosticar, mas, principalmente, explicar e dar os porquês. Dar conclusões. Na pesquisa lida isso só é feito rapidamente no item "Saúde", mas passa batido em várias outras questões como emprego, transporte etc. Seria bom saber, por exemplo, o que as pessoas pensam sobre o novo estádio.

1.3 A certa altura se fala sobre "impressões sobre o debate" mas não se sabe de onde vieram as informações. Houve um grupo específico de acompanhamento do debate? Se não houve, no próximo é importante que haja um ou dois grupos assistindo ao debate "ao vivo", para que sejam fornecidas informações ao candidato nos intervalos e para que, no final, tenha-se uma avaliação de como a população viu o desempenho de todos.

*2. Quantitativas*

2.1 Na pesquisa realizada em junho/julho faltam alguns cruzamentos e informações que são de capital importância:

- classe social (renda e escolaridade);
- idade e sexo;
- bairro onde reside.

Com o cruzamento dessas informações se consegue identificar o desempenho do candidato setorizadamente. Exemplo: está indo bem entre os mais pobres, mas tem dificuldade de penetração na classe média. Ou: é mais bem aceito pelos homens do que pelas mulheres. Ou, ainda: em qual bairro a demanda por asfalto é mais forte. Etc., etc.

2.2 Na avaliação das administrações há uma estranha mistura entre quáli e quânti. Muitas vezes não dá para identificar o que é o quê. Há os números do governo Luiz Henrique (61,2% de aprovação), há os números do governo Lula (33,4% de aprovação), mas não há números de aprovação (ótimo e bom) do governo Tebaldi.

2.3 Dois dados chamam a atenção:

- a demanda por Saúde é realmente muito grande;
- quase metade da população (45%) não sabe quem é Tebaldi.

## II — O Debate

De modo geral pode-se considerar que o resultado final foi positivo, serviu como treino e como lição, apesar de pequenos problemas que deverão ser evitados futuramente:

*1. Postura*

Nosso candidato estava com uma roupa errada — camisa amarela e terno quase lilás —, balançando o corpo em excesso, com olheiras, a boca seca.

*2. Conteúdo*

Muitas vezes passava a impressão de não ter o domínio de dados e de informações, nem segurança nas perguntas que fazia e nas respostas que dava. Nitidamente não tinha sido "preparado" para debater com seus adversários, que são parlamentares mais experientes.

## III — Peças da campanha

Qualidades gráfica/visual excelentes, discutíveis com relação à estratégia que a campanha seguirá, conforme detalharei a seguir.

## SUGESTÕES

### I — Pesquisas

Fazer uma PROGRAMAÇÃO de quális e quântis interligadas, incluindo GDs (grupos de discussão) para pré-testes de materiais e para análise dos programas do horário político e dos comerciais — nossos e dos adversários (TV Fiscal).

### II — Debates

- Com relação à postura, fazer um *media training*, que também servirá para ajudá-lo nas gravações dos programas e dos comerciais.
- Fazer uma preparação sobre as regras e sobre os temas. Discutir a forma da apresentação, para que tenha uma mesa, ou um púlpito na sua frente. Levar pastas com temas e perguntas organizadas.
- O candidato deve encaminhar a resposta de modo a responder o que ele quer e não o que o perguntador quer. Voltar ao assunto quando for necessário, mesmo que a pergunta tenha sido outra. Por exemplo: quando o Kennedy lamentou o mal-agradecimento com relação ao Lula, o prefeito, na primeira oportunidade que a palavra voltasse para si, deveria retomar rapidamente o assunto e, em seguida, responder à nova pergunta.
- Criar "bordões" e palavras de ordem, tipo: a habitação está bem (explicar) mas agora *vamos fazer ainda muito mais*. O transporte está assim e assado... mas no próximo governo *vamos fazer ainda muito mais*. Procurar sempre dar uma explicação, mas terminar com uma esperança, uma perspectiva de futuro.
- IMPORTANTE: agora também é preciso estudar e criar uma normatização para ir ou não ir aos debates, mostrando que já foi ao da Globo, que irá ao debate final, mas que não tem que ficar indo a debates todo dia, pois tem que administrar a cidade e tem que fazer campanha. Essas "regras" têm que ser feitas logo e colocadas na imprensa claramente, para que não pairem dúvidas, nem acusações do tipo "fujão".

## III — Peças da campanha

O *slogan* das duas campanhas anteriores do Luiz Henrique — TODOS POR JOINVILLE — não deve ser usado como *slogan* de Tebaldi, que precisa criar uma personalidade e uma característica próprias. É ótimo que seja usado como nome da coligação... e só!!!

Minha sugestão:

TEBALDI PREFEITO

PRA FAZER MUITO MAIS

Outras idéias:

O TRABALHO FAZ A DIFERENÇA

O QUE ESTÁ BOM VAI FICAR MELHOR

É HORA DE CONTINUAR

De todo modo, um ou dois GDs podem nos dar uma certeza final. Na falta deles fico tranqüilamente com o primeiro.

Vejam que o próprio Kennedy fala em "dar continuidade" ao que está sendo feito. Ora, se é assim, para dar continuidade nada melhor do que Tebaldi, que é quem está fazendo. E quem está fazendo a "estrutura", conforme diz a pesquisa, pode perfeitamente fazer o "social".

A tipologia usada está boa. Apenas recomendo que se ponha *shadow* nas letras, conforme exemplos que deixarei anexos.

O encaminhamento estratégico neste momento deve ser *apresentar* o Tebaldi e suas obras, já que a pesquisa diz que há um certo desconhecimento da população sobre isso. (Muito bom o *outdoor* com o LHS que, também como mostra a pesquisa, é um poderoso eleitor.)

Isso feito, começar com o que será feito no futuro: o Programa de Governo.

Já tinha feito outros trabalhos de "Pronto-socorro eleitoral" com pacientes em situação muito mais crítica, UTI urgente. Neste caso nem havia mudanças radicais a serem feitas. Mas tenho certeza de que o meu trabalho trouxe a confiança definitiva. Era disso que a campanha mais precisava para caminhar vitoriosamente até o fim. Tebaldi foi reeleito ainda no primeiro turno:

| | |
|---|---|
| Tebaldi | 51,05% |
| Carlito | 31,37% |
| Kennedy | 17,09%* |

## Santos — SP

O mesmo Giovane Favieri que tinha me apresentado ao candidato de São José dos Campos levou-me para conversar com a deputada federal Telma de Souza, também do PT, candidata à prefeitura de Santos pela quarta vez.

Além de um trabalho profissional, essa campanha reunia componentes afetivos que me eram muito gratos. Tinha vivido na cidade na juventude, estudado no tradicional Colégio Canadá, a escola pública onde ela também estudara. Meu pai tinha sido professor extracurricular dela no Instituto Hans Staden, ensinando língua alemã. Na Companhia Docas, concessionária dos serviços do porto, comecei a trabalhar, no meu primeiro emprego regular. No jornal *A Tribuna*, tinha dado meus primeiros passos no jornalismo.

Descendo a serra, tantas vezes percorrida, mais uma vez a caminho da cidade, contei essa história à minha assistente, acrescentando uma forte intenção:

— Só falta agora ajudar a eleger a prefeita da cidade.

Telma tinha se formado advogada e professora, se elegeu vereadora e, em seguida, prefeita entre 1988 e 1992, quando a cidade readquiriu sua autonomia, após ter os prefeitos nomeados pelo governo federal, na época da ditadura.

* Números oficiais do TRE.

Tinha sido uma das primeiras petistas a assumir a direção de uma cidade importante no Brasil. Ganhara naquela ocasião com 25,5% dos votos, por conta de disputar com vários candidatos competitivos, o que ocasionou grande divisão na votação, numa época em que ainda não existia a votação em 2º turno.

Sua administração começou desacreditada, mas terminou tão bem avaliada que ajudou a eleger o sucessor, o médico David Capistrano, um pernambucano, ex-secretário da Saúde de Bauru, que ela trouxera para assumir a mesma função na cidade praiana.

Nas eleições seguintes, Telma competiu a cada dois anos. Ou se reelegendo deputada federal, ou perdendo a prefeitura de Santos. Em 1996 e em 2000 perdeu para Beto Mansur (PP) eleições em que sempre largou na frente, com boa vantagem. Na última chegou a ir para o 2º turno com vantagem de 43% contra 37%, mas só conseguiu agregar 11 mil votos, enquanto seu adversário agregou quase 40 mil votos a mais. Resultado surpreendente: Telma perdeu por 52% a 48%.

Não foi difícil encontrar a causa desse desastre conversando com as pessoas envolvidas, que apontaram uma série de desacertos e erros. Havia um "plano de governo" com soluções mirabolantes, com baixa exeqüibilidade. Mas o que foi mais grave ficou conhecido como "o caso do pãozinho". No programa de TV foi denunciado, com grande estardalhaço, que o pão comprado pela prefeitura estaria superfaturado, comparando-se o valor da mercadoria na padaria com o valor efetivamente pago. O prefeito, candidato à reeleição, era o adversário. Ou seja, era ele mesmo quem desperdiçava o dinheiro do povo.

No dia seguinte Beto Mansur veio demonstrar na televisão, com toda a calma, que o valor pago era aquele mesmo. Só que os denunciantes tinham esquecido de informar que no preço estava embutida uma grande estrutura de distribuição que levava o material para todas as escolas, hospitais e outros locais da cidade. Tirando o valor de transporte, o pãozinho ficava até mais barato do que aquele que se comprava no balcão. Irrespondível?

Não. No programa seguinte levaram a denúncia mais além, mostrando que, além de superfaturar, a empresa que tinha ganhado a licitação da prefeitura estava irregular, tinha problemas fiscais, era uma empresa fantasma.

Novamente o adversário respondeu, ainda com mais calma, mostrando que a empresa que fazia o serviço era totalmente regularizada, uma simples homônima daquela mostrada com estardalhaço no programa de Telma.

Aí a credibilidade acabou e estava plenamente justificado o crescimento da intenção de voto no prefeito, na segunda vitória seguida sobre Telma.

Quatro anos depois esses fatos todos se misturam na cabeça da população: ainda há reflexos positivos da primeira administração e da boa atuação da deputada, sempre defendendo com unhas e dentes a sua cidade. É carismática, identifica-se perfeitamente com o povão, principalmente com os mais pobres.

Tanto que a primeira pesquisa dessa temporada eleitoral veio excelente. No final de maio, o Ibope apresentou um resultado no jornal e na televisão *A Tribuna*, retransmissora da Rede Globo:

| | |
|---|---|
| Telma | 47% |
| Cascione | 18% |
| Papa | 9% |

Havia meia dúzia de candidatos, mas certamente esses seriam os principais adversários:

- Vicente Cascione do PTB, deputado federal por duas vezes, também candidato derrotado à prefeitura em 2000;

- João Paulo Papa do PMDB, tinha sido o vice de Beto Mansur, acumulando a função de secretário de Obras da prefeitura, apoiado pelo prefeito.

Estávamos começando a montar a campanha de Telma quando começaram a aparecer também os primeiros problemas. Havia resistências à candidatura dela dentro do próprio partido, cuja cúpula preferia o deputado estadual Fausto Filgueiras. Mas houve prévias locais e ela venceu com 53% dos votos.

Um dos alvos preferidos dessa ala derrotada do partido era exatamente a minha presença no comando do marketing. A própria candidata me contou que, numa reunião em que tentava agregar os companheiros, pediram a minha cabeça, sob um estranho argumento:

— Chico Santa Rita parece o Roberto Carlos: faz sempre a mesma música...

E eu nem tinha tido a chance de mostrar o que era capaz de fazer...

Se a tentativa de comparação teve intuito pejorativo, para mim foi altamente elogiosa. Quem dera um dia eu conseguisse ter a capacidade de falar e ser entendido por todo mundo, como aquele compositor e intérprete. Com certeza os intelectualóides petistas preferissem a presença de um Franz Schubert, renascido na Bahia, na pele dos marqueteiros que andaram compondo, a peso de ouro, sinfonias inacabadas para o partido.

Esse preconceito contra minha presença também podia ser sentido em outros setores da equipe que assessorava a candidata, cujas funções não eram completamente definidas. Um desses jovens assessores, com empáfia tão brilhante quanto o brinco que adornava sua orelha, se comprazia em sonegar informações, sempre no sentido de perturbar o nosso trabalho.

O projeto de uma pesquisa qualitativa que o próprio partido encomendara só me foi mostrado nas vésperas, quando os grupos já estavam sendo formados. Continha erros estruturais graves, mas só pude mexer parcialmente, pois tudo já tinha sido encaminhado. Quando vieram os resultados, se viam nitidamente os traços da parcialidade de pesquisadores petistas, comprometidos com a "causa". Ter aquele trabalho ou nada, para mim, a segunda hipótese era até melhor.

Insisti que fosse contratada outra quáli, pois precisava de uma visão mais clara do momento político em que o embate se travaria. Por outro lado, era importante fazer o pré-teste de uma série de idéias que tinham aparecido de várias fontes com *slogans* para a campanha. Um deles, que reprovei *a priori*, era defendido com unhas e dentes por alguns assessores diretos da candidata. Os criadores que trabalham comigo também tinham contribuído com algumas alternativas que precisavam ser checadas. A pesquisa me ajudaria a decidir pelo melhor, sem interferência criada pelos pais (ou mães) da criação. Eu não resisto a uma boa idéia, venha de onde vier.

A ordem para que o trabalho fosse feito arrefeceu por alguns dias a angústia que vinha se instalando na nossa equipe, em parte provocada pela própria candidata, que alternava momentos de euforia com outros de insatisfação com tudo e com todos.

Maranhão Viegas, jornalista experiente em várias campanhas realizadas conosco, era o coordenador local da área de comunicação. Num dos relatórios diários que me passava descreveu com extrema propriedade o perfil que tinha encontrado:

> Sua principal característica positiva é o carisma e a identidade que consegue estabelecer com o povo. Uma mulher lutadora e valente. Não tente medir o tamanho da sua determinação pela sua estatura — é baixinha. E, como mostra a sua história, boa de briga.
>
> Por outro lado, sua característica negativa parece ser a impetuosidade, a passionalidade. Não leva desaforo pra casa. Há muitas histórias relatando que, às vezes, passa da medida. Também são freqüentes os relatos de que ela não costuma obedecer muito os horários combinados. É indisciplinada. Este será um dos grandes desafios da campanha. Estabelecer um ponto de equilíbrio. Encontrar uma fórmula disciplinadora. Tentar controlar as ações impulsivas.

A questão dos horários não cumpridos era muito grave. Reuniões marcadas com lideranças esperavam horas pela sua chegada. Nossos próprios encontros eram sempre feitos duas ou até três horas após o combinado. E aí a reunião tinha que ser apressada, pois já havia outro compromisso na agenda. Atrasado, é claro.

Sem contar as decisões de última hora. Nos dois meses em que tentávamos montar a campanha, foi à China, na comitiva do presidente Lula, e a Trinidad e Tobago receber uma homenagem pelo seu trabalho em defesa da mulher. Na sua ausência, a campanha ficava paralisada: o vice não escolhido, um acordo com um partido pequeno por fazer, o tempo para a programação de TV diminuído.

A pesquisa Ibope/A Tribuna do final de junho trazia um alerta claro do que iria acontecer. Telma caía 4 pontos, enquanto seus adversários cresciam um pouco:

| | |
|---|---|
| Telma | 43% |
| Cascione | 20% |
| Papa | 10% |

Mas era de esperar que o candidato apoiado pelo prefeito crescesse ainda mais quando a campanha se desenvolvesse com a entrada da programação de rádio e TV.

Julho chegou com o primeiro debate entre os candidatos. Depois de inócuas e intermináveis decisões "vou", seguidas da recíproca "não vou", Telma atendeu nossos apelos e foi. Saiu-se bem, usando sua boa experiência parlamentar. A grande novidade para mim foi a impressão que seus dois adversários principais passaram:

- Cascione, um advogado à antiga, falava empolado, sem grande consistência;
- Papa, ruim de imagem e de áudio, um técnico sem nenhuma intimidade com o veículo, sem articulação de idéias e de forma.

Meu diagnóstico: se deixarem, vamos dar um show, mostrando pra essa cidade quem tem o que dizer, o que apresentar, o que fazer pelo futuro dos santistas. Minha visão estava clara: Telma só perderia a eleição para ela mesma.

Mas seria preciso que nos deixassem trabalhar, mesmo. Até então a produtora não tinha sido montada, não tínhamos lugar para instalar a redação, as reuniões se tornavam cada vez mais longas e improdutivas.

A apresentação da pesquisa feita por Iracema Resende, para pré-testar os materiais, foi o que se pode chamar de um verdadeiro caos. Marcada para as dez da manhã, começou perto da uma da tarde, com a candidata anunciando que tinha se atrasado por não conseguir se liberar de compromissos. Em compensação agora estaria livre para discutir tudo o que deveria ser discutido. Aquilo foi a senha para que realmente se discutisse tudo. Com exceção, é claro, do tema principal a ser discutido: a escolha de *slogan* e marca da campanha.

Uma apresentação como essa demora, em média, de 40 minutos a uma hora, com a pesquisadora apresentando o que encontrou no sentimento popular e como as pessoas tinham reagido a cada idéia apresentada. Naquela fogueira de vaidades foi diferente. Cada frase que Iracema dizia era contestada, ou aprovada aos berros, no meio de acaloradas discussões. Cada um defendia a sua própria solução, pouco se importando se a população tinha gostado dela, ou tinha recusado, muitas vezes veementemente.

Iracema me olhava, desanimada. Quando dava uma brecha continuava com uma outra frase, que novamente gerava outra guerra de opiniões. Vieram os sanduíches no lugar do almoço e a discussão continuava, mesmo com as bocas cheias. Isso não é uma equipe, pensei. É um bando.

Quatro horas e meia depois, nenhuma conclusão tinha sido tomada, óbvio. Na volta para São Paulo, pude finalmente conversar com ela. Nos materiais apresentados havia algumas boas idéias. Nenhuma ótima, que tivesse conseguido empolgar os participantes dos grupos de discussão. Nenhuma que sintetizasse, em toda a amplitude, o perfil da candidata. Nenhuma perfeita.

Nesses casos, o que se costuma fazer por aí é pegar a melhorzinha, que também pode ser chamada de menos ruim... e vai-se em frente. Mas não me conformei. Na pesquisa havia informações mais detalhadas que agora permitiriam que fizéssemos um direcionamento mais correto.

Naquela mesma noite, espalhei aquelas idéias sobre a mesa e me pus a olhar para elas. Como fazer para refundir alguma, encontrando aquela síntese que a pesquisa pedia? Talvez partir para algo completamente novo.

Numa folha escrevi qualificativos que as pessoas reconheciam na candidata:

Telma é... Competência
Coragem
Experiência

Junto com as pranchas estava um folheto da prefeitura apresentando a cidade. Folheando, ao acaso, deparei com uma foto maravilhosa abrangendo quase toda a cidade, que é bastante concentrada, dentro da ilha de São Vicente A imagem tinha sido captada da Ponta da Praia, na extremidade norte, mostrava toda a faixa da orla à esquerda e a cidade enchendo todo o lado direito. Minha visão foi imediata: a praia formava a haste vertical do "T", num movimento levemente arredondado. E as montanhas ao fundo, no alto, que fazem a divisa com a cidade de São Vicente, desenhavam a haste horizontal. Com uma hidrográfica vermelha desenhei o "T" e completei:

Telma é... Santos!

Trabalhar pela cidade é a vida dela. É a torcedora que vai a campo ajudar o time, faça chuva ou faça sol. É uma espécie de mãezona, cuidando da filharada. É uma relação de amor pela cidade e sua gente. Não era à toa que eu fazia uma associação com a antiga tira de desenho que saía nas revistas, nos jornais e em livretos, chamada "Amar é...".

Eu delirava com tudo que se juntaria ao "Telma é...", encerrando com o definitivo "Telma é Santos".

No dia seguinte minha equipe tinha uma carona num helicóptero que faz vôos panorâmicos para fotografar e filmar cenas da cidade. Expliquei bem detalhadamente o que queria. No fim da tarde tinha uma foto semelhante àquela do folheto. O diretor de arte se encarregou de acertar os detalhes, e em 24 horas tínhamos mais do que uma simples marca. Ali estava um conceito, uma linha de comunicação para a campanha.

Era linda. Era forte. E era real. Tenho algo comigo que me diz quando a solução está encontrada e é definitiva.

Mas não sou onipotente, por isso testo e checo. Nossa equipe foi unânime na aprovação. E Iracema Resende, que acabara de discutir exaustivamente o tema com a população, moderando os grupos da quáli, foi definitiva:

— É isso o que a população pensa. Essa tem tudo pra pegar.

Antes de colocá-la na rua, ainda pretendia fazer algum teste para ter certeza absoluta. Mas para dar continuidade só faltava a aprovação da candidata. Pedi à Ana Maria, minha assistente, para ir a Santos fazer a apresentação. Talvez já intuísse que alguma coisa daria errado.

Ainda na estrada, voltando, ela relatou o que tinha acontecido: a reunião fora tumultuadíssima, como de praxe. Muita gente entrando e saindo da sala, até o motorista foi chamado a opinar. No fim, a marca e o *slogan* que eu tinha criado foram unanimemente vetados tão logo a candidata deu a justificativa para a sua decisão:

— Na última eleição para deputada, metade dos meus votos foram em Santos, mas a outra metade vieram das cidades vizinhas, aqui da Baixada Santista. Não posso dizer para essa gente que "Telma é Santos".

Será que adiantaria ter argumentado com ela que essa era exatamente uma razão a mais para aquele *slogan*/marca ser feito? Agora, era uma eleição específica para a prefeitura de Santos, ora. Ana Maria garantiu que falara sobre isso, com muita convicção. E eu agradeci a Deus por ter me poupado da presença nessa reunião.

O *slogan* aprovado — "Futuro melhor para Santos" — era criação coletiva da equipe de campanha de Telma e por isso contou com o entusiasmo de todos. Não importou que não tivesse sido aprovado na quáli da Iracema, por ser vago, sem força e, principalmente, por não conter nenhuma referência específica à candidata.

Era impossível continuar. Desliguei-me de imediato da campanha, lembrando a frase de um alto dirigente petista, que ainda era ministro, quando soube que eu faria a campanha:

— A Telma precisa muito mais do que simplesmente um bom marqueteiro.

Acompanhei de longe a repetição, pela terceira vez, da derrota de uma candidata que tinha tudo para vencer. No 1º turno ficou assim:

| | |
|---|---|
| Telma | 38,4% |
| Papa | 28,5% |
| Cascione | 15,1% |

No 2º turno, a vitória dela estava "garantida" até dois dias antes da eleição, segundo todas as pesquisas. Chegou a ter dez pontos na frente do adversário. Mas o resultado foi outro:

| | |
|---|---|
| Papa | 50,37% |
| Telma | 49,63% |

Lembrei da sabedoria popular captada por uma dessas inúmeras pesquisas que a gente faz por aí. Mediante o péssimo programa de televisão de um candidato, o cidadão concluiu:

— Não sabe nem fazer campanha, como é que quer ser prefeito da cidade?

## Foz do Iguaçu — PR

Em Foz do Iguaçu ocorreu uma experiência bem interessante de preparação antecipada, num quadro político bastante complexo e cheio de nuances.

No meio de 2003, mais de um ano antes da eleição, fui chamado pelo empresário Paulo MacDonald. Bem-sucedido na iniciativa privada, dono de uma das maiores construtoras locais, tinha um sonho recorrente:

— Não suporto ver minha cidade mal administrada. Quero ser prefeito para fazer isso direito.

Sonho mesmo. Desses que dá vontade de a gente chacoalhar a pessoa com um conselho: "Largue mão disso! Não vale a pena, um sujeito como você, se meter nessa história." Mas o seu entusiasmo era daqueles de contagiar qualquer cristão.

Como experiência política anterior, tinha sido vice-prefeito sete anos antes, na gestão mal avaliada do prefeito Harry Daijó, tendo acumulado durante dois anos a direção da Secretaria de Obras. Por não concordar com alguns atos do prefeito, renunciou ao cargo. Como saldo final, ganhara um processo por mau uso de verbas públicas, que ele garantia ser apenas vingança da oposição, contrariada por alguma decisão polêmica. Era filiado ao PDT, tinha amargado um terceiro lugar na eleição municipal anterior.

Na prefeitura estava o jovem Sâmis da Silva, do PMDB, 32 anos, filho do ex-prefeito Dobrandino da Silva, reconhecido como o grande cacique local. Tão forte que, quando cansou da vida pública, indicou o próprio filho como candidato e o elegeu, apesar das sérias suspeitas de despreparo do herdeiro. Agora, o grupo encastelado na prefeitura tinha a alternativa da reeleição do prefeito, mas também se falava com insistência numa provável volta do pai.

Em setembro fui pessoalmente fazer o "Pronto-socorro eleitoral", quando me apresentaram uma pesquisa quânti, feita pela Konsultta, empresa regional, com muitas avaliações e uma intenção de voto estimulada que mostrava um quadro em aberto:

- o prefeito Sâmis não passava dos 30%;
- entre os outros pré-candidatos ninguém se destacava muito;
- o melhorzinho era o próprio Paulo MacDonald.

Chico Noroeste (PFL), um deputado estadual muito popular, bom comunicador no rádio, evangélico. Liciane (PSDB), ex-esposa do prefeito Paulo Newmann, tinha feito um bom trabalho social na prefeitura. Vitorassi, vereador muito votado, candidato do PT.

Baseado nas informações da pesquisa, nas aparições na TV, nas propagandas do prefeito e dos prováveis candidatos e nas conversas com Paulo e sua equipe, deixei lá minha análise um ano antes da eleição, em setembro de 2003:

## DIAGNÓSTICO

1. A pesquisa apresentada pela Konsultta é normal, considerando-se que estamos a um ano da eleição. Quatro anos atrás a situação era bem pior. Como não temos outras para comparar, essa passa a ser nossa referência, o ponto de partida.

2. Kossar, o pesquisador, acha que ela é boa. Ele tinha uma expectativa inicial que ela apresentasse piores índices para o Paulo. Segundo a sua avaliação (certamente baseada em outros trabalhos que desenvolveu na cidade) a pesquisa mostra um certo "cansaço" dos Silva e uma tendência à mudança. Não entendi de onde ele tirou isso, já que a administração Sâmis é, de certa forma, reconhecida pela aprovação dos serviços municipais.

3. Mas vejo com clareza que há caminhos a serem trilhados e que o adversário deverá ser mesmo o atual Prefeito.

4. A pesquisa apresenta algumas discrepâncias na avaliação do Sâmis e do Governador. Enquanto a administração do Prefeito recebe uma aprovação de 60%, quando se pergunta o porquê dessa aprovação o índice desce para 24%. O mesmo acontece com Requião, aprovado por 65%, mas tendo um porquê baixando para 18%.

5. Também a avaliação dos serviços municipais, no meu entendimento, se apresenta muito alta, geralmente acima dos 50%. Isso bate com a avaliação do Prefeito. Mas não bate com a intenção de voto estimulada dele, que é de 30,5%. Uma intenção até pequena para um prefeito no exercício do cargo.

6. De todo modo, pedimos ao Kossar que nos envie alguns cruzamentos para que possamos entender essas questões. Foram os seguintes:

- avaliação Sâmis X intenção de voto;
- rejeição Paulo (que não é grande) X intenção de voto;
- rejeição Sâmis/Dobradino X intenção de voto;
- avaliação Requião X intenção de voto;
- avaliação Lula X intenção de voto.

7. Segundo a pesquisa, os partidos políticos não existem na cidade, estão em pior situação aqui do que no resto do país.

8. Violência e desemprego — acompanhando o que acontece em todo o Brasil — são as principais demandas, sendo que aqui elas apresentam índices bem altos.

## PROVIDÊNCIAS

1. Paulo já está, mas precisa se firmar como candidato competitivo aos olhos da população, polarizando a disputa. Não deve sequer cogitar de outras candidaturas, dando importância a elas.

2. Isso feito, as coligações... e tudo o mais... será facilitado.

3. Como presença física, na TV e nos contatos pessoais, precisa consertar a questão do "queixo erguido", que lhe dá um ar presunçoso, orgulhoso. E que aos olhos da população reforça o conceito de ser uma pessoa de elite, distante do povo e dos seus problemas.

4. Também fazer com que a TV sempre o focalize pelo lado direito do seu rosto, onde o cabelo cai com mais naturalidade.

5. Seria muito recomendável um *media training* com um(a) especialista.

6. Também precisa iniciar uma ação gradativa e programada de uso da mídia (rádio, TV, impressos), que deverá ir crescendo para atingir seu ápice no meio do ano. Pensar desde logo num jornal do PDT, que será na verdade um porta-voz da campanha/candidatura.

7. Levantar as promessas do Sâmis. Devem ser muitas e muito "cabeludas", para ter isso em imagem e texto. No debate que vi, por exemplo, ele diz que "vai resolver todos os problemas de segurança, para trazer mais turistas para Foz".

8. Notar que o desemprego, outra demanda importante, não recebeu nenhuma ação efetiva da Prefeitura para resolver o problema. Responsabilizar o Prefeito.

9. Ficar atento às denúncias contra Sâmis. Incentivá-las. Criar novas "cascas de banana", como ações populares e outras. É caso de marcação cerrada, com advogado de plantão e tudo mais que tiver direito.

10. Pensei inicialmente que a qualitativa só seria necessária no final do ano. Mas depois de hoje acho que devemos pensar em tocá-la logo. Talvez, se tivermos também a quáli de Cascavel, possamos baratear o valor.

O processo contra Paulo já tinha sido julgado em primeira instância, com vitória dele por unanimidade. Na visita seguinte que fiz a Foz, o candidato me esperava no saguão do aeroporto, com a face iluminada por um grande sorriso:

— Sabe aquele processo de mau uso de verbas públicas? Foi julgado em Brasília, ganhei por 7 a zero. Acabou!

Sua alegria era tão grande que queria compartilhar com toda a população. A absolvição seria tema dos comerciais locais a que o partido tinha direito, e um assessor me mostrou um anúncio que seria feito com título sugestivo: "ABSOLVIDO".

Tentei impedir que se tocasse publicamente no assunto, fosse na televisão, no rádio, em folhetos e jornais. Meu argumento:

— Você não vai contar para as pessoas que se fez justiça e por isso foi absolvido. Você vai contar que houve um processo que colocou dúvidas sobre a seriedade da sua gestão na Secretaria de Obras.

Na verdade, o processo não era fruto de algum grande escândalo, de algum fato de real importância. Era apenas político, e certamente poucos eleitores saberiam da existência dele. Chamando-se a atenção sobre a absolvição, o que poderia vir à tona seria sua condição de réu perante a Justiça. E nesses casos as pessoas sempre são levadas a pensar que "onde há fumaça, há fogo; alguma esse sujeito aprontou".

Não foi fácil convencê-lo. Um amigo dele chegou a ficar irado com a minha insensibilidade. Por sorte havia uma quânti a ponto de ir para a rua. Incluímos uma pergunta sobre a existência do problema e a resposta foi definitiva: ninguém sabia.

E os adversários não seriam loucos a ponto de levantar a questão durante a campanha, pois aí dariam a chance de Paulo fazer uma grande apologia da honestidade dele.

De volta a São Paulo, pedi a algumas empresas que enviassem propostas para a essencial quáli. Mas os valores eram sempre superiores ao que se podia gastar.

Houve a possibilidade de uma consultoria também ao prefeito Edgard Bueno, candidato à reeleição pelo PDT de Cascavel, cidade a 120 km. Isso acarretaria uma diminuição de custos, por conta do volume de trabalho, uma espécie 2 por 1: duas campanhas, com uma só equipe, um só centro de produção de rádio e TV (as duas cidades tinham geradoras), acompanhadas por nós em uma só viagem.

Mas isso se encerrou numa primeira visita, quando encontramos uma equipe já montada, muita auto-suficiência e até certo espírito de "já ganhou!" disseminado. A vontade de ter nossa consultoria tinha ficado só em Foz do Iguaçu.

Para a pesquisa tivemos que procurar e acabamos encontrando uma solução local. Pois ali mesmo em Cascavel morava uma profissional, Graziela Jimenez, que já havia trabalhado em São Paulo, fazendo pesquisas de mercado para grandes empresas. Agora procurava, numa volta à cidade dos seus familiares, encontrar boa qualidade de vida para si e para os filhos ainda crianças. Nunca tinha feito marketing político, mas tinha muita disposição para aprender a trabalhar. Resolvi investir nela.

Em algumas reuniões, dezenas de telefonemas e trocas de e-mails, conseguimos estabelecer o perfil dos grupos e um roteiro. Ana Maria, minha assistente, foi a Foz do Iguaçu ter uma última conversa com Graziela para, em seguida, acompanhar as discussões em grupo. Tivemos uma quáli com o custo baixo que pretendíamos e o resultado final, em maio, foi altamente esclarecedor:

- Sâmis era forte, mas não imbatível; seu trabalho à frente da prefeitura tinha vários pontos para serem contestados;

- Paulo aparecia como o mais forte oposicionista (seguido de perto por Chico Noroeste, Liciane e Vitorassi), com pequenos problemas de postura a ser corrigidos, como uma altivez natural que era entendida como arrogância;

O grande problema suplementar é que Foz do Iguaçu tinha quase 180 mil eleitores, portanto, a eleição seria decidida em um só turno, de acordo com a lei. Os votos divididos dos quatro oposicionistas certamente dariam vitória ao prefeito. Paulo estava absolutamente consciente disso, trabalhando muito para conseguir o que chamava de "união das oposições", imprescindível para alcançar um bom resultado.

A continuidade do meu trabalho na região ficou inviável com a desistência do prefeito de Cascavel. (Soube mais tarde que não conseguira ser reeleito.)

Ainda estudei a possibilidade de fazer o trabalho só em Foz, mas o valor ficou excessivamente alto para ser pago por uma só campanha. As negociações também foram lentas e, no meio-tempo, acabei fechando os contratos para os trabalhos de Campo Grande, São José dos Campos, Osasco e Santos. Lotação completa, não havia mais condições de me ocupar com outras campanhas.

A satisfação foi ver que Paulo MacDonald estava no caminho certo. Com os recursos que tinha, montou corretamente a sua própria campanha. Conseguiu a proeza de unir todos os oposicionistas em torno da sua candidatura, numa extraordinária coligação de 17 partidos (PDT, PSDB, PT, PTB, PP, PSB, PL, PPS, PV, PTN, PSC, PAN, PSDC, PHS, PRONA, PCdoB, PTdoB).

E o resultado final apresentou, em turno único, números que se parecem mais apropriados para 2º turno. Isso é que é polarização:

| | |
|---|---|
| Paulo MacDonald | 49,4% |
| Sâmis da Silva | 46,0% |

Agora, ele teria condições de tornar realidade o sonho que expôs no nosso primeiro encontro.

# CAPÍTULO V

# Eleições 2002

## Serra e Ciro: festival de equívocos primários

Desde o início de 2002, vínhamos prestando consultoria em marketing político para a Força Sindical, ajudando a entidade a tomar posicionamento na sua permanente queda de braço com a CUT — Central Única dos Trabalhadores, de olho também na problemática que envolve seu presidente, Paulo Pereira da Silva, o Paulinho, pela importância das suas decisões como um dos principais líderes de trabalhadores em ação no país.

E o ano não se mostrava nada animador nessa área, com a indústria amargando resultados ruins, com índices de desemprego avançando pela casa das dezenas de milhões de pessoas, com uma eleição presidencial no horizonte.

Paulinho pensava, firmemente, em ter uma carreira político-partidária, olhando para a eleição de 2004, em que podia concorrer à Prefeitura de São Paulo. Mas a minha tese era que fosse candidato a deputado estadual, pois deveria ter uma eleição muito tranqüila, com três grandes vantagens subjacentes:

1. corresponderia a um pensamento constante da população, que pretende que seus candidatos apresentem no currículo um passado de serviços prestados;

2. como deputado teria uma tribuna permanente, para ser o vigilante da administração de Marta Suplicy, a prefeita que terminaria o mandato;

3. teria tempo para preparar um plano de governo arrebatador para ser apresentado à população na campanha.

Mas também havia outras oportunidades interessantes, conforme noticiou Mônica Bergamo, na sua coluna na *Folha de S.Paulo*, de 8/6/2002:

> O publicitário Chico Santa Rita está dando consultoria a Paulo Pereira da Silva, da Força Sindical, inclusive com pesquisas qualitativas. Uma parte do PTB quer indicar o publicitário para ajudar na campanha de Ciro Gomes. O trabalho de marketing, no entanto, está nas mãos de Einhart Jacome da Paz, cunhado de Ciro, que tem toda a confiança do candidato e sempre preferiu trabalhar sozinho.

Vi com entusiasmo a hipótese de Paulinho (PTB) virar vice de Ciro (PPS), com o apoio do PDT de Brizola, apesar de não acreditar que pudesse ser chamado para operar a campanha da chapa. Comentei numa reunião com o pessoal da Força Sindical que o fato de o presidente deles virar candidato provavelmente enfraqueceria minhas já reduzidas possibilidades, pois eu entraria ali sendo visto como "um homem do Paulinho". Ciro — e principalmente seu cunhado — não me aceitaria de forma alguma.

Continuei com os contatos que vinha fazendo para trabalhar em campanhas de candidatos a governador, senador e deputados.

Com imensa satisfação, recebi o convite para montar a campanha de reeleição do senador Romeu Tuma (PFL). É que, dois anos antes, quando ele se candidatou a prefeito de São Paulo, fui chamado para tentar corrigir uma campanha desastrosa que tinha arruinado as boas possibilidades da candidatura. Só faltava uma semana para a eleição, não deu tempo para reverter. Mas deu tempo para melhorar a imagem já abalada do senador.

Para mim, o chamado nesse momento continha o componente de ser um reconhecimento pelo trabalho que fizéramos naquela oportunidade. E de poder agora mostrar como trabalhar corretamente com aquela interessante figura política, num quadro eleitoral que se prenunciava cheio de dificuldades. Iríamos enfrentar a força petista de Aloizio Mercadante, atrelado na campanha favorita de Lula; o paulistanismo tucano de José Aníbal, embalado pela campanha de José Serra; e o início da recuperação político-eleitoral de Orestes Quércia, apoiado por uma campanha multimilionária.

A primeira dúvida que se apresentou foi a de como chamar o senador, que era conhecido de várias maneiras, de doutor ou senador Romeu Tuma até por simplesmente Tuma. Na equipe de assessoria dele e até entre os familiares havia controvérsias. E outro complicador: eram três candidatos da família Tuma na mesma eleição: além dele, os filhos Robson Tuma (deputado federal) e Romeu Tuma Filho, o Tuminha (deputado estadual). Queria descobrir a forma como ele era conhecido e chamado pela população.

Contratamos a empresa de pesquisa Toledo & Associados para colocar seus pesquisadores em pontos estratégicos de três cidades: São Paulo, Campinas e São José dos Campos. As pessoas abordadas viam uma foto dele e eram instadas a responder a estas pergunta:

— O sr.(a) conhece este homem? Quem é?

As respostas dos que o conheciam (74%), anotadas numa ficha contendo as prováveis alternativas, surpreenderam a todos (ao candidato inclusive), que imaginavam fosse ele conhecido pelo sobrenome. Este foi o resultado:

| | |
|---|---|
| Romeu Tuma | 52% |
| Tuma | 18% |
| Delegado Romeu Tuma | 1% |
| Delegado Tuma | 1% |
| Xerife Romeu Tuma | 1% |
| Outras citações | 3% |

O próprio modo respeitoso como as pessoas se referiram a ele nos levou a confirmar o *slogan* que já tínhamos ensaiado dois anos antes:

ROMEU TUMA
O RESPEITO QUE SÃO PAULO MERECE

As magníficas fotos tiradas por Vania Toledo também suscitaram controvérsias. Tínhamos escolhido uma delas, na qual ele mostrava um leve sorriso. Mas a família e a equipe de campanha particular do senador escolheram outra, que também era excelente, em que ele apresentava um sorriso bem aberto. Ganhei a parada escrevendo o *slogan* nas duas fotos e retornando para nova aprovação. Todos acabaram concordando que a mais séria estava muito mais de acordo com o conjunto.

Decidi continuar usando o mesmo símbolo que já tinha sido utilizado em campanhas anteriores, para espanto até de profissionais da minha equipe, que perguntavam, horrorizados:

— Vamos ter que usar essa estrela de xerife cafona? Não dá pra gente criar algo mais moderno, mais sério?

Expliquei que a decisão não nos era imposta. Era minha, baseada no fato que a marca já era apropriada e já era consagrada. Meu argumento final foi uma pergunta:

— E depois, ele não tem mesmo um jeitão de xerife?

A campanha não foi nada fácil. Mercadante cresceu assustadoramente carregado por uma campanha muito forte e pelo crescimento de Lula. Não havia poste das grandes cidades que não ostentasse a imagem do petista.

Quércia também cresceu muito, renascendo com sua grande força de aglutinação no interior, onde muitas lideranças acabaram aderindo à sua campanha. Não havia estradinha de terra, no mais perdido vilarejo, que não mostrasse os cartazes e faixas do candidato.

Tuma não tinha postes, nem cartazes, nem lideranças em quantidade semelhante. Uma estimativa de valores gastos nas campanhas mostrou que, pelo menos no que era visível, sem computar pagamentos a lideranças e cabos eleitorais, nossos adversários gastaram mais de dez vezes a soma dos valores investidos na campanha Tuma.

Praticamente só nos restou a propaganda de rádio e TV. Mas mesmo aqui a presença dos dois principais adversários era avassaladora. O PMDB, de Quércia, sem candidato competitivo ao governo, jogava a maior parte do seu tempo de televisão na divulgação da candidatura ao senado. O PT, de Mercadante, também jogava muitas fichas na eleição dele. E até candidatos menores apareceram como "línguas de aluguel", fazendo infâmias contra a história e a respeitável biografia de Romeu Tuma.

Os últimos dias foram terríveis, numa grande torcida para que o dia da eleição chegasse logo, estancando o crescimento dos outros. No final, conseguimos manter os índices no patamar em que sempre estiveram e o senador acabou reeleito (cada eleitor deu dois votos e foram eleitos dois candidatos entre 24 concorrentes — os percentuais somam 100%), com este resultado:

| | | |
|---|---|---|
| Mercadante | 10.497.348 votos | 29,8% |
| Romeu Tuma | 7.281.876 votos | 20,7% |
| Quércia | 5.552.875 votos | 15,7%* |

Por opção e escolha pessoal, não fiz até o fim, naquele ano, nenhuma campanha de governador. Em Mato Grosso do Sul, depois de coordenar as duas campanhas vitoriosas do prefeito André Puccinelli, já estávamos trabalhando na campanha dele ao governo do estado, quando ele desistiu da candidatura, assustado com uma dessas aberrações da Lei Eleitoral: como prefeito em exercício, tinha que renunciar ao cargo, enquanto o governador, seu adversário, faria a campanha sem precisar renunciar, já que concorria ao mesmo posto, máquina do estado à sua disposição. André acabou apoian-

* Números oficiais do TRE.

do a deputada federal Marisa Serrano, pediu que trabalhássemos para ela, mas não me senti confortável e preferi não atender ao seu pedido e a sua insistência.

Como sempre aparece uma língua ferina para divulgar maledicências, falou-se muito em Campo Grande que, na verdade, eu teria deixado a campanha por "ordem" do André, a quem não interessaria uma vitória de Marisa, pois com ela no governo se criaria uma nova liderança muito forte, atrapalhando planos futuros do então prefeito. Uma espécie de complô, com resultados a longo prazo. Ora, nem ele nem eu somos chegados a conluios obscuros. A verdade foi dita na ocasião à candidata, com toda a clareza:

— Não concordo com a forma como a campanha está sendo estruturada. Não posso admitir que decisões importantes sejam tomadas sem o meu conhecimento e sem a minha participação. Por isso, saio.

Mas não fiz objeções para impedir que o comando local da equipe de comunicação e marketing, que eu havia contratado, continuasse no trabalho, mesmo sem a minha participação na definição estratégica e na supervisão.

É interessante notar que essa equipe — pessoas que na época eram afinadas com minhas idéias e posturas — acabou conduzindo o trabalho por caminhos completamente diferentes daqueles que eu indicaria. Vi a campanha que estava em gestação, não gostei, e se estivesse no comando teria feito mudanças radicais. Como contribuição final ainda alertei a direção do PMDB e a própria candidata:

— A campanha está cheia de florzinhas, cor-de-rosa e amarela demais. A música que foi escolhida foi vetada por mim. O discurso está frouxo, falta pegada. Isso não é bom marketing político e temo que não dê certo.

Marisa acabou perdendo para o governador Zeca do PT, reeleito no 2º turno, por uma diferença de 7%.

No Paraná, tínhamos tudo pronto para trabalhar com o senador Álvaro Dias, candidato favorito ao governo do estado. Depois de intensas negociações, nos foi pedido para reduzir radicalmente os custos da campanha. A justificativa foi explicitada por Carlos Nasser, seu principal assessor, certamente com conhecimento e consenso geral:

— Não precisa disso tudo. A eleição está ganha.

Mostramos que a estrutura que poderíamos montar, com o valor que diziam disponível, era insuficiente para fazer um trabalho correto.

Provavelmente estávamos certos, pois mais uma vez a "eleição ganha", que largou com grande vantagem nas pesquisas quantitativas — e por isso não precisava fazer a quáli que recomendamos —, acabou perdida para Roberto Requião.

Em Goiás, também começamos a trabalhar na candidatura do senador Maguito Vilela, colocada em campo contra a reeleição do governador Marconi Perilo. Mas a operação teve que ser interrompida pela grande pressão do PMDB local, partido que esteve por décadas no poder, ficara de fora na eleição anterior, e agora tinha que ganhar de qualquer maneira. Ninguém se entendia, a confusão era tamanha, que até a candidatura a senador do ex-governador Íris Resende foi levada de roldão, no tsunami que varreu o partido.

Não aceitei outros trabalhos que me levariam ao Norte e Nordeste, até porque tinha a sensação que seria chamado para trabalhar na campanha presidencial.

Foi envolvido na campanha de Tuma e de uma dezena de candidatos a deputado federal e estadual que o telefonema de Paulinho, já indicado como vice na chapa de Ciro Gomes, me encontrou:

— Amigo, desta vez é sério.

Contou que naquela noite haveria uma reunião no Rio de Janeiro, na qual os três partidos que formavam a coligação — PTB, PDT e PPS —, a chamada "Frente Trabalhista", iriam fazer grande pressão para que o comando da comunicação da campanha fosse trocado. E o nome a ser oferecido para tocar a campanha seria o meu, escolhido por unanimidade pelas direções partidárias.

Logo a seguir veio o telefonema do deputado Luiz Antonio Fleury (PTB), que também atuava no comando político da campanha. Disse-me que já tinha conversado com outros componentes da direção e que havia unanimidade em torno do meu nome para assumir a direção de uma campanha considerada ruim por todos. Ele estava a caminho do Rio, para a mesma reunião referida pelo Paulinho.

A ambos autorizei colocar meu nome. Disse-lhes que, apesar dos muitos erros já cometidos, ainda havia possibilidade de melhorar os programas, estancando a queda nos índices de intenção de voto do candidato. E coloquei uma só condição: a palavra final em todo o marketing teria que ser minha, em consenso com o candidato e com o comando político.

A questão dos "programas ruins", que eu identificara, estava sendo confirmada em pesquisa diária feita pelo Datafolha por telefone e publicada na *Folha de S.Paulo*, de 12/9/2002:

**Ciro cai para terceiro em ranking de melhor na TV**

> O candidato Ciro Gomes (PPS) continua com tendência de queda em ranking que mede a opinião de eleitores sobre qual presidenciável está se saindo melhor na TV e já está empatado na terceira colocação com Anthony Garotinho — que apresenta tendência de alta.

A avaliação do programa de Lula era sempre a melhor (33%), seguida pelo programa de Serra (20%). A avaliação do programa de Ciro (8%) perdia de goleada para os dois. É sabido que esse tipo de questionamento é sempre contaminado pela intenção de voto — ou seja, o eleitor gosta mais do programa do seu candidato. Essa situação era mais grave no caso do candidato do PPS, pois apenas cerca de metade dos eleitores dele apreciava os programas que via na TV.

A reunião no Rio avançou madrugada adentro. No dia seguinte, pela manhã, alguns telefonemas desanimados davam conta de que o assunto tinha sido colocado e o candidato não recusara a indicação. Mas também não aceitara. Conclusão: tinha prometido mexer no programa, mas não disse como. O desânimo também quebrou meu entusiasmo. Estávamos a menos de três semanas da eleição, já no prazo fatal para incrementar uma mudança. Cada hora, cada dia perdidos seriam irrecuperáveis.

O assunto vazou para a imprensa como segredo de polichinelo. Tive que confirmar o convite... e o veto ao meu nome, sem jamais ter certeza de onde ele veio. Uma síntese bem colocada foi feita pelo jornalista Jorge Moreno, de *O Globo*, a quem dei rápida entrevista, publicada em 18/9/2002:

**Programa de Ciro: solução ou problema?**

**Jorge Moreno** — Lavraram-se em ata, na reunião do comando da campanha de Ciro Gomes, 14 graves problemas. O principal deles, o programa de rádio e TV, cujo responsável é o cunhado do próprio candidato, Einhart Jácome da Paz. Ciro evitou a intervenção, mas concordou que o comando fosse dividido entre o cunhado e Chico Santa Rita, o que não aconteceu. O senhor foi convidado a integrar a equipe da campanha?

**Chico Santa Rita** — Fui convidado por dirigentes de todos os partidos da Frente Trabalhista e pelo Paulinho, candidato a vice.

**JM** — E o que aconteceu depois?

**CSR** — Certamente houve um veto.

**JM** — O senhor estava animado?

**CSR** — Tinha jeito de reverter. Não há acusação séria.

**JM** — O senhor já teve problemas com o Einhart?

**CSR** — Escrevi um artigo na *Folha*, "Incompetência eleitoral". Nele, citava a última eleição municipal de Campinas, quando dr. Hélio começou com mais de 50% e acabou nem indo para o segundo turno. Um médico respeitado na cidade, colocado na TV com boné de pedreiro.

**JM** — E qual a relação disso com o veto?

**CSR** — Não sabia que quem tinha feito essa campanha tinha sido Einhart. Mas não está claro de quem foi o veto.

As voltas que tudo dentro do mundo dá fizeram que, três ou quatro dias depois, a campanha que não me aceitara precisasse me fazer um pedido. O jornalista Luiz Fernando Emediato, que assessorava Paulinho da Força e também ajudava na campanha de Ciro, telefonou para saber se eu tinha, nos meus arquivos, uma fala gravada pelo então deputado federal, Flávio Bierrenbach, agora ministro do Superior Tribunal Militar, na qual ele atacava José Serra com pesadas acusações de ter enriquecido quando era secretário de Planejamento do governo Montoro (1982/1986).

A campanha dos dois vivia um momento de intensa pancadaria, troca de acusações e ofensas, enquanto "Lulinha Paz e Amor", posicionado por um marketing correto, navegava tranqüilo. (Não resisto a um comentário: com certeza eu estaria fazendo bem diferente — nem Serra nem Ciro tinham que atacar ninguém, muito menos se autodestruir numa guerra que só interessava ao adversário.)

Sim, eu tinha a fita com as declarações. Mas pela importância das personagens envolvidas, enquanto ganhava tempo para decidir se entregaria ou não, tive que condicionar a entrega:

— Poderei ceder a fita se vocês atenderem a duas formalidades: o Ciro deve me pedir pessoalmente e o ministro Bierrenbach deve autorizar o uso da sua imagem.

A primeira parte foi fácil, resolvida com um telefonema do candidato, naquela mesma noite. Enfim, ele tinha tomado conhecimento da minha existência. Mas nem ele nem eu comentamos o veto ao meu trabalho na campanha.

Para satisfazer a segunda, Ciro garantiu que tinha o apoio do ministro. Como insisti na necessidade de uma autorização explícita, ficou de falar com ele.

Nos dias seguintes, foi grande a pressão para que eu entregasse a fita, com telefonemas diários do Emediato e de parentes do candidato. Ele próprio se antecipou e afirmou, em entrevista ao jornal *O Estado de S. Paulo*, de 18/9/2002, que estava de posse do depoimento. Depois de ler a notícia, abri o cofre e confirmei que a fita continuava ali. Não era posse, era só pose.

O assunto era muito grave. Por isso reproduzo aqui a troca de correspondência que houve entre mim e o ministro:

Prezado Ministro,

Atendendo sua solicitação do nosso telefonema de sábado (14/set) renovo aqui a necessidade de sua autorização explícita para que possamos entregar à campanha Ciro Gomes uma cópia da gravação contendo sua presença (áudio e vídeo), feita durante a campanha eleitoral de 1988.
O candidato nos fez esse pedido, informando contar com a sua aquiescência. De todo modo, entendemos ser necessária essa autorização, para que se evitem possíveis constrangimentos.

*Chico Santa Rita*

A resposta veio por e-mail, depois confirmada por carta:

GABINETE DO MINISTRO FLAVIO BIERRENBACH

Brasília, 16 de setembro de 2002

Prezado Senhor,

Tendo recebido sua solicitação de 14 de setembro, seguida de e-mail datado de hoje, ambos relativos a autorização para que seja entregue a Frente Trabalhista uma cópia em VHS de entrevista minha, gravada para o programa de campanha eleitoral do PMDB, no ano de 1988, em São Paulo, tenho a responder o seguinte:
1. Não me cabe autorizar ou desautorizar o uso de uma fita gravada que não me pertence, que já foi veiculada na televisão no ano de 1988, sendo, portanto, de domínio público, e que, de resto, está incorporada a processo judicial já arquivado, que tramitou perante a 2ª Zona Eleitoral da Comarca da Capital do Estado de São Paulo.
2. Informo, ademais, estou sujeito e acato todas as limitações estatuídas na legislação eleitoral, na Lei Orgânica da Magistratura (Lei Complementar nº 35/79) e, sobretudo, no artigo 95, parágrafo único, inciso III da Constituição Federal.
Atenciosamente,

*Flavio Flores da Cunha Bierrenbach*
Ministro do Superior Tribunal Militar

Já na primeira lida vi que o documento não era formalmente claro. Mas confirmei a suspeita consultando um advogado. Com assessoria dele, respondi ao ministro pedindo que ele fosse mais explícito, pois afinal a fita era minha, mas eram a imagem e a voz dele que seriam utilizadas. Este o texto:

Prezado Ministro,

Ao lhe telefonar no sábado e ao lhe enviar o e-mail na segunda-feira, talvez eu não tenha deixado claro que minha preocupação não se restringe apenas aos aspectos legais e jurídicos, mas também ao pessoal.

Afinal, é do seu interesse reavivar esse caso, com sua presença no vídeo, emitindo opiniões contundentes sobre dois políticos (Serra e Maluf) que disputam cargos importantes nesta eleição?

Atenciosamente,

*Chico Santa Rita*

Até hoje não recebi resposta.

Em artigo para a *Folha de S.Paulo* de 27/9/2002, coloquei a minha visão do que vinha acontecendo naquela campanha.

**Todos trabalham para Lula**

O desenvolvimento da maioria das campanhas neste primeiro turno resultou em muitos candidatos perdedores e em uma atividade igualmente derrotada, o marketing político. Muito mais do que lições de "como fazer campanhas", a presente temporada apresentou inúmeros modelos de "como não fazer". Os erros foram exemplares, sempre em maior número e muito mais expressivos do que os acertos.

Nunca assistimos a tanta pancadaria numa campanha presidencial como agora. O início foi o que se convencionou chamar de "desconstrução da imagem de Ciro". O neologismo serve apenas para esconder um erro estratégico na quantidade e no tamanho dos ataques. Pois, se Serra, o atacante, por um lado conseguiu seu intento, também conseguiu, com isso, reforçar uma imagem de destruidor de candidatos, iniciada com o episódio Roseana Sarney.

Isso se deve ao fato de o principal responsável pela campanha tucana, Nizan Guanaes, ser um excepcional publicitário, seguramente um dos mais importantes do país. Mas marketing político não é propaganda, é outra ação no complexo mundo das comunicações. E aqui, talvez, falte-lhe algum traquejo.

Fazer uma campanha presidencial protegido pela fortaleza do Plano Real é relativamente fácil — assim foi em 94 e, guardadas as proporções, em 98. Para trabalhar um candidato governista, conciliando a visão que as pessoas têm do presidente no poder com a expectativa de mudança e a personalidade do postulante, é preciso bem mais do que a adaptação de um bom *jingle* de cerveja.

Na eleição estadual de 90, em São Paulo, vetei a campanha de ataques que Nizan, na sua primeira tentativa de incursão no marketing político, pretendia colocar no ar contra Paulo Maluf, imaginando que com isso faria Fleury ganhar a eleição, no segundo turno. Apesar de o resultado do primeiro turno ter apresentado uma diferença de 12 pontos: 34%, contra 22% do candidato apoiado pelo governador Quércia.

As aparências indicavam o caminho do "bater para crescer", já que o adversário tinha flancos frágeis. Também tenho que reconhecer que, por hipótese e de acordo com a argumentação do momento, a campanha violenta talvez conseguisse ganhar, com um só golpe mortal. A decisão era dificílima. O fato é que acabei optando por uma campanha propositiva, sem deixar de ser aguerrida, que, lenta, gradualmente e com muito sofrimento, acabou vitoriosa.

Em defesa do publicitário deve-se salientar que os políticos, em geral, e a chamada militância, em particular, nunca têm paciência para suportar um candidato com baixos índices de intenção de voto. Bater é sempre a solução simplista imediata. Difícil entenderem que cada caso é um caso diferente que tem que ser estudado e resolvido. Às vezes, até com um "cacete" bem aplicado.

Se há quem bata, há quem apanhe. Neste caso, a "desconstrução" pegou Ciro Gomes como se fosse uma gripe muito forte. O vírus sempre causa algum estrago, mesmo ao atingir um organismo sadio, bem estruturado. Se pega um debilitado, a avaria é muito maior. Foi o que aconteceu aqui. Os programas eleitorais do candidato, em geral, foram sempre mal avaliados pela população. Mesmo quando ele ainda ostentava níveis altos de intenção de voto, sua comunicação jamais conseguiu empolgar os seus eleitores potenciais.

Junte-se a esse quadro uma inexplicável demora em reagir e — quando veio — uma reação tíbia, olímpica, como se o candidato estivesse acima de qualquer suspeita, podendo simplesmente desqualificar as acusações que o atingiam. Junte-se também uma e outra declaração infeliz, posteriormente explicadas de forma defensiva, e pronto: a infecção viral cresce e vai cortando a capacidade do paciente de respirar.

Ao perceber a extensão da doença, o comando político da Frente Trabalhista ensaiou uma reação, convidando-me para fazer o que chamo de Pronto-Socorro Eleitoral. Reuni minha equipe e avaliamos que ainda dava tempo para uma tentativa de salvar o moribundo. A campanha estava no meio, faríamos ajustes sérios na comunicação, tratamento de choque.

Passo a passo assistiríamos ao ataque gripal mudar de alvo. Era previsível que a pancadaria seria redirecionada para Lula. E Ciro, já fortalecido, poderia se beneficiar disso, voltando a disputar lugar no segundo turno. Não deu certo, pois o paciente optou por um tratamento com chá caseiro.

Para a população, que sempre assiste horrorizada a esse pugilato eleitoral, sobraram poucas alternativas. Garotinho pode ser uma, não tivesse ele começado a campanha revestido de tão pouca credibilidade na autocomparação com Getúlio e Juscelino. Melhorou depois, cresceu um pouco, mas pode ser difícil se livrar de uma certa aura de demagogia.

Agora é Lula, diz o refrão do petista. Pois parece que todos trabalham para isso. Inclusive ele, guardando-se numa bem montada campanha de espera, sem grandes arroubos, assistindo de camarote à epidemia se espalhar. Repete-se o que ocorreu com Marta Suplicy na eleição municipal paulistana. Ficou acomodada, sempre acima dos 30%, esperando quem chegaria em frangalhos para a batalha final. Desta vez, com uma diferença: talvez nem haja segundo turno. De todo modo, se houver, Lula tem se mostrado muito bem protegido. A vacina antigripal foi sendo religiosamente tomada nesses anos todos.

A ajuda que campanhas equivocadas deram ao petista foi tão grande que ele quase ganhou direto no 1º turno — só faltaram 3,56% para isso. Com a metade dos votos do adversário, Serra foi para o enfrentamento de 2º turno em posição de difícil, de quase impossível reversão.

Analisar os fatos quatro anos depois é fácil, todos os desencontros já foram digeridos, o vinho azedo já foi derramado. Por isso, procuro relembrar e, sempre que possível, reproduzir o que disse no momento em que os fatos aconteciam. Entre os dois turnos daquela eleição fui entrevistado pelo portal Terra (16/10/2002), quando expus, com clareza, minha opinião sobre as duas campanhas que disputariam a vitória final. Aqui estão os trechos principais:

> "A campanha do Lula foi exemplar", declarou. Em sua opinião, Duda Mendonça, marqueteiro de Lula, teve o mérito de esconder e expor o candidato nos momentos certos no primeiro turno e de mostrar que o petista não está sozinho. "Ele (Lula) tem uma equipe e essa equipe tem capacidade para dirigir o País", avaliou.
>
> Para o marqueteiro, a campanha petista atingiu o máximo possível, enquanto as dos demais candidatos erraram e acabaram por ajudar Lula. Segundo ele, a campanha de José Serra (PSDB) falhou ao abusar do uso de músicas e artistas. Santa Rita acredita que o estilo "show" não funciona mais no Brasil.
>
> Santa Rita considera que Serra pode ser prejudicado por usar na TV um depoimento da atriz Regina Duarte, em que ela afirma ter medo de uma eventual vitória de Lula. "Pode ser pior para o Serra", analisa ele.
>
> Para Santa Rita, o tucano conquistou a antipatia do eleitor ao longo da disputa do primeiro turno quando usou o horário eleitoral para atacar adversários. "Essa animosidade pode se acirrar", analisa. Mesmo com a veemência do depoimento, Santa Rita não crê em resultados para Serra. "Não creio que possa fazer uma virada", diz.
>
> Ele minimiza os efeitos positivos da presença de artistas em campanhas políticas. "Se artista ganhasse eleição, Serra teria vencido no primeiro turno", resume.

(Essas opiniões foram emitidas três anos antes da campanha do Referendo 2005, onde novamente se usaram artistas em profusão — parece que o pessoal teima em não aprender.)

Os publicitários da campanha tucana continuaram cometendo impropriedades até o fim. Na última semana, fizeram duas notáveis, que valem ser relembradas como exemplos daquilo que nunca se pode fazer numa campanha.

Nas vésperas do último fim de semana, antes da eleição, anunciaram que Serra faria um "grande pronunciamento" na televisão, no domingo. Um anúncio desse tipo serve, principalmente, para o adversário se prevenir. E foi o que aconteceu. Quem ligou a TV no domingo assistiu ao candidato Lula, tendo como cenário as cores da bandeira do Brasil, fazendo um belíssimo pronunciamento (quase 8 minutos) defendendo a governabilidade e a estabilidade. Parecia um estadista.

Serra apareceu depois, com um discurso chocho (5 minutos e meio) alertando a população dos riscos de eleger Lula, que conduziria o país a uma hiperinflação ou ao estelionato eleitoral. Total anticlímax.

Também anunciaram, insistentemente, que as primeiras pesquisas não deveriam ser levadas em conta, pois representavam a situação "antes do horário eleitoral". O público devia esperar pelas pesquisas do próximo fim de semana.

Tudo errado. Se as pesquisas viessem "boas", por si só isso geraria um enorme fato político, que não carecia ser anunciado com estardalhaço. Mas se viessem "ruins", seria a ampliação dos problemas que a candidatura Serra já vinha enfrentando. E foi o que aconteceu.

A boa campanha e o desempenho de Lula acabaram ajudando vários candidatos aos governos estaduais. Em São Paulo, a virada de José Genoino, derrotando Paulo Maluf para ir enfrentar Geraldo Alckmin no 2º turno, foi uma grande surpresa. E o candidato petista vinha muito embalado para a disputa final. Isso preocupou também os dirigentes do PFL, que compunham a chapa tucana, fornecendo o candidato a vice-governador, Cláudio Lembo.

Por isso, fui procurado pelo presidente do partido no estado, o então deputado federal Gilberto Kassab, que na eleição seguinte seria o vice-prefeito na chapa vitoriosa de José Serra e acabou virando prefeito de São Paulo. Acompanhado pelo brilhante advogado Alexandre Thiollier, queria saber se eu poderia dar uma consultoria à campanha, reforçando o time que tinha trabalhado no 1º turno.

Levaram minha concordância ao comando da campanha e este não concordou, considerando minha ajuda desnecessária. Como o 2º turno já estava começando, Kassab me pediu, através de Thiollier, uma avaliação daquilo que vinha acontecendo.

Pragmaticamente, já era previsível a derrota de Serra no plano federal, por isso eu pregava que Alckmin, na campanha estadual, assumisse uma posição de defesa intransigente de São Paulo. Esta é a íntegra do texto enviado:

> Caríssimo Kassab,
>
> Apesar do nosso entendimento não ter prosperado como se queria, vou passar para Você algumas observações e sugestões que podem ser úteis para a campanha do Alckmin, neste momento decisivo.
>
> 1. Ele tem passado muito bem a idéia de que é uma espécie de "gerentão", que toma conta do estado com seriedade, que faz muitas obras e que assim vai continuar no próximo mandato. Isso é bom, mas é incompleto. Lembra, guardadas todas as proporções éticas, um pouco aquele Maluf que "fez, faz, vai fazer muito mais". O "obreirismo" por si só não basta.
>
> 2. O encaminhamento eleitoral que o país vai tomando requer uma postura mais política. E aí o Estado de São Paulo não pode prescindir do seu papel de liderança. Conclusão: precisa que o governante assuma também o papel de ESTADISTA.
>
> 3. Para que isso se cristalize na cabeça das pessoas é inócuo mostrar que Alckmin ganhou em 548 cidades e não basta uma musiquinha (ouvi no rádio) que usa muita sutileza para dizer que não podemos "andar na garupa". É correto, mas é muito pouco.
>
> 4. É fato que o Genoino está na garupa do Lula. Mas considere-se que esse é o espaço que ele tem e que ele está certo assumindo essa

postura. (Erra apenas quando promove uma overdose mudancista.) Afinal, o Lula pode puxá-lo para cima. E aí, considere-se pragmaticamente que a situação eleitoral nacional é muito difícil de ser revertida. Lula Presidente é um fato quase definitivo.

5. A campanha Alckmin precisa trabalhar fortemente com essa variável, assumindo uma maior POLITIZAÇÃO.

6. Quero lembrar aqui dois fatos exemplares que vivi de perto. Em 88, Maluf e Leiva disputavam quem era capaz de fazer mais e mais obras. O PT politizou a discussão, vieram as greves dos professores e do Metrô... e Erundina derrotou os dois. Em 90, Maluf levou seu Programa de Governo a Brasília, apresentou-o a Collor (no auge da sua fase positiva na Presidência) e isso foi trazido para a tevê com pompa e circunstância. Mas Fleury reagiu com um discurso muito forte, defendendo a idéia que "São Paulo não podia se curvar", tinha que manter a integridade, a independência. Maluf perdeu pontos vitais.

7. O que recomendo fazer:

- uma análise excepcionalmente cuidadosa das pesquisas que virão neste fim de semana;
- a se confirmar a inevitável derrota do Serra, começar a semana decisiva assumindo um discurso POLÍTICO, em defesa de São Paulo;
- continuar (como tem sido feito até agora) ignorando a candidatura Serra, mas mostrando claramente a postura que o governo do estado terá perante um eventual governo Lula.

8. Isso não é uma simples fala do candidato, como essas que ele faz todo dia. É um PRONUNCIAMENTO. Precisa mudar até a apresentação e o visual: terno e gravata, bandeiras de SP e do Brasil ao fundo, postura de estadista. Avaliar em grupos de qualitativa: eleitores de Alckmin, eleitores de Genoino e eleitores indecisos. Se aprovado, colocar no ar, avaliar de novo e repetir até o último dia do horário político, dando um novo tom para a campanha.

9. Temas para orientar o conteúdo do pronunciamento "em defesa de São Paulo":

- uma mudança sempre contém riscos e o exagero da mudança é como um porre que pode nos trazer uma ressaca terrível; levaremos anos e anos para corrigir, se é que será possível corrigir;

- São Paulo, pela força política e econômica que tem, precisa ser o fator de equilíbrio;
- São Paulo não pode perder sua autonomia e sua independência, pelo bem dos paulistas, do povo que aqui vive, pelo bem do Brasil;
- é imprescindível preservar tudo o que já foi conquistado, para trabalhar por novas conquistas.

É isso o que acho. Espero estar contribuindo com uma gotinha de luz nesse mar revolto que virou o 2º turno. Faço isso também por conta do meu imenso amor por este estado que adotei.

Grande abraço,

*Chico Santa Rita* — 18/10/2002

Em tempo:

Ainda bem que deixaram de lado aquela bobagem de chamar o candidato de GERALD... com um "O" estilizado que ninguém conseguia ler.

Agora só falta pararem com essa intimidade boba, chamando-o de Geraldo.

Tenho uma sugestão: que tal GERALDO ALCKMIN?

Não voltei a conversar com Gilberto Kassab naquela eleição, nem soube se ele efetivamente encaminhou minhas sugestões à campanha, quer seja através do próprio documento escrito, ou de simples idéias colocadas nas reuniões do comando político. Por isso não tenho elementos para garantir que tenha sido simples coincidência, mas o fato é que na programação do 2º turno vi um Alckmin com postura de estadista e percebi algumas das idéias que preguei perpassando pelos programas e comerciais do PSDB.

De todo modo, as transcrevi aqui, como exemplos vivos de idéias, posturas e formas assumidas pelo marketing político que pratico.

Terminada a eleição com a anunciada vitória de Lula, enviei novo artigo para a *Folha de S.Paulo* com um balanço final das razões que conduziram a ela, algumas já alinhadas no meu artigo anterior. Como viajei para descansar, os responsáveis pela edição de textos assinados no jornal não me encontraram para fazer alterações que entenderam necessárias. Perdeu-se a oportunidade de momento, mas é um resumo importante do que aconteceu naquela eleição, reproduzido aqui:

**Lula: a vitória do improvável**

Em artigo nesta *Folha* (27/9/2002), no meio da campanha do primeiro turno, mostrei como os outros candidatos estavam, de algum modo, ajudando a candidatura de Lula. Agora, com a vitória esmagadora, confirma-se com maior ênfase essa "ajuda", que começou já no início do ano. Nessa época, ao se iniciarem as escaramuças eleitorais, as possibilidades do candidato petista mostravam-se muito reduzidas.

Em fevereiro a pesquisa quantitativa do DataFolha apresentava Lula em movimento decrescente, com 26% das intenções de voto, tecnicamente empatado com Roseana Sarney (23%). A candidata veio num crescimento continuado desde setembro do ano passado. Serra, Ciro e Garotinho oscilavam na faixa dos 10%.

Nesse momento coordenei uma grande pesquisa qualitativa para a Força Sindical poder estudar e entender melhor o posicionamento da sua atuação perante o sindicalismo brasileiro, tendo em vista a sua maior rival, a CUT. As implicações políticas eram óbvias, por isso o momento político também foi analisado de carona, já que estávamos entrando num ano eleitoral de imensa importância.

As conclusões da parte política que apresentei em reunião com toda a diretoria, presidida por Paulinho Pereira da Silva, mostravam um quadro interessante, com as pessoas procurando um quadro novo, um objeto-candidato ainda não identificado:

- Lula não tinha espaço para crescer, estava amarrado, encaixotado;
- a possibilidade de votar em Roseana era frágil, e parecia mais uma sensação de início de namoro, as pessoas se apaixonando por aquela jovem, forte e bonita;
- Serra, que acabara de se desligar do Ministério, despertava o que chamei de "curiosidade positiva" e recebia a segunda inten-

ção de voto de todos os candidatos: excelente potencial de crescimento;

- Ciro era uma promessa que não podia ser desprezada.

Alguns analistas afoitos chegaram a imaginar a possibilidade de um segundo turno sem Lula. Mas, pouco depois, a trajetória da governadora do Maranhão era interrompida pela descoberta de R$ 1,4 milhões no cofre da empresa familiar. As pesquisas quantitativas que vieram a seguir apresentaram um fenômeno com duas conseqüências: os percentuais dela desabaram e os de Serra cresceram na mesma proporção. Lula permanecia estagnado, distante das cogitações imediatas da população.

Nesse momento, aparecia, nas qualitativas, um sentimento popular em início de formação de animosidade contra Serra, embalado pelas reclamações do PFL, que viram sua candidata ser "desconstruída", deixando milhares de enamorados desiludidos. Fomentado, em seguida, pelas reclamações de todos os partidos com a introdução da verticalização das candidaturas. Na cabeça das pessoas, esses fatos eram artimanhas dos tucanos, tendo o candidato deles como beneficiário maior.

Novamente reunido com a Força Sindical, na continuidade do trabalho, alertei os diretores para os novos rumos que o processo político tomava. A primeira conseqüência daqueles acontecimentos indicava a possibilidade de a candidatura de Ciro Gomes crescer, com os eleitores se apercebendo melhor da presença dele. A segunda conseqüência era a libertação das amarras que prendiam Lula: o improvável acontecia e as pessoas voltavam a olhar na sua direção; ele voltava com força ao páreo sucessório, consolidando-se como partícipe certo de um muito provável segundo turno.

Pois foi tudo o que aconteceu. Os dois candidatos, ajudados pela visibilidade dos programas eleitorais do fim do primeiro semestre, chegaram a dividir um empate técnico.

Quando a campanha pegou fogo, com o início do horário político, viu-se que todos os candidatos, de uma forma ou de outra, acabaram trabalhando para Lula. Ciro se autodestruiu com as incontinências verbais, com um marketing político de qualidade ridícula, que não pôde protegê-lo quando vieram os ataques de Serra. Esses mesmos ataques também contribuíram para aumentar o halo de animosidade em torno dele próprio, que os programas eleitorais espetaculosos não conseguiram dissipar. Garotinho perdeu-se na inconsistência.

Tanto ajudaram, que a eleição quase termina no primeiro turno, algo impossível de se imaginar meses atrás. É bem verdade que Lula teve o grande mérito de se apoiar nos brilhos de um marketing político muito competente. Assistiu de camarote a derrota dos adversários, que foram tombando um a um.

Lula Presidente é a vitória final do improvável sobre a incompetência.

Como cidadão brasileiro, isento de paixões partidárias, confesso que senti um clima de esperança. Acima de qualquer outro sentimento, quero, torço e me proponho a ajudar meu país a dar certo.

O presidente vinha com toda a força, nos braços do povo. Quem sabe tivesse ele condições para fazer as reformas que o Brasil precisa, a começar pela reforma política (que tenho chamado de mãe de todas as reformas) e embutida nela a reforma partidária? Quem sabe pudesse melhorar a vida dessa legião de párias, desempregados e desesperados que povoam nossas ruas? Quem sabe, ao lado de uma política econômica eficiente, pudesse estabelecer uma política de desenvolvimento e de progresso para todos? Quem sabe...

Mas aí comecei a ver, desde as primeiras nomeações, a substituição da competência técnica pelo partidarismo político. Os conchavos políticos no lugar da ética. A prepotência assumindo o espaço da razão. Foi tudo muito rápido.

Com cinco meses de governo, numa reunião da diretoria da Força Sindical, com a presença de Paulinho e de cerca de 80 dirigentes, ignorei as pesquisas que jogavam a aprovação presidencial a índices exponenciais e declarei:

— O governo Lula pode não dar certo!

Infelizmente, concluí. Apresentei todo o meu raciocínio e sugeri que a Força Sindical adotasse postura crítica, melhor maneira de subsistir e, principalmente, de ajudar os trabalhadores e o próprio Brasil.

Dias depois repeti a afirmação numa palestra em Manaus, no seminário anual da Unale — Associação Nacional dos Legislativos. Estavam presentes deputados estaduais de todo o Brasil, e a minha afirmação, antes de ser crítica, foi feita como alerta. Não adiantou. Um grupo de parlamentares petistas começou a gritar, interrompendo minha fala antes do debate final, com as perguntas dos assistentes. Davam socos no ar, xingavam, uivavam palavras de ordem... um caos.

Olhando aquela triste cena, enquanto o mediador tentava acalmar os ânimos para que a palestra continuasse, pensei em silêncio: "Com esse PT, o governo Lula tem tudo pra não dar certo, mesmo!"

# CAPÍTULO VI

## Minas/1998 e Argentina/2003

### Duas campanhas que não fiz, com muito orgulho

Além de todas as narradas em detalhes neste volume e no meu livro anterior, tenho trabalhado em dezenas de outras campanhas que tiveram um desenvolvimento rotineiro, que não apresentaram elementos novos, marcantes ou interessantes para merecerem menção especial.

Dos trabalhos que não fiz, só lamento o ocorrido durante a campanha presidencial de Ciro Gomes, em 2002, e lamento muito não ter podido ajudar Alckmin em 2006. Mas não são frustrações. Até porque, talvez, quem tenha perdido mais não tenha sido eu.

Iniciei gestões para dirigir a campanha de Eduardo Azeredo à reeleição em Minas Gerais (1998) e, quatro anos e meio depois, a campanha de López Murphy à presidência da Argentina (2003). No primeiro caso não fiz o trabalho por acaso fortuito; no segundo, por uma opção consciente.

Em ambos, escapei de me envolver em questões financeiras, que teriam violentado minha forma de agir, profissionalmente, em 30 anos de contínua atuação como consultor de marketing político.

Mais uma vez resisti à tentação de misturar o trabalho profissional com *lobbies* e captação de recursos.

## Minas Gerais/1998 — Eduardo Azeredo

O então governador de Minas era candidato à reeleição pelo PSDB. Quatro anos antes, tinha sido eleito com um marketing político bem direcionado, dirigido pelo competente consultor baiano, Geraldo Walter. Mas Geraldão (assim era chamado), que por certo seria convocado para o repeteco, morreu prematuramente dois anos e pouco depois.

Já doente esteve em visita à Propeg, a agência de propaganda que estava associada a mim nas ações de marketing nas áreas política e institucional. Conversamos sobre a possibilidade de um trabalho conjunto na eleição mineira, incluindo na operação a presença de Cila Schulman, sua ex-mulher e grande amiga, comandante de muitas campanhas vitoriosas, principalmente para políticos do Paraná.

Na falta de Geraldão, os coordenadores da campanha de Azeredo, capitaneados pelo deputado Walfrido dos Mares Guia (que depois foi ministro das Relações Institucionais de Lula), começaram errando ao elaborarem uma espécie de "concorrência" para escolha da empresa, ou grupo, que deveria substituí-lo.

Ora, manejar uma campanha, que tem um dinamismo enlouquecedor, como esta para a escolha do governador de Minas é muito diferente da rotina, por mais criativa que seja, que é administrar uma conta publicitária. As agências que colocaram suas estruturas nessa empreitada, em geral, não foram bem-sucedidas.

Mas, se o jogo era esse, vamos jogá-lo. Montei o nosso projeto de trabalho e o apresentei acompanhado da proposta financeira. Tudo incluído girava em torno de R$ 4 milhões. Na apresentação dele, em Belo Horizonte, fiquei sabendo extra-oficialmente que havia outros 14 concorrentes. Um exagero. Ninguém em sã consciência poderia imaginar que encontraria tanta gente capaz de tocar uma campanha de governador, num estado importante como Minas.

Dez dias depois fomos chamados para uma reunião em Brasília, uma nova conversa sobre nosso projeto, inclusive com a presença do próprio governador. Walfrido, que conduzia todo o processo, e as discussões sobre valores, informou nessa reunião que, após uma "criteriosa" seleção, tinham sobrado apenas dois concorrentes — Duda Mendonça e Propeg/Chico Santa Rita — que teriam a análise dos seus projetos aprofundada dali para a frente.

De Brasília voei direto para Minas, para colher mais subsídios que pudessem nos orientar nas discussões finais. Em reuniões com a equipe operacional, que já estava delineada, tive uma boa surpresa: todo esse pessoal de nível decisório mediano na campanha torcia pela vitória do nosso projeto, considerado por eles como melhor e mais consistente. Torciam tanto que recebi até uma informação confidencialíssima: o valor que seria cobrado pelo concorrente era cerca de 10% mais alto que o nosso. Mas a decisão final não era deles e isso não era segredo para ninguém:

— A palavra final será do Walfrido.

Nós tínhamos clientes em vários estados, mas nenhum deles com a importância de Minas Gerais. Nosso concorrente, por seu lado, também estava montando outras campanhas estaduais e tinha seu cliente preferencial à época — Paulo Maluf — candidato em São Paulo. Ou seja, a campanha paulista certamente seria a prioridade maior para ele.

Embalado pela torcida da base e sabendo que tínhamos o preço menor tentei uma cartada final. Voltei a Minas e assumi o compromisso de transferir nossa base operacional para Belo Horizonte, onde eu iria morar durante três meses, para tocar a campanha sem intermediários. Para lá levaria o melhor do meu pessoal técnico e de criação. E, finalmente, contaríamos com a presença constante, pelo menos uma vez por semana, do publicitário Fernando Barros, diretor na Propeg, coordenador de todas as campanhas de ACM e seus indicados, na época em que o PFL era soberano na Bahia. É importante salientar que não chega a uma dúzia o número de consultores de marketing político de alto gabarito no Brasil. Quem conhece sabe que Fernando seguramente é um deles.

Oferecíamos um pacote respeitável. Mas a decisão veio contra nossa expectativa: a campanha de Azeredo iria ser produzida por

Duda Mendonça e sua equipe. Estávamos todos estupefatos e repetíamos a estranheza:

— Não dá pra entender!

Foi surpresa até para colaboradores diretos do candidato, a nossa torcida. Através deles tentei fazer chegar ao comando que aquela decisão seria um "desastre anunciado", pois eles seriam uma campanha entre uma dúzia das que, se anunciava, o publicitário iria fazer. Não teve jeito.

O que ocorreu veio confirmar meus temores. Azeredo, que tinha um governo razoavelmente bem-sucedido para mostrar, largou na frente. A campanha dele repetiu o refrão que se ouvia em vários outros estados em campanhas de reeleição, e que parodiei em artigo na *Folha de S.Paulo*:

*"Maluf fez, Azeredo faz, Britto vai fazer muito mais.*
*Íris fez, Arraes faz, Pedrossian vai fazer muito mais."*

Realmente, o coordenador de marketing e propaganda da campanha delegou o comando operacional do trabalho a terceiros, foi a Belo Horizonte pouquíssimas vezes, ocupado que estava em perder a eleição em São Paulo e em mais uma dezena de estados.

Ao terminar a eleição, com a derrota para Itamar Franco, nós ainda repetíamos:

— Não dá pra entender!

Até aí, "bem feito!" Mas o fato é que convivi durante anos com a dúvida de procurar entender por que alguém dispensa um serviço melhor e mais barato, para comprar um outro pior e mais caro.

Não havia uma explicação satisfatória até que, na CPI dos Correios, em 2005, surgiu a primeira revelação sobre a figura que estava por trás dos recursos usados nessa campanha: o publicitário Marcos Valério.

Comecei a entender.

Nasceu nessa campanha de Azeredo o espírito do "mensalão", que depois ia ser largamente utilizado pelo PT, com denúncias de desvio de dinheiro público para financiar campanhas e compra de apoio político.

O escândalo, descrito em relatório da Polícia Federal, foi escancarado pela revista *IstoÉ*, de 19/9/2007, com o título "Os documentos do mensalão mineiro", seguido da explicação: "Como o Ministro Walfrido dos Mares Guia operou o caixa 2 da campanha do ex-governador Eduardo Azeredo".

No final de novembro de 2007, o procurador-geral da República apresentou denúncia ao Supremo Tribunal Federal, com base nesses documentos. O título da matéria apresentada pela *Folha de S.Paulo* no dia seguinte é totalmente esclarecedor:

"Duda acertou com Walfrido R$ 4,5 milhões de caixa 2, diz PGR".

Agora entendi tudo!

Sempre que comento essa história, a pergunta recorrente dos meus interlocutores é se não chegaram a discutir e oferecer o mesmo procedimento, para pagar pelo trabalho meu e da minha equipe. Tenho a resposta pronta:

— Não, nunca me ofereceram nada. Essas raposas políticas sabem com quem estão lidando.

## Argentina/2002-2003 — López Murphy

Neste caso, não havia qualquer tipo de ilegalidade ou corrupção aparentes. Mesmo assim preferi não me envolver com captação de recursos. Aconteceu no início da campanha para as eleições presidenciais da Argentina, em 2002.

Fui a Buenos Aires em julho de 2002 para fazer uma palestra no XIII Seminário Internacional de Marketing Político, realizado na UCA — Universidade Católica Argentina. Na ocasião, o *La Nación*, principal jornal do país, fez comigo uma entrevista de página inteira numa edição de domingo, na qual pude expressar muitas das minhas idéias.

Nesses dias também fui procurado por Eduardo Franciosi, um misto de jornalista, publicitário e radialista que trabalhava na empresa de consultoria (e *lobby*) Cicmas Strategy Group S/A, onde era consultor para assuntos políticos e relações governamentais e empresariais. Muito simpático e inteligente, me contou que tinha nas mãos a oportunidade de apresentar alguém para ser o estrategista e dirigir uma campanha importante, na eleição presidencial do ano seguinte. Achava que eu era o profissional que eles precisavam.

O país vivia uma grande crise econômica... panelaços... violência. Enrique Zuleta, diretor do Ibope argentino, classificou o momento como "a pior crise da história do nosso país". Fernando De La Rua, o presidente eleito em 1999, não agüentou o tranco e renunciou. O presidente Eduardo Duhalde assumiu no início do ano e tratou de antecipar as eleições, de setembro para 27 de abril de 2003.

(Um dos temas mais perguntados pelo jornalista do *La Nación* foi sobre a possibilidade de uma grande crise atingir também o Brasil, no caso de Lula ser eleito. Mais uma vez tive que exercitar minha capacidade de antecipar tendências e dei o título, impresso em grandes letras no alto da entrevista: "Brasil no será uma nueva Argentina".)

Entre os 18 candidatos, os mais fortes, que verdadeiramente disputariam com chances de irem para o segundo turno, eram:

- Carlos Menen — o ex-presidente, depois de ser preso, depois de todos os escândalos, se apresentava de novo, baseado principalmente na força do Partido Justicialista e na fidelidade dos peronistas;

- López Murphy — tinha sido ministro da Economia de Duhalde, com pouco tempo para mostrar trabalho. Não tinha um grande partido, mas montou um certo Movimiento Recrear Argentina, espécie de um programa de salvação nacional para apoiar a candidatura;

- Nestor Kirchner — ex-governador da província de Santa Cruz, recolheria votos historicamente dados aos radicais.

- Elisa Carrió — líder operária, baseava-se no apoio das esquerdas, com seu discurso de mudar tudo (como Lula faria no Brasil, ela dizia).

Depois de muita troca de correspondência, voltei a Buenos Aires no início de janeiro, já com uma agenda de contatos elaborada por Franciosi, inclusive com um encontro pessoal com Ricardo López Murphy, o candidato com quem iríamos trabalhar.

As pesquisas quantitativas disponíveis vinham de muitas fontes, algumas bem suspeitas. De todo modo, sempre ajudam a dar uma idéia do quadro:

| | |
|---|---|
| Menen | 39% |
| López Murphy | 15% |
| Kirchner | 14% |
| Elisa Carrió | 12% |
| Outros | 11% |

Primeira constatação: Menen estava praticamente garantido no 2º turno, ainda mais graças a uma intenção de voto muito firme dos seus partidários.

Segunda: a guerra seria travada entre três candidatos na disputa pela outra vaga.

Terceira: qualquer dos três que fosse o escolhido teria muitas chances de vitória (Elisa Carrió um pouco menos), pois nas simulações de 2º turno Menen agregava muito pouco, devido a sua rejeição ser muito acentuada.

Em síntese, as chances de López Murphy, o nosso candidato, eram bastante significativas. No dia seguinte eu já estava ao lado dele num café da manhã no Hotel Hyatt, o candidato recebendo a imprensa para um bate-papo descompromissado.

Gostei do que vi: ele era muito sério, articulado, não vacilava e respondia perguntas sobre qualquer assunto, de economia a futebol. Tinha um programa já estudado para enfrentar a crise, sintetizado na expressão "a Argentina para os argentinos". Candidato com nítida consistência. O difícil seria fazer aquele bigodão sorrir, mas talvez nem precisasse, pensei.

Não gostei do que soube: a campanha era um saco de gatos, muita gente dando palpite, muita conversa e pouca ação. Naquele dia Murphy anunciou aos jornalistas que o projeto de governo já estava à disposição, na internet. Depois da reunião Franciosi me alertou que era uma maçaroca de quase 200 páginas, escritas em economês puro.

— Mas espero que alguém tenha feito um resumo inteligível, argumentei.

Umas oito a dez páginas, bem diagramadas, fáceis de ler e entender também colocadas na internet junto ao catatau? Nem pensar. O candidato era mandão, queria assim, assim se fazia. Ninguém da equipe de campanha conseguia demovê-lo.

Mas, segundo as informações que levantei depois, por trás daquelas atitudes marciais havia uma inteligência capaz de compreender, se o assunto lhe fosse bem explicado. Deveria ser isso que esperavam que eu fizesse. E sei que faria, pois não é fácil resistir a uma idéia consistente, apresentada de modo adequado.

Também faria parte do nosso trabalho preparar uma vinda do candidato a São Paulo e Brasília para contatos com políticos, empresários e jornalistas. Murphy pretendia se encontrar com o Presidente Lula ainda em fevereiro — fiz sondagens iniciais e vi que havia possibilidade real de acontecer esse encontro.

Teríamos que levar uma equipe de cinco pessoas para viver em Buenos Aires, nos 80 dias da campanha, o que a rigor não seria um grande sacrifício. O restante da equipe seria preenchido com profissionais locais.

Conversas preliminares estabelecidas, interesse total no nosso trabalho de marketing e comunicação, chegou a hora dos acertos financeiros. Como o orçamento já tinha sido mandado por escrito, imaginei que não deveria ser uma conversa complicada.

Acompanhado de Franciosi fui até o escritório de Roberto Schroder, o tesoureiro da campanha. Recebeu-me com entusiasmo e foi logo fazendo uma preleção sobre as dificuldades que o País vinha atravessando e que, por conseguinte, a campanha teria recursos reduzidos.

Não era difícil entender e eu ainda ponderei que trabalharia com valores baixos, pois pretendia abrir um novo mercado e aquela eleição seria um bom início, com sua ampla possibilidade de vitória.

Então veio a proposta final: eu teria que fazer a arrecadação de fundos, para pagar nossas despesas diretas (viagem, estadia etc.) e o nosso trabalho. Para meu espanto ele me passou uma relação com duas dezenas de nomes de empresas como Petrobras, Brahma, Varig, Banco Itaú, Bradesco, Volkswagen e outras menos votadas. E explicou:

— Todas essas empresas brasileiras têm grandes interesses em jogo na Argentina. Vocês podem ter acesso às matrizes delas no Brasil, para conseguir que façam doações à nossa campanha.

O dinheiro arrecadado remuneraria prioritariamente o nosso projeto. Se arrecadássemos mais — ele enfatizou que a proposta era tentadora —, uma parte desse *plus* viria para a campanha, outra parte era mais lucro para nós.

Como era a única alternativa, saí de lá prometendo estudar a proposta, recebi e retribuí um simpático "*hasta luego!*". Mas sabia que não iria mais voltar.

López Murphy quase foi para o 2º turno, pois perdeu a eleição para Kirchner por muito pouco:

| | |
|---|---|
| Menen | 32% |
| Kirchner | 22% |
| Murphy | 21% |

Será que o trabalho da nossa equipe não teria ajudado a mudar este resultado? Deixou de se classificar por 1%. Se tivesse alcançado um único ponto percentual a mais certamente teria sido presidente da Argentina. Pois, conforme era esperado, quem fosse para o 2º turno seria o vencedor.

| | |
|---|---|
| Kirchner | 54% |
| Menen | 46% |

Tempos depois me perguntei se eu não devia ter contratado um especialista em arrecadação de fundos para viabilizar o projeto. (Aliás, houve gente na minha equipe que sugeriu isso.)

Mas afastei logo o pensamento para que ele não voltasse a me perturbar. Definitivamente não sei misturar o comando estratégico e de criação de um trabalho com a insegurança de recursos que podem não entrar. Não sei prometer, assumir compromissos e não cumprir. Uma situação como essa literalmente me tira o sono. E no dia seguinte não estarei apto para pensar e criar, áreas onde mais gosto de transitar.

# CAPÍTULO VII

## Eleições gerais

### Políticos despreparados duelam numa terra sem lei

O marketing político é uma atividade em constante evolução. Parece o óbvio, mas não é. Pois, como o político brasileiro é um ser em geral despreparado, que não tem evoluído na mesma proporção, acaba imaginando que tudo à sua volta está mergulhado na vala comum dos interesses pessoais mesquinhos.

A campanha política de hoje é completamente diferente daquela que fazíamos nos primeiros tempos, após a redemocratização. A causa disso é muito simples: o eleitor brasileiro tem evoluído. E a classe política ainda não percebeu. Para confirmar isso não precisa ir buscar a justificativa nos grotões da pátria.

Quando Roberto Mangabeira Unger (depois nomeado Ministro das Ações de Longo Prazo do governo Lula) não entende o que se passou na cabeça da população durante a campanha do Referendo, quando o governo do PT vira um balcão de negócios, quando Serra (2002) e Alckmin (2006) fazem campanhas desastrosas em eleições presidenciais, quando tantas barbaridades acontecem todos os dias, em todos os lugares, há algo de podre — e de errado — no reino da nossa política.

E não é o eleitor. Ao se aproximarem os momentos eleitorais, sempre aparecem os jornalistas, que adoram superficialidades, afirmando que o brasileiro está descrente. Até pode estar, mas é uma situação momentânea. À medida que a eleição se aproxima, ele irá focando o seu interesse nela. O eleitor já não decide o voto da forma como fazia antigamente; está mais cauteloso, pensa mais, tem certo medo de errar.

É o momento em que o marketing político estruturado com mais segurança e profundidade acaba prevalecendo, já que plantou melhor e com mais solidez as razões para que seja feita esta ou aquela escolha. A finalização da eleição de 2006, com a votação de Alckmin minguando assustadoramente, é a prova eloqüente da correção desse raciocínio.

Os grandes desastres acabam acontecendo quando não se perscruta minuciosamente aquilo que vai passando pelos corações e mentes desse eleitor. E quando não se sabe como agir para interferir nas sensações que permeiam na cabeça dele.

É um erro de base, que encontro com muita freqüência nas campanhas: o candidato e sua equipe pensam (e agem) como se todo o bloco de eleitores pensasse semelhante. Não fazem o exercício crucial, que é o de se transpor para a forma de pensar da maior parte da população, pessoas iletradas, que não se fixam nas notícias da forma como a elite culta faz.

As notícias e informações demoram para chegar a todos esses marginalizados que, aliás, são maioria. Os exemplos estão aí todos os dias, como este: nove meses depois de Gilberto Kassab assumir a prefeitura de São Paulo, uma pesquisa InformEstado, do jornal *O Estado de S. Paulo* mostrou que 45% dos paulistanos não sabiam dizer quem era o prefeito da cidade.

Tenho materializado isso nas figuras imaginárias de um certo "seo" José e uma dona Maria, que vivem na periferia, gastam horas para chegar ao trabalho, têm dificuldade para criar os filhos, usam os sistemas públicos de saúde e de educação e por aí vou, tentando ver com os olhos deles, pensar o que eles estão pensando.

São eles que decidem as eleições.

O despreparo de grande parte dos políticos brasileiros começa nessa falha de entendimento, mas vai muito além, englobando das minúcias de comportamento até as ações estruturais básicas. O estereótipo desse ser contém sete (esse número, reconhecido como "conta de mentiroso", é proposital) ações e posturas.

1. Estão mal cercados, por interesseiros ou puxa-sacos. Gente que nada acrescenta, mas vive atrapalhando com palpites e "achômetros". E como de política e futebol todo mundo entende... A campanha de Celso Giglio à prefeitura de Osasco (SP), narrada em capítulo anterior, é um exemplo clássico.

2. Ouvem mal. Ou têm o que chamo de "ouvido complacente", atento a tudo o que lhe dizem, ou instalam uma espécie de "canudinho" entre uma orelha e outra, por onde passa tudo o que ouvem. Mas entra por uma e sai pela outra. No primeiro caso, tratam um simples palpite da rua como idéia fabulosa para a campanha. No segundo, fazem de conta que escutam, mas nada do que foi falado fica retido.
   Ou, então, nem querem ouvir, como ocorreu num encontro que tive com o ex-governador Leonel Brizola. Na campanha do plebiscito, em 1991, ele exigiu que o tempo destinado ao PDT, seu partido, fosse preenchido à parte do programa de TV do Presidencialismo, que eu dirigia. Era sempre um discurso dele. No início nos preocupamos com esse apêndice inconveniente, mas com o tempo vimos que a população não dava a menor importância a ele.
   Tempos depois, conversando com o deputado brizolista Noel de Carvalho, contei-lhe essa história. Ele quis saber por que a população não entendeu o discurso do velho caudilho. Expliquei que, apesar do bom conteúdo político e programático, era uma fala chata, anacrônica. Perguntou se eu explicaria isso ao "chefe". Concordei e foi marcada uma reunião em Búzios, na casa de um assessor. Mandaram um helicóptero me buscar no aeroporto Santos Dumont, pois Brizola tinha pouco tempo disponível, "apenas quatro horas", me informaram.

Entre muitos assessores estavam presentes o próprio Noel e Rosinha Garotinho, representando o marido que ficara retido por um temporal na cidade de Campos.

Depois das apresentações, Brizola disse que faria uma rápida explanação sobre o trabalhismo, para que eu pudesse entender o que ele pensava. Falou, e falou e falou até que alguém veio avisar que ele tinha que sair para um compromisso. Tinham se passado quatro horas e o mais inteligente que eu consegui dizer foi bom-dia ao chegar e boa-tarde ao sair.

3. Falam demais e desnecessariamente. São portadores da "síndrome do microfone" — sempre que aparece um na sua frente, ou mesmo um caderninho de repórter, começam a falar, sem se darem conta da oportunidade, da necessidade, ou das conseqüências do que dizem. Tempos atrás combinei uma ação estratégica com um candidato, em reunião fechada, só ele e eu podíamos saber. Dois dias depois o assunto foi publicado numa coluna de jornal. Ele me telefonou preocupado com o "vazamento". Fui direto:

— Quem vazou só pode ter sido você, pois só nós dois sabíamos... e não fui eu!

Acabou confessando que "só tinha contado na reunião com os três coordenadores da campanha, mas pedi segredo, viu?!"

4. Têm autocrítica limitada. Quando no governo, acham invariavelmente que a sua administração é a "melhor que já passou por aqui!" E não se conformam quando os números da pesquisa mostram que a população não pensa exatamente como eles. O primeiro questionamento é sobre a credibilidade da pesquisa. O segundo, sobre a diferença entre os números perversos e a realidade (falsa) que dizem encontrar nas ruas.

— O que todos me dizem é exatamente o contrário.

Às vezes há até uma boa administração. Mas eles não conseguem ver que algo deve estar errado, para que essa percepção não chegue ao povo. Em geral vai-se encontrar uma falha de comunicação. Pois não basta apenas administrar; também tem que comunicar, que é a outra face fundamental da mesma moeda.

5. Adoram usar números para demonstrar a magnitude dos feitos. Acham correto informar que gastaram 100 milhões em educação. E eu pergunto: e daí? Ninguém, fora meia dúzia de economistas pervertidos, sabe se isso é muito, é mais ou menos, ou é pouco. O que importa é se há escola de qualidade, atendendo a todas as necessidades da população.

6. São imediatistas e sonhadores (no mau sentido). Acham que, se uma informação foi divulgada, toda a comunidade tem obrigação de conhecê-la, a partir dali. E se um jornaleco qualquer faz uma crítica, muitas vezes insuflada pelos adversários, perdem o sono e excomungam aqueles ímpios, incapazes de entender a verdade dos fatos. Nem se dão conta que a matéria vai ser lida por algo como 523 pessoas.

7. Não entendem e confundem a realidade, muitas vezes juntando num mesmo balaio abacaxis, limões, abóboras e cerejas, achando que tudo é fruta.

   — Tive 60 mil votos para deputado; essa eleição para prefeito vai ser barbada.

Se eleições para o mesmo cargo, com o mesmo candidato, mas em anos alternados, já são completamente diferentes, imagine a postulação com outras finalidades. Além do mais, a população entende que há políticos vistos como parlamentares, que dificilmente serão bem-sucedidos em eleições para cargos majoritários. O senador Eduardo Suplicy que o diga. Sempre se elege, até com certa facilidade, para o Congresso; mas foi rechaçado quando tentou a prefeitura ou o governo do estado.

Recentemente fiz a análise da situação eleitoral numa cidade de 200 mil habitantes, onde havia dois concorrentes polarizados. Ambos ex-prefeitos, ambos com passado administrativo de média qualidade, ambos longe de satisfazer os anseios reais da população. Disputavam a liderança mais por falta de adversários melhores do que por méritos próprios. Típica situação favorável para a entrada de uma terceira força. O pretendente a "tercius" se animou, mas tive que conter sua euforia com a pergunta inevitável:

— Seu perfil se coaduna com a situação, sua mensagem é boa, mas como você vai fazer para apresentá-la a toda a população, considerando que a campanha não terá televisão?

A cidade não tem emissora local, todos assistem à geração que vem da capital do estado. É muita gente que precisará ser convencida a mudar de lado, em pouco tempo. A tendência acabará ficando na escolha do menos pior entre os dois ruins.

A capacidade de antecipar tendências, essa deve ser a grande característica do estrategista de campanhas políticas. Estudar profundamente a situação do eleitorado e o posicionamento da candidatura, para poder vislumbrar os caminhos por onde a campanha deve passar.

Tenho sido um defensor intransigente da premissa de que candidato não é produto. Como as formas de escolha de um e de outro são diferentes, o modo de interagir com elas, por princípio, tem que ser diferente.

Já há até estudos científicos que examinaram o que se passa por dentro da cabeça das pessoas. Um deles, feito em 2004, na Universidade da Califórnia, Estados Unidos, foi relatado pelo jornal *O Estado de S. Paulo*. Enquanto pessoas assistiam a mensagens políticas, uma máquina de ressonância magnética registrava a reação delas, acompanhada por neurocientistas.

O comportamento do cérebro é diferente até quando as pessoas vêem mensagens positivas ou negativas. As que agradam causam reação na área emocional e reflexiva (córtex pré-frontal ventromedial). As que desagradam, reagem na área racional e cognitiva (córtex pré-frontal dorsolateral).

O voto é definido por um processo de conscientização. Para conseguir isso não basta uma música bonita e uns toques de emoção, numa campanha bem-arrumada. É um trabalho longo, demorado, paciente. É preciso a persistência do escultor que bate infinitas vezes no cinzel, até que a pedra vai tomando a forma desejada.

* * *

Com o despreparo dos políticos, o grande vilão dessa história é o próprio sistema político brasileiro.

O problema é grande e complexo. Envolve a necessidade de uma reforma política profunda, capaz de acabar com um grande número de barbaridades — legais e ilegais — que permeiam nossas vidas, instaladas que estão nos três poderes da República.

O assunto é consensual, por isso volta e meia vem à baila. Em 1999, no governo Fernando Henrique Cardoso, virou "prioridade", com imensas discussões acadêmicas ocupando páginas e mais páginas dos jornais. É saudável lembrar que o presidente estreava um mandato conseguido em reeleição, mais um casuísmo colocado na lei, este feito especialmente para beneficiá-lo. A "prioridade" se esvaiu e nada aconteceu.

A reforma também foi pedida, anunciada e podia ter sido feita no início do governo Lula, quando o cacife político do presidente estava nas alturas. Mas não foi.

No final de 2004, logo depois das eleições, o tema voltou ao noticiário. Como parte de uma cruzada que venho fazendo há muitos anos, apontando as mazelas da lei e mostrando a necessidade premente de reformá-la, mais uma vez cumpri meu dever, lembrando aos legisladores, e à população, que o momento de se agir era aquele, pois, pela lei maior — a Constituição —, grande parte das mudanças só podem ser feitas para vigorar um ano depois. O artigo foi publicado na *Folha de S.Paulo*, de 19/1/2005:

**A reforma política necessária**

[...]

Todos pensam que temos uma Lei Eleitoral. Mas o que temos, na verdade, é uma colcha de retalhos composta por dezenas de resoluções, instruções, normas e até leis que se ajuntaram aleatoriamente nos últimos 20 anos. Muitas delas feitas durante o transcorrer da partida. O próprio TRE-SP mantinha na internet um índice que as listava, finalizado com uma advertência: "Mas há centenas de leis em sua maioria editadas para disciplinar cada eleição, [...] uma praxe casuística herdada do período colonial".

Querem ver? Se Alckmin for candidato à Presidência, terá que renunciar ao governo em abril de 2005, para enfrentar Lula, que não precisará renunciar. Na campanha, nenhum dos dois poderá mostrar imagens das realizações dos seus governos nos comerciais de TV, mas poderão mostrá-las no programa eleitoral — só Deus sabe o critério usado para criar a dualidade. A verticalização (novidade criada em 2000) obrigará que as coligações estaduais acompanhem a chapa federal, institucionalizando a traição partidária. E por aí vai, afora as novidades que ainda podem ser inventadas.

Fala-se agora em votar no Congresso, ainda neste ano, uma anunciada reforma política. O que preocupa é que o debate que temos visto pelos jornais indica a continuação da balbúrdia atual.

Pior: a manutenção da superficialidade, não se aprofundando nos temas que realmente importam para a sociedade brasileira.

Quem, além dos políticos, quer o financiamento público de campanhas? O que se quer é a moralidade e a ética nas campanhas. Mudar o atual sistema de votação proporcional para voto distrital por quê? O problema não está no atual sistema, que seria perfeito se as proporções fossem corrigidas, dando a Estados como São Paulo e Minas a representatividade política correspondente à sua população (lembrem-se de que há Estados em que um deputado federal representa 10 mil pessoas, enquanto em outros Estados o parlamentar é representante de 100 mil). A quem interessa a permanência da infidelidade partidária, além de aos negociantes na compra e venda de votos oportunistas?

A culpa maior pela existência de tantos problemas e dúvidas certamente é dos próprios legisladores federais, a quem cabe a elaboração das leis. Até porque, deixando-as incompletas, abre-se espaço para as interpretações do Judiciário, que vai criando normas, exacerbando seu dever primário, que é zelar pelo cumprimento da legislação.

Ainda pior: como essa "zeladoria" é pulverizada, cada tribunal regional interpreta os termos da lei atrapalhada a seu bel-prazer, com toda a subjetividade que esse procedimento acarreta. Na última eleição houve juiz que determinou que o candidato a prefeito usasse seus comerciais concentrados nos primeiros dias da campanha (a briga se acirra nos últimos dias), contrariando o princípio da distribuição homogênea — e vá convencê-lo do contrário!

Não é mais possível suportar tanto casuísmo. O Brasil de hoje impõe que o Congresso discuta com a sociedade e finalmente contemple a nossa história com uma legislação afinada com os novos tempos de um mundo globalizado.

A cronologia para fazer isso está prevista na Constituição um ano antes de entrar em vigor. Ou seja, para valer na eleição de outubro de 2006, a lei terá de ser elaborada, estudada, aprovada e promulgada nos próximos nove meses.

Nesse período poderá se criar mais uma deformidade, como tantas já paridas. Ou, então, com os olhos no futuro, gerar bela e sadia criança: uma reforma política profunda, séria e definitiva.

É claro que, num simples artigo, falta espaço para mostrar tudo o que precisa ser feito. É possível, apenas, despertar a atenção para o problema. E, para variar, nada aconteceu. O ano político se esgotou nas gravíssimas denúncias de irregularidades envolvendo políticos próximos do governo.

A infidelidade partidária é a tônica, nem dá para contabilizar direito: são centenas de parlamentares que pulam de um partido para outro, movidos pelas conveniências geralmente espúrias. Nas democracias de primeiro mundo, é diferente. Na França, Inglaterra e Alemanha, as trocas de partido são exceções raríssimas. Nos Estados Unidos, em cem anos, menos de 30 deputados trocaram de legenda.

Outra situação estapafúrdia é juntar a eleição de Presidente da República com as votações simultâneas para governador, senador, deputado federal e estadual. A eleição maior deveria ser isolada — como acontece no mundo civilizado — para dar oportunidade de a nação discutir profundamente seus grandes temas. Aqui, esse momento de reflexão nacional acaba virando bagunça.

E a reforma política vai ficando para as calendas.

* * *

Muitas vezes até entendo a falta de compreensão generalizada sobre a atividade que exerço. O marketing político traz uma colocação nova, que ainda não está devidamente codificada. E algumas novidades levam tempo para serem assimiladas. Os profissionais que a praticam não apresentam uma formação curricular específica, pois nada existe no Brasil nessa área de ensino. Aqui somos autodidatas, forjados no trabalho do dia-a-dia, aprendizes ao sabor dos erros e dos acertos cometidos. Uma palestra aqui, um seminário acolá, uma conversa com alguém mais experiente, o acompanhamento de um trabalho ... e nasce um novo "profissional". É pouco. Nos países mais desenvolvidos já há cursos completos para graduação de pessoal.

Um dos melhores que conheci é feito pela GWU - George Washington University, na capital dos Estados Unidos. É um curso organizado pelo departamento de pós-graduação "The Graduate School of Political Management", que pode ser feito em dois ou três anos. A revista *Newsweek* disse que essa é "a mais quente Universidade nos EUA, para 'political junkies'" — algo como aficionados por política. E o jornal *The New York Times* afirmou que lá está "a elite no aprendizado da estratégia política".

Que inveja! Há sempre cerca de 300 alunos, todos obrigatoriamente com alguma formação universitária, que é o requisito básico para entrarem no curso: advogados, jornalistas, professores, publicitários, marquetólogos. O curso dura dois anos, ou seja, o mercado assimila mais de 100 novos profissionais pós-graduados em

Marketing Político na GWU a cada ano. Quando lá estive em abril de 2005 havia entre eles oito latinos, procedentes do México, Venezuela e América Central. Nenhum brasileiro.

Além do curso principal a GWU promove freqüentes seminários sobre os mais variados aspectos do marketing político. O encontro que assisti discutiu em profundidade a campanha eleitoral ocorrida poucos meses antes, com a vitória de George Bush, reeleito. Estavam presentes os principais assessores eleitorais dos republicanos e dos democratas — quatro de cada lado — palestrando e respondendo perguntas durante um dia inteiro. Aliás, ao perguntar cada um indicava nome e profissão, uma unanimidade de "assessores" ou "consultores", nenhum jornalista, nenhum publicitário.

Foi uma grande lição de marketing político, ora muito bem executado pelos vencedores, ora equivocado, com erros que geraram conseqüências desastrosas. Foi possível entender, finalmente, o que aconteceu de fato na última eleição americana.

Para nós, no Brasil, pareceu surpreendente a derrota de Kerry, iludidos que estávamos pela mal-disfarçada torcida pela possível vitória do candidato democrata, cantada em prosa e verso por grande parte da mídia. Mas quando ouvi os depoimentos dos verdadeiros manejadores das duas campanhas, quando assisti aos comerciais de TV e rádio, quando conheci o grandioso trabalho de campo desenvolvido pela equipe do Partido Republicano, apareceu uma realidade que não vi contada por aqui.

Bush ganhou porque trabalhou profissionalmente. Durante o seminário, a palavra que mais ouvi, de todos os seus assessores, para definir o empenho no trabalho foi "disciplina". Um ano e meio antes da eleição montou-se uma equipe de trabalho, completamente à parte dos afazeres da Casa Branca. A vida e a obra dos possíveis adversários foi sendo levantada e armazenada. O andamento da guerra era acompanhado com as armas miradas na eleição.

A campanha descortinou uma linha de atuação e a seguiu persistentemente: Bush traria mais segurança para a população, diante do perigo do terrorismo. Os temas econômicos, tão presentes nas eleições anteriores, foram simplesmente minimizados. E, surpresa!, desmistificando o refrão eleitoral de que "quem bate não ganha", uma linha de anúncios fazia ataques contundentes ao adversário: ele votou contra a guerra, mas agora é a favor; ele desprezou os hispânicos, mas agora quer o voto deles — bombas de efeito devastador.

A opinião da população aparecia nas pesquisas internas, em todas as nuances da sua evolução. Criou-se um grupo especial para identificar e ativar milhares de voluntários que realizaram uma monumental campanha porta a porta. Com uma estrutura que se multiplicava a partir de um comando central chegaram a movimentar cerca de um milhão de ativistas em todo o País.

Diagnosticou-se que o voto hispano, dos descendentes de imigrantes vindos da América Latina, havia crescido (56%) em proporção muito maior do que o crescimento geral da população (12%) desde a eleição anterior. O voto deles, assim como o voto da população mais pobre, era tradicionalmente mais próximo dos democratas. Por isso, esse público recebeu um tratamento diferenciado, com propostas claras para as suas demandas.

Na reta final, sabia-se que o empate apregoado em outras pesquisas não existia de fato. Havia um absoluto conhecimento da situação, além do que os republicanos estavam motivados e mobilizados.

Kerry, que chegou a estar entre 5 e 10 pontos na frente, perdeu porque trabalhou amadoristicamente.

A campanha começou a se desgastar na luta fratricida das primárias, contra o azarão Howard Dean. Pouco antes da convenção, o consultor de marketing foi trocado porque pregava que o candidato assumisse um discurso forte, de certo modo agressivo, ao contrário do que entendiam os cardeais democratas que achavam que ele deveria adotar uma linha light, com mensagens positivas. Achômetro é o que não faltava: parecia uma típica campanha brasileira.

O único momento em que a campanha pareceu reagir foi quando o ex-presidente Bill Clinton, pouco antes de sofrer um ataque cardíaco, recomendou que Kerry mudasse sua equipe de campanha e voltasse ao seu discurso original de ataque a Bush. As sugestões foram aceitas, mas Clinton foi internado e tudo voltou ao que era antes.

Os temas escolhidos eram o posicionamento contra a guerra e a questão econômica, capitaneada pelo combate ao desemprego. Quando vieram os ataques do adversário, recomendou-se inicialmente que fossem ignorados, não se percebendo o efeito que eles causavam. E quando veio a reação, já era tarde demais.

Erros estratégicos misturavam-se com a confusão tática. Não havia uma linha de ação bem definida, não havia um discurso penetrante nos corações e mentes da população, não havia um candidato consistente.

A população queria a segurança que Bush oferecia, enquanto Kerry apostava na mudança. E o resultado final só não foi uma derrota acachapante porque o país é politizado e o voto partidário é extremamente significativo.

Os desacertos da campanha democrata foram reconhecidos por todos os palestrantes, inclusive por Jeanne Shaheen, governadora do estado de New Hampshire por três vezes e coordenadora geral da campanha Kerry. A explanação dela foi a última e, no final, fiz a pergunta inevitável:

— Então, a Sra. reconhece que a vitória de Bush foi uma vitória construída pelo marketing político corretamente aplicado?"

Ela respondeu sorrindo:

— Não tenho nenhuma dúvida disso. Apesar de que, se o Sr. fizer essa pergunta a Bush, ele certamente responderá que a vitória foi dele".

Lembrei-me disso tudo após a campanha presidencial de 2006, no Brasil, fazendo o posicionamento inverso: a derrota de Alckmin foi construída pelo marketing político incorretamente aplicado — como Kerry.

Essa é a lição que pude tirar do seminário da GWU, como único profissional brasileiro da área presente: apesar dos narizes torcidos de boa parte da "intelligentsia" brasileira, o marketing político cada vez mais se estabelece como ferramenta indispensável para a construção de campanhas eleitorais, carreiras políticas, ou acompanhamento de governos. Feito com ética, seriedade e profissionalismo e não com a banalização que vem acontecendo no Brasil, onde qualquer publicitário, ou jornalista, ou simples curioso se apresenta e acaba reconhecido como "marqueteiro".

# Índice onomástico

Este livro foi composto em Palatino
e impresso pela Edigraf sobre
papel polén soft 70g para a Ediouro, em março de 2008.